Helen Leuninger

Neurolinguistik

Probleme, Paradigmen, Perspektiven

Westdeutscher Verlag

CIP-Titelaufnahme der Deutschen Bibliothek

Leuninger, Helen:
Neurolinguistik: Probleme, Paradigmen,
Perspektiven / Helen Leuninger. — Opladen:
Westdt. Verl., 1989
    ISBN 3-531-11866-8

Der Westdeutsche Verlag ist ein Unternehmen der Verlagsgruppe Bertelsmann.

Alle Rechte vorbehalten
© 1989 Westdeutscher Verlag GmbH, Opladen

Das Werk einschließlich aller seiner Teile ist urheberrechtlich geschützt.
Jede Verwertung außerhalb der engen Grenzen des Urheberrechts-
gesetzes ist ohne Zustimmung des Verlags unzulässig und strafbar. Das
gilt insbesondere für Vervielfältigungen, Übersetzungen, Mikrover-
filmungen und die Einspeicherung und Verarbeitung in elektronischen
Systemen.

Umschlaggestaltung: Horst Dieter Bürkle, Darmstadt
Druck und buchbinderische Verarbeitung: Lengericher Handelsdruckerei, Lengerich
Printed in Germany

ISBN   3-531-11866-8

Dieses Buch ist den Sprachtherapeutinnen am Otto-Fricke-Krankenhaus in Bad Schwalbach gewidmet, in tiefer Bewunderung für ihr aufopferndes Engagement für die alten Menschen, denen unsere Gesellschaft ansonsten leider mit wenig Achtung begegnet.

Vorwort

Diesem Buch liegt eine Vorlesung gleichnamigen Titels zugrunde, die ich 1984/85 an der Johann Wolfgang Goethe-Universität Frankfurt gehalten habe. Es ist weniger als eine Einführung in die Neurolinguistik konzipiert, sondern eher gedacht als eine — vielleicht etwas zu lang geratene — Reflexion über die theoretischen und empirischen Probleme, die sich bei der Erforschung des Zusammenhangs von Gehirn, Sprache und Sprachstörungen ergeben können. Besondere Aufmerksamkeit finden dabei Konzepte wie Modularität, Grammatik und formale Sprachverarbeitungsmodelle und ihr Zusammenhang mit Sprachstörungsmustern.

Im Grunde verdanke ich alle Ideen und viele Ausführungen im Detail den äußerst fruchtbaren und spannenden Diskussionen in der Arbeitsgruppe „Psycholinguistik und Aphasieforschung" an der Universität Frankfurt. Den Mitgliedern dieser Arbeitsgruppe danke ich auch für ihre zahlreichen, wichtigen Korrekturvorschläge, die über bloße Formalien weit hinausgingen. Es erübrigt sich zu sagen, daß allein ich für die verbleibenden Fehler verantwortlich bin. Dennoch: Ohne Monika Klein, Michaela Zeh, Norbert Rüffer, Angela Gies, Claudia Neubert, Ulli Kling-Lünser, Wolf-Ulrich Scholz, Dorothea Evers-Volpp wäre ich sicherlich gescheitert. Viele konzeptuelle Hinweise verdanke ich auch Markus Pawelzik, der mich ein Stück meines Lebensweges in vielen erkenntnistheoretischen und medizinischen Fragen begleitet hat, Sibylle Heyn und Heike Knoll danke ich für die Erstellung der ersten Fassung des Manuskripts; während ihrer Ferien und sogar während anstrengender Prüfungsvorbereitungen blieben sie trotz der unmöglichen Schreibvorlage immer guter Laune. Sabine Wember danke ich für die Einarbeitung der Korrekturen, die mehr als nur technische Fertigkeiten erforderte.

Meine geliebte Hundedame Käthchen hat es geduldig akzeptiert, daß ich zu ihren Schlafenszeiten noch auf der Schreibmaschine hämmerte. Meine Liebe zu den Tieren erklärt auch, warum ich an keiner Stelle etwas von den in der Gehirnforschung leider üblichen Tierversuchen schreibe. Über die ethischen Probleme hinaus, die sicher nicht jedermanns Anliegen sind, gibt es jedoch auch prinzipielle Gründe für die Aussparung dieses Aspekts.

Schließlich danke ich meinen geliebten Eltern, ohne deren Unterstützung ich gar nicht bis zur Universität gekommen wäre.

Frankfurt, im September 1988　　　　　　　　　　　　　　　　　Helen Leuninger

Inhalt

I Probleme

1 Einleitung 1
  1.1 Das Gehirn 1
  1.2 Forschungsmethoden 3
      1.2.1 Erforschung des gesunden Gehirns 3
      1.2.2 Erforschung des kranken Gehirns 11
2 Klassifikation der Aphasien 19
  2.1 Einleitende Bemerkungen 19
  2.2 Die Broca-Aphasie 20
      2.2.1 Sprachverarbeitungsfunktionen 22
      2.2.2 Terminologien und Beschreibungsmodelle 24
      2.2.3 Agrammatismus 28
      2.2.4 Phonematische Paraphasien 34
  2.3 Die Wernicke-Aphasie 38
      2.3.1 Terminologien 43
      2.3.2 Phonologische Störungen 43
      2.3.3 Syntaktische Störungen 47
      2.3.4 Semantische Störungen 56
  2.4 Die globale Aphasie 88
  2.5 Die amnestische Aphasie 96
  2.6 Andere Formen der Aphasie 102
      2.6.1 Leitungsaphasie 102
      2.6.2 Transkortikale Aphasie 102

II Paradigmen

1 Die Deblockierungshypothese 107
  1.1 Einleitende Bemerkungen 107
  1.2 Die Deblockierungsmethode 112
  1.3 Deblockierung und syntaktische Struktur 114
  1.4 Zusammenfassung 119
  1.5 Methodologische Überlegungen 120
2 Phonologische Repräsentationen und die Broca-Aphasie 123
  2.1 Die Annahmen der Bostoner Schule 123
  2.2 Die Hypothese von Kean 125
  2.3 Agrammatismus und Sprachplanung 145
  2.4 Einwände gegen die Hypothese von Kean 149

III Perspektiven

- 1 Zur Beziehung zwischen Gehirn, Sprache und Verhalten 158
  - 1.1 Einleitung 158
  - 1.2 Die Rolle der Linguistik 158
  - 1.3 Dualismus 159
  - 1.4 Behaviorismus 159
  - 1.5 Physikalismus und die Einzelwissenschaften 160
  - 1.6 Klitiks und Behaviorismus 161
  - 1.7 Klitiks und Dualismus 161
  - 1.8 Klitiks und Reduktionismus 162
  - 1.9 Klitiks und „token"-Physikalismus 163
- 2 Eine neue Grammatik: Die ‚Government-Binding'-Theorie 164
  - 2.1 „Platons Problem" 164
  - 2.2 Regelsysteme 166
    - 2.2.1 Phrasenstrukturregeln 166
    - 2.2.2 Transformationsregeln 171
- 3 Die Charakterisierung des Agrammatismus: Alternativen zu Kean 178
  - 3.1 Die „agrammatische Bedingung" und die ‚Government-Binding'-Theorie 178
  - 3.2 Morphologische Überlegungen 184
    - 3.2.1 Präpositionen und Keans Konzept 184
    - 3.2.2 Präpositionen und Friedericis Konzept 184
    - 3.2.3 Präpositionen und Lapointes Konzept 186
  - 3.3 Agrammatismus und Θ-Theorie 188
    - 3.3.1 Klitiks 189
    - 3.3.2 Intuitionen 190

Literatur 196

Abkürzungen 202

Personenregister 203

Sachregister 205

I Probleme

1 Einleitung

Über den Gegenstand der Neurolinguistik gibt es variierende Annahmen, je nach dem Blickwinkel, welchen die mit diesem Gegenstand befaßten Forscher einnehmen. Grob gesehen lassen sich zwei Konzepte herausarbeiten:
1) Ein klinisches Konzept: Nach klinischen Beobachtungen gestörten Verhaltens (sprachlichen und anderen) wird in der einen oder anderen Weise ein im wesentlichen unbekannter komplexer Zusammenhang zwischen Hirnstrukturen, höheren geistigen Funktionen und Verhalten konstatiert. Hierbei entsteht eine Menge prinzipieller Probleme, erkenntnistheoretischer und methodologischer Art, die wir noch behandeln werden. In jüngerer Zeit ist es gelungen, aufgrund der Entwicklung neuerer Forschungstechniken auch nicht pathologisch gestörte Fälle zu untersuchen, also Aufschluß über spezielle Leistungen des gesunden Gehirns zu erlangen.
2) Ein linguistisches Konzept: Die m.E. spektakulärste Position in der Neurolinguistik nimmt M. L. Kean ein. Sie argumentiert nämlich, daß neurolinguistische Daten eine Klasse von Daten sind wie sonstige Daten in der Linguistik auch, etwa Grammatikalitätsurteile. So zeigt sich beim Unterfangen des Linguisten, Komponenten der menschlichen Sprachfähigkeit herauszufinden, daß die unterschiedlichsten Daten Evidenz für eine sogenannte modulare Konzeption dieser Sprachfähigkeit sind: Versprecher, Aphasiedaten, Urteile, Sprachwandeldaten usw.

Im wesentlichen folgt dieses Buch den beiden genannten Ansätzen.

1.1 Das Gehirn

Im folgenden führe ich einige neuro(psycho)logische Begriffe ein, die man zum besseren Verständnis der aphasiologischen Literatur benötigt.

Das menschliche Gehirn besteht aus mehreren Teilen, von denen hier der stammesgeschichtlich jüngste Teil, die Großhirnrinde (Cortex) betrachtet werden soll. Alle höheren kognitiven Funktionen haben zumindest mit diesem Bereich des Gehirns zu tun.

(1) Lappeneinteilung des Cortex

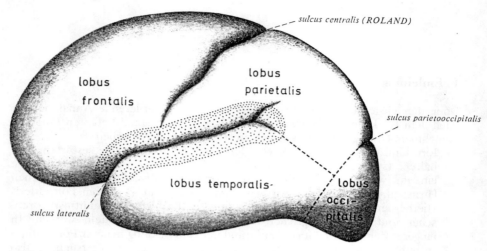

Quelle: Ferner/Staubesand (1973), S. 5

Der Cortex enthält eine Anzahl von Windungen (Gyri/Gyrus) und von dazwischenliegenden Furchen (Sulci/Sulcus): Sulcus centralis, auch Rolandische Furche genannt, und Sulcus lateralis, die Sylvische Furche.

(2)

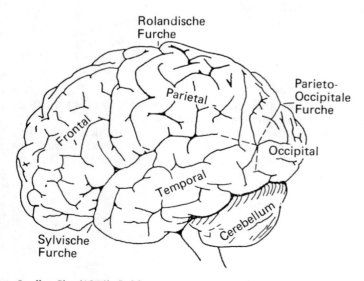

Quelle: Sies (1974), S. 23

Die Lappeneinteilung orientiert sich an deren Lage im Schädel: Stirn- (Lobus frontalis), Scheitel- (Lobus parietalis), Schläfen- (Lobus temporalis) und Hinterhauptslappen (Lobus occipitalis). Jede Hemisphäre wird in vier Lappen (Lobi) eingeteilt (vgl. (1), (2)).
Grosso modo sind die im folgenden diskutierten Aphasieformen mit verschiedenen Bereichen des Cortex verknüpft.

1.2 Forschungsmethoden

Die Forschungsmethoden der Neuropsychologie, und im engeren Sinne der Neurolinguistik, entstammen, etwa zu gleichen Teilen, der klassischen Psychologie und den medizinischen Disziplinen der Neurologie, Neuroanatomie und Neurophysiologie, wobei in allen Fällen der Zusammenhang zwischen beobachtbarem Verhalten und dessen anatomischen, physiologischen und biochemischen zerebralen Grundlagen erforscht werden soll. Sturm und Hartje (1982, S. 8) unterscheiden zwei Typen von Untersuchungen:
1) Reaktion und spontane Aktivität des gesunden Gehirns werden untersucht.
2) Verhaltensabweichungen bzw. -änderungen aufgrund angeborener Mißbildungen oder aber erworbener Schädigungen des Gehirns werden untersucht. Aphasie gehört methodisch gesehen zum letzten Fall.

1.2.1 Erforschung des gesunden Gehirns

Zunächst ist zu bemerken, daß sich die meisten Forscher mittlerweile darüber einig sind, daß die beiden Hirnhälften nicht gleich, sondern unterschiedlich spezialisiert sind, wobei die linke Hemisphäre im Normalfall die sog. sprachdominante Hemisphäre ist; diese Lateralisierung ist mit etwa 12 Jahren abgeschlossen. Schädigungen vor dieser Zeit sind reversibel und werden nicht den aphasischen Störungen zugerechnet, soweit diese Schädigungen links lokalisiert sind. Die überzeugendenste Evidenzklasse liefert die Aphasieforschung, wo ja gezeigt werden konnte, daß bei Schädigungen in der linken Hirnhälfte Sprachstörungen auftreten. Über die anatomischen Substrate (Grundlagen) dieser Asymmetrie gibt es einige Spekulationen in Popper/Eccles (1977, S. 305 ff) ("Anatomical Substrates of Speech Mechanisms"). Folgendes hat man nämlich beobachtet, was ja im Gegensatz zu der Meinung steht, daß die beiden Hirnhälften Spiegelbilder voneinander sind und demnach dazu beitragen könnte, das Geheimnis der unterschiedlichen Spezialisierung zu lüften: Bei ca. 80 % der menschlichen Gehirne zeigt sich eine morphologische, also gestaltbezogene Asymmetrie der beiden Sprachregionen:

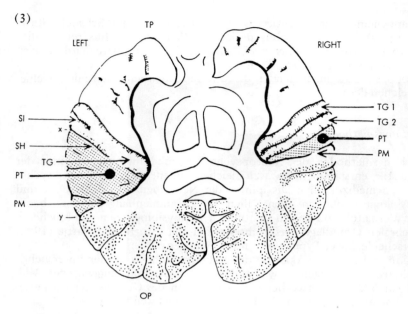

Quelle: Popper/Eccles (1977), S. 305

Nach präparatorischer Entfernung der anterioren Region zeigt sich, daß der hintere Rand (posterior margin PM) des Planum temporale (PT) links weiter nach hinten reicht, so daß das Ende (y) der Sylvischen Furche weiter hinten liegt. Evidenz für die genetische Determinierung kommt von Kindern, die bei der Geburt starben, und auch von einem 29 Wochen alten Foetus, welche dieselbe Asymmetrie zeigten. Läsionen in dieser Region führen zu Aphasien. Vermutlich aber hängt die Behauptung, daß sowohl anteriore (vordere) als auch posteriore (hintere) Areale sprachdominant sind, nur indirekt mit der morphologischen Asymmetrie der Hirnhälften zusammen. Später werden wir sehen, daß dieser indirekte Zusammenhang mit der Blutversorgung charakterisiert werden könnte.

Wie aber lassen sich die möglicherweise unterschiedlichen Leistungen der Gehirnhälften bei Gesunden überprüfen?

Visuelle/akustische Wahrnehmung
Die visuelle Wahrnehmung erfolgt grundsätzlich so, daß Reize aus dem rechten Gesichtsfeld in die linke Hemisphäre geleitet werden und umgekehrt, während bei der akustischen Sinneswahrnehmung sowohl ipsilaterale (gleichseitige) als auch kontralaterale (überkreuzende) Verarbeitung möglich ist, wobei allerdings sowohl funktionell als auch anatomisch der gekreuzte Anteil der Hörbahnen überwiegt. Im Anschluß an die erste intrahemisphärische Informationsverarbeitung findet dann für alle Modalitäten ein rascher Informationsaustausch vor allem über das Corpus Callosum in die gegenüberliegende Hemisphäre statt (vgl. dazu Sturm/Hartje, 1982).

Gesichtsfeldabhängige Reizdarbietung (VHF-Methode: Visual Half Field; vgl. (4))

(4)

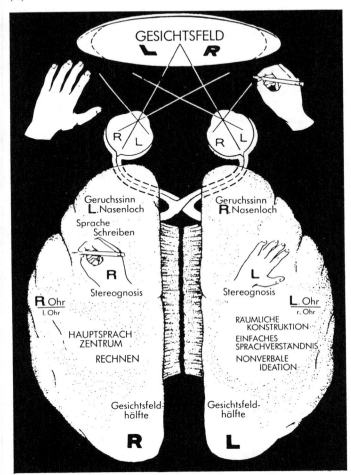

Quelle: Schnelle (1981), S. 13

Mithilfe der sog. tachistoskopischen Darbietung visueller Reize kann man bewirken, daß nur eine Hemisphäre von dem Reiz erreicht wird. Die maximale Darbietungsdauer von ca. 150 ms dient dazu, eventuelle Augenbewegungen auszuschließen, damit die bilaterale kortikale Projektion der visuellen Eindrücke verhindert wird. Die Vp (Versuchsperson) wird aufgefordert, einen im Zentrum des Darbietungsfeldes liegenden Punkt zu fixieren. Dann wird in der linken bzw. rechten Hälfte des Projektionsfeldes ein visueller Stimulus dargeboten und die jeweils geforderte Reaktion registriert.

Diese Art von Untersuchungen hat viel zur Klärung der Aufgabenspezialisierung der beiden Hirnhälften beigetragen: Sprachliche Reize, z.B. im rechten Gesichtsfeld dargeboten, werden rascher und sicherer erkannt als solche, die im linken Gesichtsfeld dargeboten werden (RVF-advantage = Right Visual Field). Und umgekehrt werden nicht-sprachliche visuelle Reize besser verarbeitet, wenn sie im linken Gesichtsfeld präsentiert werden (LVF-advantage = Left Visual Field). Einen Überblick über die verschiedenen Forschungsansätze hierzu geben Bradshaw/Nettleton (1981).

Dichotisches Hören
„In der akustischen Sinnesmodalität erscheint eine lateralisierte, hemisphärenunabhängige Reizdarbietung aufgrund der Anatomie des Verlaufs der Hörbahnen theoretisch eigentlich nicht möglich" (Sturm/Hartje, 1982, S. 12), weil ja, wie wir gesehen haben, Reizinformationen sowohl ipsilateral als auch kontralateral verarbeitet werden (vgl. (4)). Jedoch konnte man zeigen, daß die kontralaterale Verarbeitung von größerer funktioneller Bedeutung ist; diese Asymmetrie läßt sich jedoch nur mithilfe stark kontrollierter Laborbedingungen nutzen, und zwar so, daß beide Ohren streng simultan unterschiedliche Informationen erhalten, indem man eine Stereodarbietung mit Kopfhörern durchführt. Dies ist das auf Broadbent zurückgehende Dichotic-Listening-Verfahren (dichos: 2; otos: Ohr). Als Stimuli werden kurze Zahlwörter, Konsonant-Vokal-Silben, einfache Wörter, aber auch komplexere Satzgefüge angeboten. (Für die technischen Feinheiten vgl. Sturm/Hartje, 1982, S. 12) Ergebnis der meisten dichotischen Untersuchungen war ein Rechts-Ohr-Effekt (Right-Ear-Advantage) für sprachliches Material und ein Links-Ohr-Effekt für nichtsprachliches Material wie z.B. Tonfolgen. In dem bereits erwähnten Aufsatz von Bradshaw/Nettleton (1981) gibt es zu diesem Punkt eine ausführliche Diskussion, denn einige der Hypothesen sind nicht unwidersprochen geblieben; dies hängt mit ganz verschiedenen Punkten zusammen, z.B. mit der Art des Reizmaterials, mit der Art, wie man die Reizdomäne charakterisiert, insbesondere, was unter Sprache subsumiert werden kann und was nicht. Ich möchte hier nur kurz auf zwei Typen von Hypothesen eingehen:
1) das „Musik-Paradigma".
2) das Intonationsparadigma.

Zu 1) Zunächst ging man davon aus, daß die rechte Hemisphäre musikalische Reize verarbeitet. Es zeigte sich aber generell, daß offensichtlich bei der hemisphärenspezifischen Verarbeitung auch solche Faktoren wie Vertrautheit, bzw. Geübtheit usw. eine Rolle spielen; so konnte in einigen Untersuchungen belegt werden, daß auch die rechte Hemisphäre sprachliche Stimuli verarbeitete, sowohl auf der produktiven als auch der rezeptiven Seite, allerdings mit einer Asymmetrie zugunsten der Perzeption (vgl. Bradshaw/Nettleton, 1981); die rechtshemisphärisch ermöglichten Sprachproduktionen bestehen hauptsächlich aus Klischees und konventionellen Redewendungen und aus konkreten, häufig vorkommenden Wörtern, obwohl letzteres recht kontrovers ist. M.a.W. all jene sprachlichen Items, die nicht analytisch verarbeitet werden müssen, sondern als holistische oder Gestalteinheiten abgerufen werden können, sollen auch in der rechten Hemisphäre repräsentiert sein (z.B. Redewendungen wie „Wie geht's'n", „Guten Tag" etc.), während syntaktische und phonologische Analysen links hergestellt werden müssen. Nach Bradshaw/Nettleton sollte man ja ohnehin die verbal/nonverbal-Unterscheidung aufgeben und ersetzen durch eine Charakterisierung der unterschiedlichen Operationsweisen der beiden Hemisphären, die man etwa mit analytisch für die linke und holistisch für die rechte Hirnhälfte charakterisieren kann. Daß diese Annahme vielleicht mit einer Fehleinschätzung der Eigenheiten der jeweiligen Reizdomänen zusammenhängt, werde ich anhand des Intonationsparadigmas zu zeigen versuchen.

Nun zurück zur Musik: Die wichtigste Arbeit hierzu stammt von Bever/Chiarello (1974), die argumentieren, daß Lateralitätsunterschiede bei der Wahrnehmung von Musik von dem Übungsgrad der Vp abhängt: Es gab nämlich einen Rechts-Ohr-Effekt bei geübten Musikern und einen Links-Ohr-Effekt bei Amateuren: Die Autoren korrelieren dies mit der Art, wie die musikalischen Reize verarbeitet werden: Geübte Musiker analysieren musikalische Reize als gegliederte Perzepte, während die Amateure sich einfach auf die Melodie, einen Klang, also wenn man so will, die Gesamtgestalt beziehen. Diese Hypothese wurde vielfach bestätigt, sogar mithilfe von EEG-Untersuchungen (Elektroencephalographie), wo sich eine größere Aktivität der rechten Hemisphäre zeigt, wenn Laien Musik wahrnehmen.[1]

In einigen Folgeexperimenten ist jedoch diese Dichotomie problematisiert worden: nicht Professionalität, sondern Vertrautheit führt zu einer lateralisierten Verarbeitung; dabei können bei allen VPen sogar beide Hemisphären gleichzeitig beteiligt sein.

---

[1] Zum EEG schreibt Schmidt (1977, S. 284) das folgende:
„Legt man auf die Kopfhaut auf der Schädeldecke eine ... Elektrode auf, so lassen sich zwischen dieser Elektrode und einer indifferenten, entfernten Elektrode (etwa am Ohrläppchen) beim Menschen und anderen Wirbeltieren ... kontinuierliche elektrische Potentialschwankungen ableiten ... Ihre Frequenzen liegen zwischen 1 und 50 Hz und ihre Amplituden in der Größenordnung von $10-100\ \mu V$". Diese Möglichkeit, die elektrische Hirnaktivität des Menschen zu registrieren, wurde von Hans Berger entdeckt, der zwischen 1929 und 1938 die Grundlagen für die klinischen und experimentellen Anwendungen dieser Methode legte. Mithilfe des EEGs kann man Bereitschaftspotentiale (elektrische Erregung vor der eigentlichen Ausführung einer Aufgabe) und evozierte Potentiale (bei der Ausführung einer Aufgabe) herausfinden und daraus Schlüsse über den Grad der Beteiligung der einzelnen Hirnregionen ziehen (vgl. Schnelle, 1981, S. 15). Frequenz und Amplitude werden nämlich von einer Reihe von Faktoren bestimmt: Ableitungsort: Über dem Hinterkopf sind bei geschlossenen Augen die EEG-Wellen deutlich ausgeprägter als über dem Stirn-(frontal) und Scheitel(parietal)hirn. Wachheitsgrad: Beim Öffnen der Augen verschwinden die großen langsamen Wellen schlagartig zugunsten von hochfrequenten Wellen kleinerer Amplitude. Der langsame Rhythmus, der sich bei erwachsenen Menschen mit geschlossenen Augen zeigt, wird alpha-Wellen genannt. Er tritt an allen Ableitungsorten in etwa gleicher Form auf, daher wird das EEG auch synchronisiertes EEG genannt. Beim Öffnen der Augen und bei anderen Sinnesreizen oder bei geistiger Tätigkeit verschwinden die alpha-Wellen. Man spricht von einer alpha-Blockade. An ihre Stelle treten beta-Wellen. Das EEG ist je nach Ableitungsort verschieden, daher nennt man es auch desynchronisiertes EEG. Delta-Wellen zeigen sich im Schlaf. Hier kann man mithilfe des EEGs die Schlaftiefe und Schlafstadien unterscheiden.

Zu 2) Ähnlich inkonklusiv scheint mir das Intonationsparadigma zu sein. Häufig wird behauptet (vgl. hierzu Heeschen/Reischies, 1981), daß die rechte Hemisphäre Intonation, die linke aber die diskreten Eigenschaften der Äußerung verarbeitet.

Folgendes Bild der Aufgabenverteilung zwischen den beiden Hemisphären ist heute irgendwie das Gängige (aus: Heeschen/Reischies, 1981, S. 44):

Linke Hemisphäre	Rechte Hemisphäre
	dominant für:
sprachlich	nichtsprachlich-auditorisch (gelegentlich aber auch produktiv (Ergänzung von HL))
	innerhalb von Sprache:
distinktive Merkmale propositional kontextfrei	Intonation emotional automatisiert kontextabhängig

Was kann dies nun in bezug auf die Intonation heißen? Mir scheint, daß dieser Begriff in der einschlägigen Forschung unklar verwendet wird. Um dies zu illustrieren, nenne ich jetzt ein paar Beispiele dafür, was alles darunter verstanden wird:

A)   Intonation = Wortakzentmuster
     (wobei „ ´ ": Akzent)

(5) übersetzen / übersétzen:
     (i)   Er sétzte mit seinem Boot über.
     (ii) *Er übersétzte mit seinem Boot.
     (iii) Er übersétzte ein Buch.
     (iv) *Er sétzte ein Buch über.

B)   Intonation und die logische Form

(6) (i)   Ist es Fritz, der Gedichte schreibt?
     (ii) Nein, Hans.
     (iii) *Nein, Prosa.

Hier unterscheidet der Akzent nach Präsupposition und Proposition, was zu einer rein grammatisch bestimmten Festlegung möglicher Antworten beiträgt:

Präsupposition: x schreibt Gedichte.
Proposition: Ich frage dich, ob dieser x Fritz ist.

Eine mögliche Antwort ist daher nur diejenige, welche die Präsupposition der Frage teilt. Dies tut die zweite Antwort (iii) nicht, da diese — im Gegensatz zu der Frage — die Präsupposition hat: Fritz schreibt x.

C) Akzent und Phrasierungseinheiten
Je nach individueller Sprechgeschwindigkeit kann man in Sätzen größere oder kleinere Einheiten intonatorisch zu sog. Phrasierungseinheiten zusammenfassen:

(7) (i) Er untersuchte es / mit dem Mikroskop / aus dem Institut.
    (ii) Er untersuchte es / mit dem Mikroskop aus dem Institut.
    (iii) *Er untersuchte / es mit dem Mikroskop / aus dem Institut.
    (iv) *Er untersuchte es mit dem Mikroskop / aus dem Institut.
(Vgl. Bierwisch, 1971, S. 107)

Wir *könnten* sagen, daß Sprechgeschwindigkeit zum Konzept der Intonation gehört. Was wir aber sagen *müssen* ist, daß — trotz der Möglichkeit individueller Variation — Intonationseinheiten mit der formalen Struktur der Sätze zusammenhängen, und diese lassen sich nicht nach individuellem Belieben variieren (was die abweichenden Formen (7) (iii) und (iv) zeigen). Sie hängen auch zusammen mit den spezifischen sprachlichen Einheiten, die in diesen Sätzen vorkommen: so ist z.B. *es* in (i) und (ii) an das Verb angehängt, d.h. es trägt keinen Akzent und kann daher mit V verschmolzen werden (Enklise). Elemente dieses Typs nennt man auch klitische Elemente. Deren lautlich unselbständiger Charakter zeigt sich z.B. daran, daß sie verkürzt werden können:

(8) (i) Hans tat es.
    (ii) Hans tat's.

Vgl. dazu die jeweiligen Strukturen:
Syntaktische Struktur:

(9) (i) [$_S$[$_{NP}$Hans] [$_{VP}$ [$_V$tat] [$_{NP}$es]]]
    (ii) [$_S$[$_{NP}$Hans] [$_{VP}$ [$_V$tat + es]] („Adjunktion" des *es* an das Verb)
Kontraktion:
    (ii') Hans tat's (Tilgung des *e*)

D) Intonation und kommunikative Effekte
Unterhaltung zwischen zwei Mädchen, die Passagen aus der Muppets-Show nachspielen wollen:
A: (zu B) Ich bin Piggy, Du bist Kermit.
                                       Kérmit
Hier wird mithilfe der melodischen Gestaltung von *Kermit* indiziert, daß das Spiel beginnt.

E) Tonsprachen
Gewisse Sprachen, so etwa das Chinesische, das Thailändische und das Vietnamesische, sind sog. Tonsprachen, d.h. dort gibt es Lautketten, wie etwa unser *Kérmit*, die je nach Tonhöhenverlauf unterschiedliche Bedeutung haben, bei denen also nicht nur das Akzentmuster, sondern die Tonhöhe und deren Verlauf bedeutungsunterscheidend sind. Sagen wir, unser *Kérmit* hieße „Wasser", *Kermit* dagegen „Bauchschmerzen", so folgt daraus: Es nutzt gar nichts, all diese Phänomene unterschiedslos als Intonationsphänomene zu bezeichnen, weil sie ganz im Gegenteil stark voneinander unterschieden sind.

Wortakzent und syntaktische Beschränkungen für Phrasierungseinheiten ebenso wie Klitiks sowie distinktive Tonhöhendifferenzen will ich Phänomene der Intonation nennen. Sie sind frei von individueller Variation und gehören zum berechnenden oder formalen Aspekt unseres Sprachvermögens. Unsere kleine Interaktion zur Muppets-Show zeigt ein anderes Phänomen, wo melodische Verläufe dazu da sind, zu indizieren, daß der Sprecher jetzt eine andere Rolle einnimmt, daß das Spiel beginnt.

Nur ist dies nicht die einzige Funktion, welche durch die besagte Sprachmelodie ausgedrückt werden kann. Z. B. kann man sich emotionale Kontexte vorstellen, bei denen dieselbe Melodie verwendet wird: *Liebes, kannst Du mal Kaffee kochen?* Solche Arten von „suprasegmentalen" Phänomenen möchte ich ab jetzt nicht mehr Intonationsphänomene nennen, sondern sie zu den emotional-kommunikativen suprasegmentalen Eigenschaften rechnen. Diese Einschätzung steht im Widerspruch zu den von R. Jakobson (1981) berichteten Experimenten mit Patienten aus psychiatrischen Kliniken, bei denen mithilfe von Elektroschocks die linke oder die rechte Hirnhälfte inaktiviert wurde. Diese Untersuchungen zeigten nämlich, daß sowohl die Satz- als auch die emotional gefärbte Intonation rechts verarbeitet werden, diese somit abhängig ist von der segmentalen Struktur der Wörter (der Wortphonologie, wie Jakobson es ausdrückt, S. 27): „Im Gegensatz zur linken Gehirnhälfte sichert die rechte die Fähigkeit des Patienten, solche auditiven Signale wie z.B. die Stimmen seiner Bekannten, die er hört, ohne sie zu sehen, zu identifizieren. Eine Untersuchungsperson mit inaktivierter rechter, aber aktiver linker Gehirnhälfte kann dagegen die ihm vertrautesten Stimmen nicht wiedererkennen, nicht einmal die Stimmen seiner Frau und seiner Kinder, und er bemerkt den Übergang von einem Sprecher zu einem anderen nicht."

Patienten mit inaktivierter rechter Hirnhälfte konnten auch Fragesätze von Deklarativsätzen nicht unterscheiden. Hier würde also die von mir getroffene Unterscheidung zwischen Intonation und emotional-kommunikativen suprasegmentalen Phänomenen zusammenbrechen. Ich teile aber hier die von Heeschen/Reischies (1981) vorgebrachten methodologischen Einwände, welche auf die Problematik dieser Art von experimentellem Setting aufmerksam machen (neben den ethischen Problemen, die ich hier außer acht lassen möchte, auf deren Bedeutung ich aber dennoch hinweisen möchte). Sie wenden nämlich folgendes ein (S. 46 f.):

„Beide Nachteile — Problematik des Patientenguts; Unklarheit über das, was beim experimentellen Eingriff tatsächlich passiert — vereinigen sich in der Elektroschocktechnik. Ob tatsächlich nur eine Hirnhälfte inaktiviert wird oder ob die primär nicht geschockte Hemisphäre nicht dennoch durch sekundäre Ausstrahlung teilweise mit inaktiviert ist, ist elektrophysiologisch unklar. Zudem werden Elektroschocks nur auf psychotisches Patientengut angewendet; und daß die sowjetischen Autoren selbst auf unterschiedliche Ergebnisse bei Depressiven und Schizophrenen hinweisen, sollte bezüglich der Generalisierung der Ergebnisse auf das normale Gehirn äußerstes Alarmzeichen sein."

Demnach ist eine Unterscheidung zwischen Intonation als durch formale Eigenschaften der syntaktischen Struktur und intrinsische Eigenschaften der phonologischen Komponente einer Grammatik für eine natürliche Sprache festgelegte Eigenschaften von Ausdrücken (Wörtern, Sätzen) und suprasegmentalen emotional-kommunikativen Eigenschaften von Äußerungen alleine dazu tauglich, die richtigen Prognosen zu machen. Dies hängt im wesentlichen damit zusammen, daß wir — bei Betrachtung der sog. höheren geistigen Fähigkeiten — m.E. erst dann zu interessanten und differenzierten Annahmen über die Aufgabenspezialisierung kommen können, wenn wir für die jeweiligen Reizdomänen (Verarbeitung von Sprache, visuelle Wahrnehmung usw.) explizite Modelle haben. Dies trifft gegenwärtig — so weit ich sehe — in vollem Umfang erst auf den sog. berechnenden Aspekt von Sprache zu (Chomsky, 1981 a). Also auf jene Theorie der Sprache, die die grammatischen Eigenschaften (syntaktische und phonologische sowie einen Aspekt der semantischen Interpretation, die Logische Form) zum Gegenstand hat (etwa die "Government-Binding"-Theorie von Chomsky (1981 b)) und ihre Vorläufer oder die "Lexical Functional Grammar" (vgl. dazu Bresnan, 1982).

Nach Maßgabe dieser Ansätze kann man eine empirisch gerechtfertigte Unterscheidung zwischen Grammatik und anderen sprachlichen Systemen treffen, etwa der Art, daß nur die Grammatik ein Regelsystem ist, das die formalen Eigenschaften einer intersubjektiv testbaren Theorie hat, d. h. die eine Begrenzung des Gegenstands ermöglichen. Mit einer solchen Annahme ist also impliziert, daß es keine interessante Theorie über Sprache gibt, weil nicht genau ermittelt werden kann, was alles zur Sprache gerechnet werden kann. Dies wiederum spricht dafür, daß unser Geist eine modulare Struktur hat, die festgelegt ist — jedenfalls in der abstrakten Charakterisierung unseres Gehirns —, welche in der Linguistik oder Psychologie nur möglich ist, durch die exzentrischen, einzigartigen Eigenschaften, die eine Reizdomäne von der anderen unterscheiden (der Ausdruck „exzentrisch" stammt von Fodor, 1983). Eine dieser exzentrischen Eigenschaften ist aber der Zusammenhang zwischen Akzent und formalen Eigenschaften der Ausdrücke, und ist damit unterschieden vom emotional-kommunikativen Akzent, weil dessen Erklärung nicht auf formale grammatische Eigenschaften, sondern auf Eigenschaften anderer Bereiche zurückgreifen muß. Ich teile daher nicht die gelegentlich (etwa von den erwähnten Autoren Bradshaw/Nettleton und Heeschen/Reischies) aufgestellten Behauptungen, daß wir über die Aufgabenspezifität der jeweiligen Hemisphären am besten in Form von Operationsmodi reden (auch bei Eccles klingt das passagenweise an) links habe die analytische Vorgehensweise, rechts die holistisch, gestalthafte ihren Ursprung. Ich vermag nämlich nicht zu sehen, wie solche Operationsweisen eindeutig bestimmt werden können. Viel klarer scheint mir die oben skizzierte Annahme zu sein, die sich z. B. auf Sprachstruktur und Regeln zur Erzeugung dieser Struktur bezieht.

1.2.2 Erforschung des kranken Gehirns

Split-Brain-Phänomene
Als Nebenbefund einer therapeutisch notwendigen Hirnoperation, nämlich der Durchtrennung der die beiden Großhirnhemisphären verbindenden Fasern (Commissurenfasern) des Corpus Callosum (11), die zur Beseitigung bzw. Milderung ansonsten nicht zu behandelnder Epilepsien durchgeführt wurde, gelangten Sperry und seine Mitarbeiter zu wichtigen Einsichten in die neuronalen Grundlagen menschlichen Bewußtseins (Sperry, 1964; 1970; Popper/ Eccles, 1977). Nach Eccles sind die außerordentlichen Implikationen dieser Untersuchungen in der Philosophie und in den Einzelwissenschaften noch gar nicht hinreichend gewürdigt worden; seiner Ansicht nach vor allem deshalb, weil der für die Begründung des sog. interaktiven Dualismus wichtige Gedanke,

der nämlich eines Bewußtseins, das nicht völlig auf Gehirnstrukturen, mithin Materie reduziert werden kann, gegenwärtig keine Rolle zu spielen scheint. Was ist nun in diesen Experimenten mit bislang 20 Personen, an welchen die oben beschriebene Operation durchgeführt wurde, herausgefunden worden?

Wie wir ja im vorangegangenen Abschnitt 1.2.1 gesehen haben (vgl. (4)), werden visuelle Reize, die in dem rechten Gesichtsfeld dargeboten werden, links verarbeitet, wohingegen die Hörbahnen teils gekreuzt (kontralateral), teils ungekreuzt (ipsilateral) verlaufen. Das Corpus Callosum garantiert, daß unilateral repräsentierte Informationen an die andere Hirnhälfte weitergegeben werden können. Ähnliches gilt für die sog. Somatosensorik (afferente Bahnen), d. h. die Hautsinne, die Tiefensensibilität und die Motorik (efferente Bahnen): Die linke Großhirnhälfte versorgt motorisch und somatisch die rechte Körperhälfte, während die rechte Großhirnhälfte für die linke Körperhälfte zuständig ist. Im Alltagsleben sind Split-Brain-Patienten unauffällig, auch ihr Intellekt scheint unverändert.

(10)

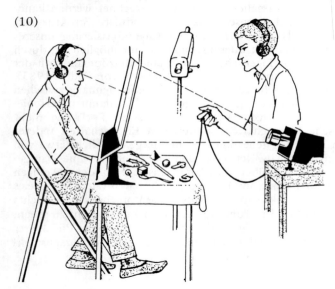

Quelle: Schmidt (1977), S. 304

Durch gezielte Tests konnten aber erhebliche Unterschiede in der Leistungsfähigkeit der beiden Gehirnhälften herausgearbeitet werden. Die in (10) dargestellte Versuchsanordnung ermöglicht es, dem rechten und linken Gesichtsfeld getrennt visuelle Signale (Lichtblitze, Schrift mit kurzer Darbietungsdauer von 0,1s zwecks Verhinderung von Augenbewegungen) bzw. über Kopfhörer getrennt gegebene akustische Reize zu präsentieren. Ferner kann die rechte oder linke Hand ohne Sichtkontrolle zum tastenden Erkennen (Stereognosis) oder zum Schreiben benutzt werden. Auch hierbei steht die rechte bzw. linke Hand motorisch und sensorisch nur mit der linken bzw. rechten Hemisphäre in Verbindung.

Die wichtigsten Resultate dieser Versuche sind die folgenden: Werden Gegenstände in das rechte Gesichtsfeld projiziert, so kann der Split-Brain-Patient diese *benennen* oder durch die rechte Hand aus anderen Gegenständen heraussuchen. Werden Wörter in das rechte Gesichtsfeld projiziert, so kann er diese *laut lesen, aufschreiben* und wiederum mit der rechten Hand den zugehörigen Gegenstand *heraussuchen*. Werden ihm die Gegenstände in die rechte Hand gelegt, so sind die Ergebnisse entsprechend: Der Patient kann die Gegenstände *benennen*, und er kann ihre Namen *aufschreiben*. Mit anderen Worten: Der Patient verhält sich in diesen Situationen wie eine normale Versuchsperson.

Werden Gegenstände in das linke Gesichtsfeld projiziert, so kann der Split-Brain-Patient diese *nicht benennen*. Es gelingt ihm aber, (nach Aufforderung: ipsilaterale Hörbahnen) diese mit der linken Hand aus anderen Gegenständen herauszusuchen. Aber auch dann kann er sie nicht benennen. Ebenso nicht, wenn ihm diese Gegenstände in die linke Hand gelegt werden. Werden Wörter in das linke Gesichtsfeld projiziert, so kann er diese nicht laut lesen. Er kann aber, bei Worten für alltägliche Gegenstände, die zugehörigen Gegenstände mit der linken Hand (vgl. (11)) *heraussuchen* (möglicherweise, das haben wir ja schon andeutungsweise gesehen, können sehr vertraute Wörter rechts verarbeitet werden).

(11)

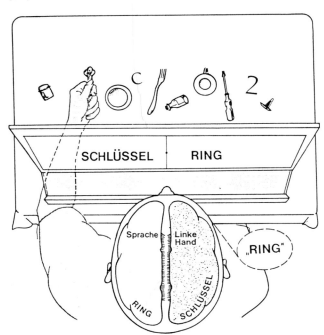

Quelle: Schmidt (1977), S. 306

Auch nach erfolgreicher Suche kann der Patient den Gegenstand aber nicht benennen. In dieser Versuchssituation kann der Patient also bestimmte Aufgaben durchführen, aber er kann nicht verbal (mündlich oder schriftlich) äußern, was er tut. Er verhält sich so, als ob die mit Hilfe seiner rechten Hemisphäre durchgeführten Handlungen überhaupt nicht stattgefunden hätten.

Folgender Schluß wurde aus diesen Versuchsergebnissen gezogen: Die Leistungen der linken Hemisphäre von Split-Brain-Patienten sind von den Leistungen des intakten Gehirns weder aus der subjektiven Sicht des Patienten, noch im Alltag, noch unter kontrollierten Testbedingungen unterscheidbar. Die linke Hemisphäre zusammen mit den dazugehörigen subkortikalen Strukturen (Sehbahnen, Hörbahnen, motorische und sensorische Bahnen) wird daher als „das entscheidende neuronale Substrat für spezifisch menschliches Bewußtsein und der damit verbundenen Sprache" (Schmidt, 1977, S. 306) angesehen. Die von der isolierten rechten Hemisphäre durchgeführten Prozesse werden vom Patienten offensichtlich auch nicht gewußt. Getrennt von der linken Hemisphäre führt die rechte Hemisphäre ein Eigenleben. Dabei sind die Leistungen dieser Hälfte bemerkenswert: Sie besitzt z. B. ein Gedächtnis, visuelle und taktile Formerkennung, möglicherweise gestalthaftes, holistisches Verarbeitungspotential für sprachliche Reize (z. B. Redewendungen, Klischees, einfache, häufig auftretende Wörter) mit einer Asymmetrie zugunsten der rezeptiven Verarbeitung von Sprache. Jedoch kann sie die von ihr verarbeiteten Informationen nicht an die linke sprachdominante Hemisphäre weitergeben, so daß diese Informationen auch nicht verbalisiert werden können.

Die Blutversorgung des Gehirns
Nach Peuser (1978, S. 61f) und Poeck (1981) sind etwa 80 % der Erkrankungen der linken Hemisphäre (die demnach zu Sprachstörungen führen) Gefäßerkrankungen (d.h. Hirngefäßverschlüsse). Diese werden im allgemeinen als zerebrale Insulte oder als Hirnschlag bezeichnet, einschließlich Hirnblutungen, die entweder aufgrund von Gefäßmißbildungen angeboren sind oder im jugendlichen Alter auftreten. Die nächste Gruppe, die mit etwa 10 % vertreten ist, betrifft Schädel-Hirn-Traumata, also Verletzungen, die zu einer direkten Schädigung des Hirngewebes führen. Die dritte Gruppe, mit etwa 5 % vertreten, sind die Hirntumore. Zu 1 % etwa gibt es entzündliche Prozesse im Gehirn (Hirnhautentzündung), die Komplikationsfolgen einer Grunderkrankung (Masern, Mumps, Virusgrippe) sind. Schauen wir uns daher kurz die arterielle Versorgung des Gehirns an:

Die sprachlichen Areale des Gehirns werden mit Blut aus den Ästen der arteria cerebri media versorgt (s. (12), weiße Fläche).

(12) Versorgungsgebiete der Hirnarterien

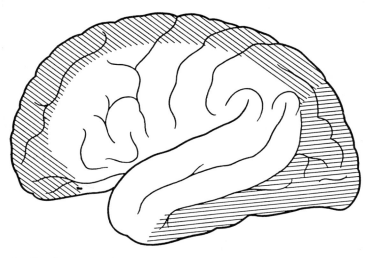

Quelle: Ferner/Staubesand (1973), S. 63

Eine motorische oder Broca-Aphasie tritt ein, wenn das Versorgungsgebiet der von der arteria cerebri media abzweigenden arteria praerolandica betroffen ist (13). Eine sensorische oder Wernicke-Aphasie ist die Folge einer Durchblutungsstörung in der arteria temporalis posterior (14), die ein Ast aus der arteria cerebri media ist.

(13) Verlauf der A. praeolandica aus der A. cerebria media.

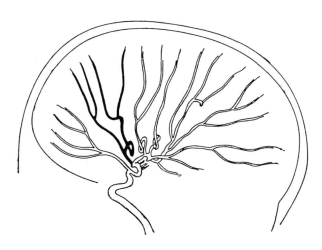

Quelle: Schnelle (1981), S. 99

(14) Verlauf der A. temporalis posterior aus der A. cerebri media.

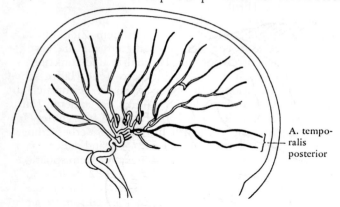

Quelle: Schnelle (1981), S. 101

Die so entstandene Hirnschädigung entspricht genau der von Wernicke (1874) postulierten Region im rückwärtigen Abschnitt der linken ersten Schläfenwindung (temporaler Gyrus).

Wie (15) zeigt, kann aufgrund eines Verschlusses am Hauptstamm der arteria cerebri media diese insgesamt ausfallen (schwarz gezeichnet). Solche Art von Verschlüssen führt zu einer totalen Unterversorgung der Sprachregion des Gehirns und hat eine globale Aphasie als Folge.[2]

(15) Ausfall der gesamten A. cerebri media (schwarz)

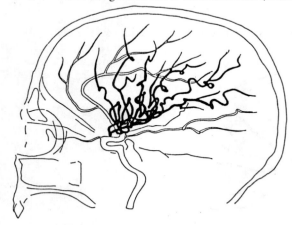

Quelle: Schnelle (1981), S. 102

2 Einen ausgezeichneten und detaillierten Überblick über
   a) neue diagnostische Verfahren (z.B. Computertomographie, Positronen-Emissionstomographie) und
   b) Aphasietests (z.B. Bostoner Aphasietest, Token Test, Sklar Test)
   gibt Kertesz (1979).

Befunde bei Hemisphärektomie-Patienten
Die operative Entfernung einer Hirnhälfte (Großhirn) wurde nach Orgass (1982, S. 17) vor allem bei Patienten mit frühkindlicher Hemiplegie (Lähmung) und schwersten epileptischen Leiden durchgeführt mit dem Ziel, die Ausbreitung der epileptischen Aktivität von der geschädigten auf die gesunde Hemisphäre zu vermeiden. Eine Korrelation von Hirnhälfte und funktioneller Spezialisierung ist hier problematisch, weil die eine betroffene Hälfte schon von Beginn an weitestgehend funktionsuntüchtig war, somit vermutlich die gesunde Hälfte schon vor der Operation viele Funktionen der anderen Hälfte übernehmen mußte. So zeigt sich bei diesen Patienten in der Tat nach der Operation keine Funktionsverschlechterung, gelegentlich sogar eine Verbesserung.

Von Interesse für die hier zur Debatte stehenden Fragen sind daher nur die wenigen Fälle, bei denen erst im Jugend- oder Erwachsenenalter Hemisphärektomien durchgeführt werden. Insgesamt gab es nach Hartje (1982, S. 42) sieben Fälle linksseitiger Ektomie und mehrere Fälle rechtsseitiger Ektomie. Die Untersuchungen haben im wesentlichen die Ergebnisse bei Split-Brain-Patienten bestätigt, nämlich insbesondere die Überlegenheit der linken Hälfte für Sprache und ein relativ gutes auditives Sprachverständnis der rechten Hemisphäre. Ein interessanter Unterschied zwischen den beiden Patientengruppen hat sich allerdings gezeigt: Zwar sind die expressiven Sprachleistungen bei Hemisphärektomie-Patienten relativ niedrig, jedoch besser als bei Split-Brain-Patienten. „Man ist versucht anzunehmen, daß der Wegfall der gerade im verbalen Bereich ausgeprägten Realisationsdominanz der linken Hemisphäre ein rudimentäres Sprachpotential der rechten Hemisphäre freisetzt." (Hartje, 1982, S. 42; für weitere operative Verfahren vgl. Poeck, 1981).

Zusammenfassung
Gegenstand der Neurolinguistik ist die Beziehung zwischen Gehirnstrukturen, -prozessen, Sprachkenntnis und Sprachverhalten. Eine mittlerweile als Evidenz für eine solche vermutlich sehr differenzierte und komplizierte Beziehung gültige Datenklasse sind alle organisch bedingten Störungen, eine ausgezeichnete Klasse sind die Ergebnisse der Aphasieforschung. Gelegentlich wird dieser Teilbereich auch als Patholinguistik bezeichnet. Peuser (1978, S. 4) unterscheidet folgende Sprachstörungen:

Patholinguistik: zentrale Störung;
periphere Störung;
Zentrale Störung: des Sprachbesitzes;
des Spracherwerbs;
des Sprachbesitzes: a) nicht organisch bedingt:
gesunde: Versprecher;
kranke: psychotische, neurotische Sprachstörungen, Stottern usw.
b) organisch bedingt:
Aphasie, Sprachstörungen bei seniler Demenz, multipler Sklerose, Epilepsie usw.
des Spracherwerbs: a) nicht organisch bedingt:
z. B. Sprachentwicklungsverzögerungen, Mutismus;

                    b) organisch bedingt:
                         z. B. Mongolismus, Sprachentwicklungsbehinderungen.

Periphere Störungen:
  des Sprachbesitzes: Schwerhörigkeit,
  des Spracherwerbs: angeborene Gehörlosigkeit, Blindheit.

Schaut man sich die von Peuser angegebenen Leistungssysteme an, so gewinnt man den Eindruck, daß bei Aphasie die meisten sprachlichen Ebenen und Elemente betroffen sind, so die Intonation, die phonologischen Segmente, die Lexeme, die Syntax. Bis auf den Mongolismus und die Versprecher ist offenkundig die Aphasie eine besonders übergreifende sprachsystematische Störung. Wir wollen uns daher jetzt etwas näher damit befassen.

2 Klassifikation der Aphasien

2.1 Einleitende Bemerkungen

Bezüglich der Einteilung von Sprachstörungen aufgrund linksseitiger zerebraler Schädigungen herrscht je nach Schule eine andere Auffassung vor. Die klarste Klassifikation ist m. E. die der Aachener Aphasieschule (Poeck, Huber, Weninger, früher auch Stachowiak u. a.), die ich hier zumindest als heuristisches Verfahren für eine erste Einteilung zugrundelegen werde. Bei der Darstellung werde ich auch einige andere Begrifflichkeiten erläutern, so daß der Leser, wenn er anderen — nicht aus Aachen stammenden — Arbeiten begegnet, sich orientieren kann.

Nach Sies (1974, S. 1) wurde das Phänomen der Aphasie zum ersten Mal von dem ägyptischen Arzt Imhotep beschrieben. Das Zeugnis dazu war von einem amerikanischen Ägyptologen, Edwin Smith, 1862 erworben worden. 1922 erschien im Bulletin der New York Historical Society ein Aufsatz mit dem Titel: "The Edwin Smith-Papyrus", eine Veröffentlichung, die großes Aufsehen erregte, weil diese, übrigens 4,68 Meter lange Papyrusrolle (Fundort Theben), nicht wie gewöhnlich Beschwörungen enthielt, sondern „nicht weniger darstellen sollte als ein ‚chirurgisches Lehrbuch aus allerfrühester Zeit' ". Die Papyrusrolle datiert um die Zeit zwischen 2500–2000 v. Chr. Sie besteht aus durchnumerierten medizinischen Anweisungen. Die Anweisung Nr. 6 lautet ungefähr wie folgt:

„Wenn du untersuchst einen Mann mit einer ... Wunde an seinem Kopf, die bis zum Knochen reicht, gebrochen ist sein Schädel, aufgebrochen ist das Gehirn seines Schädels ... diese Windungen, die entstehen am gegossenen Metall. ... Es entsteht dieses Zittern und Flattern unter deinen Fingern, weil das Gehirn seines Schädels aufgebrochen ist. Er gibt Blut aus beiden Nasenlöchern ... Er leidet an Halsstarre und er kann nicht sprechen. Dann mußt du dazu sagen: ... eine Krankheit, die man nicht behandeln kann." (Thorwald, 1962; Critchley, 1970, S. 55.)

Obwohl nicht bekannt ist, in welchem Ausmaß den Ägyptern der Einfluß des Gehirns auf körperliche Funktionen klar war, kann man aus Mumienfunden (etwa aus der verkrampften Handstellung eines an einer Schädelverletzung gestorbenen Königs) schließen, daß sie darüber zumindest Vermutungen hatten.

Heute ist — glücklicherweise — die Forschung, sowohl in bezug auf Diagnostik als auch auf Rehabilitation und Therapie, doch etwas weiter fortgeschritten; dennoch sollten wir uns immer vergegenwärtigen, daß die Korrelation zwischen Gehirnstrukturen und mentalen Fähigkeiten im Grunde immer noch mysteriös ist; vielleicht auch deswegen, weil die diagnostischen Verfahren immer noch nicht differenziert genug sind oder weil unsere Modellvorstellungen vom Gehirn und seinen Funktionen immer noch zu statisch sind.

Wie dem auch sei: Nach Poeck u.a. (1974), Stachowiak u.a. (1977), Huber u.a. (1975), Kerschensteiner u.a. (1978) ermöglicht bereits die genaue Analyse

der Spontansprache einer unausgelesenen Patientengruppe eine Einteilung der Sprachstörungen in vier Gruppen:
— Broca-Aphasie
— Wernicke-Aphasie
— Globale Aphasie
— Amnestische Aphasie.

2.2 Die Broca-Aphasie

Der folgende Ausschnitt aus einem Interview soll einen ersten Eindruck von den sprachlichen Leistungen vermitteln, die für Broca-Aphasiker typisch sind:

(16) Spontansprache einer 59-jährigen Broca-Aphasikerin:
   Untersucher: Der Rhein ist noch nicht zugefroren?
   Patientin: Nur klein, ... Wasser, Rhein nich zu..roren.
   U: Wann war denn der Rhein zum letzten Mal zugefroren, 20 Jahre ist das doch bestimmt her?
   P: Nein, ... ja, Doris Doris klein, aber weiß, kann, weiß nich, nich zählen.
   U: Was machen Sie denn, wenn Sie nach Hause kommen?
   P: Nur auftehen, un hier äh Betten un hier Kaffee un un hier immer so helfen, arbeiten hier ... un immer hier immer mittag Arbeit, ich weiß nich, das is so schlimm zählen, das genau ... Frau B ... ne, Frau L. gut, is gut, auch Arbeit immer ...
   un eins, zwei hier so hier so Rek, Brett un das so hier so, un hier so Kartoffel un Rüben un alles, alles gut ... so is gut, ... Heinrich auch selber koch, Heinrich prima Essen, ja, nit Mann, gar nit Mann, un aber Heinrich is gut.
   U: Ihr Mann ist sich nicht zu schade für die Hausarbeit?
   P: Ja, ja genau, ruck un fertig, immer schon, Mutter un Vater un Kinner, helfen.
   U: Sie waren 6 Kinder zuhause?
   P: Un immer immer Arbeit, Bruder un un alles Haus, immer wohnen, ganz prima, un Arbeit, Winner.
   U: Wer war denn am Freitag mit Ihrem Mann hier?
   P: Jürgen, Jürgen Ulla Nich.
   U: Ullas Mann?
   P: Nich, Nich Schwester, Doris un Ulla un Alesandra.
   U: Doris ist Ihre Schwester?
   P: Ja genau.
   U: Dann ist Ulla Ihre Nichte?
   P: Auch, auch, auch ... Gerade, Haus hier so, mein Haus, un hier so faufen, faufen un da kann ich hier oben un dann un dann un hier un faufen, also.
   (Otto-Fricke-Krankenhaus, Bad Schwalbach)

Folgende Eigenschaften sind für die Sprache von Broca-Aphasikern typisch (Poeck, 1981, S. 98):

Sprachproduktion: erheblich verlangsamt;
Artikulation: oft dysarthrisch;
Prosodie: oft nivelliert, auch skandierend;
(Sprachmelodie Rhythmus)
Satzbau: Agrammatismus (nur einfache Satzstrukturen, Fehlen von Funktionswörtern);
Wortwahl: relativ eng begrenztes Vokabular, kaum semantische Paraphasien;
Lautstruktur: viele phonematische Paraphasien;
Verstehen: leicht gestört.

Erläuterung der wichtigsten Termini:
Dysarthrie: Verwaschene, mühevolle Artikulation, die meist von Störungen der Phonation und des Sprechrhythmus begleitet ist und die Sprechanstrengung hervorruft.
Semantische Paraphasien: Fehlerhaftes Auftreten eines Wortes der Standardsprache, das zum Zielwort entweder eine bedeutungsmäßige Ähnlichkeit hat oder grob davon abweicht (z. B. *Mutter* statt *Frau*, *Einbringen* statt *Einbrechen*, *Bart* statt *Hemd*, *Telefon, wo man zumachen kann* statt *Kühlschrank*).
Phonematische Paraphasien: Lautliche Veränderung eines Wortes durch Substitution, Auslassung, Umstellung oder Hinzufügung einzelner Laute (z. B. *Spille* statt *Spinne*, *Tock* statt *Stock*, *Urine* statt *Ruine*, *Bansane* statt *Banane*, *Vergebrecher* statt *Verbrecher*).
(Huber u.a., 1982, S. 80 ff.)

1861 sezierte der französische Chirurg Pierre-Paul Broca (1824—1880) das Gehirn eines verstorbenen Invaliden namens Lelong, der mit 84 Jahren wegen einer Oberschenkelhalsfraktur in das Hospital von Bicêtre eingeliefert worden war. Dieser Patient konnte sich nur noch mithilfe einiger weniger Gesten und einiger Wörter ausdrücken (hinsichtlich des Umfangs dieses Vokabulars gibt es unterschiedliche Einschätzungen: Jedenfalls produzierte der Patient kurz vor seinem Ableben nur noch die Silbe *tan*). Broca glaubte, daß *Aphemie* (sein Ausdruck für Aphasie) immer dann auftritt, wenn Schädigungen im lobus frontalis (Frontal-/Stirnlappen, s. (1)), und zwar im Bereich der 2. und 3. Windung (s. (2)) festzustellen sind. Heute geht man davon aus — wie wir bereits gesehen haben —, daß die Blutversorgung das entscheidende pathologische Kriterium ist, so daß — wie man aus (13) ersehen kann — eine Eingrenzung auf diesen von Broca angegebenen Bereich nicht ganz zutrifft, weil das Versorgungsgebiet der arteria praerolandica über diesen Bereich hinausgeht:

„Wir halten es für müßig, heute den alten Streit fortzusetzen, der mit Pierre Marie begann und bis in die jüngste Zeit (Johns und Darley, 1970; Bay, 1957a) andauerte. Es sollte heute kein Zweifel mehr bestehen, daß eine Läsion im vorderen Bereich der Sprachregionen ... zu sprachsystematischen Funktionsstörungen, also zu einer Aphasie (führt). Ebensowenig ist zu bezweifeln, daß bei Patienten, die das Syndrom der Broca-Aphasie bieten, ... die Brocasche Stelle immer in die Läsion mit einbezogen ist." (Kerschensteiner u.a., 1978, S. 229; vgl. Poeck, 1982a.)

„Die dritte linke Frontalwindung spielt nicht die geringste Rolle für die Aphasie", stellte Paul Pierre Marie (1853—1940) fest; er arbeitete seit 1897 ebenfalls am Bicêtre und untersuchte die beiden von Broca zur Begründung seiner Annahme analysierten Gehirne, die im Museum (Musée Dupuytren) ausgestellt waren. Er behauptete, daß die Schädigungen über den Bereich der dritten Windung hinausgingen, und zwar nach hinten und unten (Sies, 1974, S. 39), was ihn zu dem von Head als Bilderstürmerei bezeichneten Ausspruch bewegte, nach Kerschensteiner u.a. (1978) aber eher dafür spricht, daß Lelong eine globale Aphasie hatte.

Diese lokalisatorischen Feststellungen (also die Annahme einer Beziehung zwischen einer umschriebenen Hirnregion und einer Funktion), die auch nach Kerschensteiner u.a. durch elektro-physiologische Untersuchungen gestützt werden, lassen sich allerhöchstens aufgrund von Beobachtungen von Störungen wegen Tumoren in diesem Bereich relativieren. Es scheint aber so zu sein, daß Patienten mit allen Schädigungen, die keine zerebralen Gefäßinsulte sind, sich in ihren Leistungen nicht in die allgemeine Gruppierung einfügen lassen. (Bei Tumoren, insbesondere malignen, ist eine Lokalisation wegen Begleitödemen und Verlagerungen von funktionstüchtigem Gewebe nicht zuverlässig zu beurteilen.)[3]

2.2.1 Sprachverarbeitungsfunktionen

Sprachkenntnis realisiert sich in verschiedenen sprachlichen Leistungen und anhand verschiedener sprachlicher Einheiten. Zu den letzteren gehören Laute/ Buchstaben, Laut- bzw. Buchstabengruppen, Silben, Wörter, Sätze, Texte. Welche Verarbeitungsmodalitäten bei den einzelnen Leistungen unter Vermittlung durch die Sprachkenntnis betroffen sind, zeigt folgendes Schema (nach Bierwisch/Weigl, 1978, S. 16):

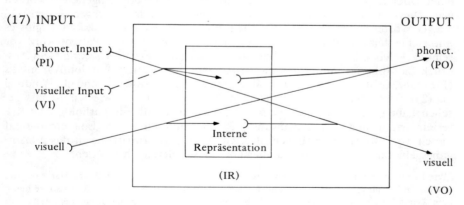

[3] Ein Ödem ist eine Schwellung. Als Ursache dafür wird ein Ungleichgewicht zwischen Flüssigkeit im Gefäß und im Bindegewebe angenommen, so daß es zu unzulässig viel interstitieller Flüssigkeit kommt. — „Interstitiell" von „Interstitium" = flüssigkeitsgefüllte extrazelluläre Spalträume. Jedweder Stoffaustausch der Hirnzellen erfolgt über das Interstitium. (Schmidt, 1977. S. 6 ff.)

Die Funktionen können Basisfunktionen oder komplexe Funktionen sein; letztere sind eine Kombination aus Input- und Outputfunktionen; weiterhin unterscheiden wir in primäre und sekundäre Funktionen, wobei letztere ein zweites Codierungssystem beinhalten, dessen Erwerb später erfolgt bzw. das es nicht in allen Sprachen gibt.

Basisfunktionen:
    Primäre   Sekundäre
(PI-IR): auditive Wahrnehmung (VI-IR): Leiselesen
(IR-PO): Spontansprache   (IR-VO): Spontanschreiben

Komplexe Funktionen:
(PI-IR-PO): Nachsprechen
(PI-IR-VO): nach Diktat schreiben
(VI-IR-PO): Lautlesen
(VI-IR-VO): Abschreiben

Subsidiäre Funktionen:
(PI+VI-IR-PO): Koartikulation (Mitsprechen unter Zuhilfenahme von Lippenlesen)

Wenn auch die Schrift später, meist erst in der Schule, und anders als die gesprochene Sprache, nämlich durch explizite Instruktion erworben wird, so kann man doch davon ausgehen, daß das Beziehungsgefüge zwischen schriftlichen Symbolen und Lautung im Erwachsenen weitestgehend automatisiert ist.

Weder werden in der Schrift alle lautlichen Unterschiede wiedergegeben (18), noch drücken alle graphemischen Unterschiede phonetische Unterscheidungen aus (19):

(18) (i) ch $\diagup$ [ç] — [diç] — dich$\\$ (ii) s $\diagup$ [z] — [Ra:z] — rase$\\$
       $\diagdown$ [x] — [dax] — Dach $\diagdown$ [s] — [Ra:st] — rast

(19) (i) [kRa:niç] — Kran*ch* — ch $\diagdown$$\\$
               c
   [tRa:niç] — tranig — g $\diagup$

  (ii) [Ra:t] — Rat — Rad — t $\diagdown$$\\$
               t
   [bunt] — bunt — Bund — d $\diagup$

Wenn die Schrift erworben wird, muß also ein gesondertes Regelsystem erworben werden, das Schrift und Lautung systematisch (so weit das geht) aufeinander bezieht.

Am Beispiel der Fälle (18) (ii) und (19) (ii) kann man z.B. sehen, daß die phonologische Regel der Auslautverhärtung für die Schrift folgenlos bleibt; das war nicht immer so: Im Mhd. ist der Effekt der Auslautverhärtung auch graphisch ausgedrückt worden: *Kriemhilt-Kriembildes* (vgl. hierzu die von

Bierwisch (1972) entwickelten Graphem-Phonem-Korrespondenzregeln (GPK-Regeln) für das Deutsche).

Die anfangs gegebene schematische Darstellung betrifft also nur den zentralen Aspekt von Sprachverarbeitung; Fälle der Unfähigkeit zu sprechen i.S. der Aktivierung der Artikulationsmuskulatur sowie der Beeinträchtigung der Hand- und Armmuskulatur beim Schreiben werden hierbei nicht berücksichtigt.

2.2.2 Terminologien und Beschreibungsmodelle

Für das sprachliche Syndrom der Broca-Aphasie (vgl. (16)) hat es verschiedene Bezeichnungen gegeben, so z.B.:
— Motorische Aphasie;
— Expressive Aphasie;
— Corticale Dysarthrie;
— Apraxie des Sprechens;
— Non-fluent (nicht-flüssig).
(Einen Überblick gibt Peuser, 1978, S. 71.)

Motorische Aphasie / Expressive Störung
Gegen diese Charakterisierung spricht folgende Beobachtung: Zwar liegt die Brocasche Stelle im motorischen Cortex, jedoch ist das Syndrom der Broca-Aphasie nicht beschränkt auf produktive Leistungen, sondern es treten auch Störungen in anderen Modalitäten auf.

Corticale Dysarthrie
Dysarthrie ist eigentlich eine häufig in Verbindung mit Aphasie, gelegentlich auch isoliert auftretende, durch Lähmung und Koordinationsstörungen der Sprechmuskulatur hervorgerufene Beeinträchtigung der Artikulation und Intonation (verwaschenes, monoton-skandierendes Sprechen; vgl. hierzu (16)).

(20) Beispiel für Dysarthrie (Peuser, 1978, S. 16):

    Patient: die Kinner/ ham bi:r viel/ geholfen//
    Unters.: ah ja//
    Patient: dadurch/ daß/ ich/ nich/ schpregn/ konnte// musich/ jich/ das/ jedesmal/ wiederholen// damit die/ das/ fer'schan/ haben//
    Unters.: woran lag's/ daß die das nicht verstanden haben?//
    Patient: ja/ an meiner/ Auschprache// ich hab das/ seber/ pobi:t// mit dem Tonband.

Nach Bay (1957a) ist die expressive Störung nicht aphasischer Natur, sondern mit der sog. konzeptuellen Störung kombiniert, und nur letztere ist eine wirkliche Aphasie. Die corticale Dysarthrie geht nach Bay immer einher mit motorischen Störungen im Mundgebiet; so sind die Patienten nicht in der Lage zu husten, sich zu räuspern, überhaupt seien „alle die Bewegungen in ihrem Ablauf beeinträchtigt, die ein flüssiges und zeitlich wohl koordiniertes Zusammenspiel verschiedener Muskelgruppen zur Voraussetzung haben". (Bay, 1949, S. 485)

Klassifikation
Wegen ihrer gesamtmotorischen Störung reden diese Patienten im Telegrammstil, was nach Bay unter dem Aspekt des „inneren Sprachentwurfs", also der konzeptuellen Planung von sprachlichen Äußerungen, „keine schlechte, sondern eine besonders hohe Leistung (ist), weil hier die mitzuteilenden Inhalte in gedrängter Form zusammengefaßt werden müssen". (Bay, 1949, S. 486.)
Gegen eine solche Vorstellung wenden m. E. zu Recht Kerschensteiner u. a. (1978), denen ich auch bezüglich aller anderen Einwände gefolgt bin, ein:
a) „Phonematische Paraphasien, die von ihm als Ausdruck einer zentralen Bewegungsstörung der Sprechmuskulatur angesehen werden, treten in gleicher Art beim Schreiben und beim Zusammensetzen von Wörtern und Buchstabenkarten auf."
M.a.W. die expressive Störung betrifft nicht nur die Sprechmuskulatur, sondern die gesamte produktive Modalität (Spontansprechen: IR-PO, Schreiben: IR-VO).
b) Auch haben Broca-Patienten Schwierigkeiten beim akustischen und visuellen Erkennen von lautlich ähnlichen Phonemen und Wörtern. Sie sind z. B. nicht in der Lage, den Unterschied zwischen *Gasse* und *Kasse* zu erkennen, weder beim auditiven noch beim visuellen Wahrnehmen, also den Modalitäten: PI-IR, VI-IR.
Es ist demnach nicht nur die produktive, sondern auch die rezeptive Seite der Sprachverarbeitung betroffen, ein Phänomen, das sicherlich bei keiner noch so großzügigen Interpretation unter die Charakterisierung „corticale Dysarthrie" fällt.
c) Relativ schwierig ist auch die Einordnung des (rezeptiven und produktiven) Agrammatismus bei Broca-Aphasikern, auch wenn wir in bezug auf diese, meist als Kardinalsymptom aufgefaßte Erscheinung skeptisch bleiben müssen, weil dieser Einschätzung vermutlich ein problematisches Grammatikkonzept zugrundeliegt.
d) Außerdem gibt es Patienten, bei denen keine Dysarthrie vorliegt, dennoch aber dieselbe sprachsystematische Symptomatik: „Die phonologischen und syntaktischen Störungen sind dagegen sprachsystematischer Natur. Sie erlauben es, die Broca-Aphasie als eigenständiges aphasisches Syndrom von anderen Aphasieformen einerseits und Sprechstörungen andererseits klar zu differenzieren." (Kerschensteiner u. a., 1978, S. 231)
Die Begriffe motorische/expressive Aphasie bzw. corticale Dysarthrie sind also insofern nicht zur Beschreibung der infragestehenden Sprachstörung geeignet, als sie
a) nur den produktiven Aspekt sprachlicher Leistungen akzentuieren und
b) nicht Bezug nehmen auf sprachsystematische Fähigkeiten, also auf Einheiten und Regeln, die supramodal, d. h. über die Sprachverarbeitungsfunktionen hinweg, betroffen sind.

Apraxie des Sprechens (Darley u. Mitarbeiter; vgl. z.B. Johns/Darley, 1970)
Apraxien treten nach linksseitiger Schädigung auf und sind motorische Störungen.[4] Der Annahme, daß Apraxie eine sprachabhängige Störung ist, begegnet Poeck (1982b, S. 107 f) wie folgt:

---

4 Man unterscheidet zwei Formen der Apraxie: ideomotorische und ideatorische Apraxie. Letztere ist eine relativ seltene Erscheinung, sie kommt nach Poeck (1982b) etwa bei

„Ein Symptom oder ein Syndrom (kann) die direkte Konsequenz der aphasischen Sprachstörung sein. (Hier läßt sich) auf die Unfähigkeit aphasischer Patienten verweisen, sprachlich zwischen rechts und links zu unterscheiden ... oder sprachlich die einzelnen Finger zu identifizieren ... Gegen diese Art der Sprachabhängigkeit spricht, daß Aphasien und Apraxien unabhängig voneinander variieren: Nach Läsion der sprachdominanten Hemisphäre kann sich die Apraxie gut zurückbilden, während die Aphasie bestehen bleibt. Auch das umgekehrte Verhalten ist möglich. ... Zum gegenwärtigen Stand unserer Kenntnis kann man sicher keine stärkere Behauptung aufstellen als die, daß Sprache und Praxie als unabhängige Funktionen in derselben Hemisphäre organisiert sind."

Grundsätzlich könnte es so sein, daß apraktische Bewegungsstörungen (ideomotorische Apraxien) bei der Sprachproduktion von Broca-Aphasikern eine Rolle spielen. Es ist z. B. festgestellt worden, daß fast alle Aphasien von einer Apraxie der Gesichtsmuskulatur (buccofaciale Apraxie) begleitet sind und daß diese mit phonematischen Paraphasien korreliert. Aber die ausschließliche Charakterisierung der Broca-Aphasie als Apraxie des Sprechens sieht sich im wesentlichen den gleichen Einwänden ausgesetzt wie Bays „corticale Dysarthrie" (nur daß wir es hier ja mit spastisch-paretischen Bewegungsstörungen zu tun haben): Wie läßt sich also erklären, daß dieselben Fehlleistungen auch beim Schreiben und Legen von Wörtern auftreten, also bei Testaufgaben, die keine Aktivation der Gesichtsmuskulatur erfordern?

Non-fluent / Nicht-flüssig
Anhand einer statistischen Analyse der Spontansprache von Aphasikern ermittelten Aphasiologen der Bostoner Schule (z. B. Geschwind, 1966a; Howes, 1964; Howes/Geschwind, 1964) unterschiedliche Sprechgeschwindigkeiten.

Fortsetzung Fußnote 4
bloß 4 % der Sprachgestörten vor, und auch nur bei Wernicke-Aphasikern und globalen Aphasikern; sie betrifft vor allem den korrekten sequentiellen Gebrauch von Objekten. Ideomotorische Apraxie kommt in folgenden Unterformen vor: Gesichtsapraxie, bilaterale Gliedmaßenapraxie oder einseitige Gliedmaßenapraxie. Am häufigsten tritt dabei die Gesichtsapraxie auf, bei allen aphasischen Syndromen etwa mit 80 %. Das Kardinalsymptom der ideomotorischen Apraxie ist eine Entstellung der Bewegungsabläufe, auch als Parapraxie bezeichnet. Folgende parapraktischen Phänomene wurden festgestellt, wobei das klassifikatorische Vokabular sehr dem der Aphasieforschung ähnelt:
Substitutionen: Die geforderte Bewegung wird durch eine vollständig andere motorische oder durch eine verbale Reaktion ersetzt: z. B. Patient spitzt den Mund anstatt die Nase zu rümpfen.
Überschußbewegungen: Patient führt zusätzliche Bewegungen oder Geräusche aus: z. B. soll er die Nase rümpfen, spitzt er zusätzlich den Mund.
Auslassungen: Reaktionen werden ganz ausgelassen oder sind unvollständig: z. B. wird beim Schmatzen nur der Mund gespitzt. Unter anderen Fehlern erwähnt Poeck noch die sog. „conduite d'approche": es gibt z. B. folgende Annäherung an die geforderte Reaktion zu zischen: pfeifen, dann zwischen Pfeifen und einer Bewegung wechseln, bei der der Patient die Luft durch die halbgeschlossenen Lippen einsaugt, dann zischen.
Perseveration ist bei allen Typen ein wichtiges Element: Es können sowohl ganze angemessene Bewegungen als auch unangemessene Bewegungen wieder auftauchen, wobei die Spanne zwischen erster und perseverierter Reaktion bis 8—10 Aufgaben danach reichen kann.

Broca-Aphasiker, aber auch globale, zeigen eine deutlich geringere Sprechgeschwindigkeit als andere Aphasiker.

Eine Gruppierung aphasischer Sprecher in zwei Kategorien ist wohl problematisch, so z.B. deswegen, weil der Unterschied zwischen Broca- und globaler Aphasie unterschlagen wird.[5]

Eine differenziertere Einteilung nimmt Leischner (in Peuser, 1978) vor, der wegen der Mischformen (z. B. Kombination von Agrammatismus und Wortfindungsstörungen) nicht von Broca-Aphasie, sondern von motorischer Aphasie und motorisch-amnestischer Aphasie spricht.

---

5   Die Darstellung ist etwas verkürzt: Die Kategorien „fluent" und „non-fluent" werden in zwei Bedeutungen verwendet:
   a) Rate der Sprechgeschwindigkeit (Geschwind, 1966a; Howes, 1964; Howes/Geschwind, 1964);
   b) Benson (1967) gruppierte Patienten aufgrund der Analyse ihrer Spontansprache in diese beiden Kategorien, jedoch nach Maßgabe von 10 unterschiedlichen klinischen Charakteristika:

   1 Sprechgeschwindigkeit ⎫
   2 Prosodie   ⎪
   3 Artikulation   ⎪
   4 Phrasenlänge   ⎬ formale Variablen
   5 Sprechanstrengung   ⎪
   6 Pausen   ⎪
   7 Sprechzwang   ⎭
   8 Perseveration   ⎫
   9 Wortwahl   ⎬ inhaltliche Variablen
   10 Paraphasien (Stereotypien) ⎭

Die Spontansprache der non-fluent- und fluent-Aphasiker zeigte das folgende Muster:

	Non-Fluent	Fluent
1	niedrig (unter 50 Wörter pro Minute)	hoch (über 150 Wörter pro Minute)
2	abweichend	normal
3	abweichend	normal
4	gering	groß
5	auffällig groß	minimal
6	häufig	selten
7	nicht feststellbar	vorhanden
8	häufig	selten
9	Nomina	relational
10	keine	häufig

Kerschensteiner u.a. (1972) konnten nachweisen, daß z.B. Variable 1 problematisch ist; keiner der untersuchten aphasischen Probanden hatte eine höhere Sprechgeschwindigkeit als normale Sprecher.

2.2.3 Agrammatismus

Bei unserer ersten informellen Charakterisierung der Broca-Aphasie haben wir schon davon gesprochen, daß die Äußerungen von Broca-Aphasikern diese an Telegramme erinnernde Form haben.

Pick (1913) (vgl. hierzu Spreen, 1973) ist der einzige unter den frühen Neurologen, „der sprachsystematische Störungen als charakteristisch für die Broca-Aphasie erkannt hat" (Kerschensteiner u.a., 1978, S. 231). Der Agrammatismus war für Pick das Kardinalsymptom der Broca-Aphasie. Nach Pick soll der Sprachplanungsprozeß in folgende Stufen einzuteilen sein:
— Gedankenschema;
— Satzschema;
— Betonungsschema;
— Einordnung der Inhaltswörter;
— Grammatisierung (Funktionswörter, Flexionsendungen);
— Instruktionen an die Artikulationsorgane.

Dies sind in etwa die Sprachproduktionsebenen, die auch in heutigen psycholinguistischen Modellen angenommen werden, so insbesondere in Garrett (1975; 1976; 1980). Erstaunlich dabei ist, daß man in diesen neueren psycholinguistischen Arbeiten kaum einen Hinweis auf die bahnbrechende Arbeit von Pick findet. Dieses Modell, das den Weg nachzeichnet, den man möglicherweise gehen muß, um einen Gedanken sprachlich realisieren zu können, sieht wie folgt aus (Garrett, 1976, S. 239):

(21)   Garrett   Pick

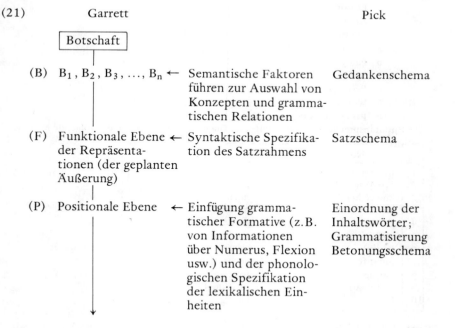

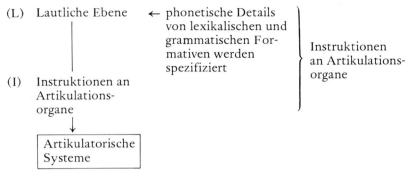

Äußerung eines Satzes

Es sollte noch vermerkt werden, daß Garrett dieses Modell motiviert über die Analyse eines großen Corpus von Versprechern (insgesamt 3400), womit sich auch die Unterscheidung zwischen P und L begründen läßt. Bei Versprechern läßt sich nämlich das Phänomen der Akkomodation beobachten:

(22) (i) If you give the infant a nipple ←
              [ði]   [ə]
      if you give the nipple an infant
            [ðə]   [ən]
   (ii) cooked a roast ← roasted a cook
      [kukt]   [rowstɪd]

Würden die beiden Sprachplanungsebenen P und L nicht unterschieden sein, so wäre die Erklärung des in den Formen (22) auftretenden Phänomens reichlich umständlich, ja unplausibel. Man müßte nämlich folgendes annehmen (hier z. B. für (22) (i)):

Geplante Äußerung:
   ... [ði] infant [ə] nipple
   Vertauschung: infant nipple
  + Substitution: [ði] → [ðə]
  + Hinzufügung: [ə] → [ən]

Nimmt man andererseits an, daß zum Zeitpunkt der Planung auf P eine abstrakte Charakterisierung des (bestimmten und unbestimmten) Artikels zur Verfügung steht, oder auch eine Liste der lautlichen Varianten des Artikels, und die Anpassung erst auf L geschieht, so erhält man eine ganz natürliche und generalisierende Erklärung, und zwar einerseits deshalb, weil die Phänomene wie in (ii) analog beschrieben werden können und andererseits die grammatische Kenntnis des Sprechers beteiligt ist. Letzteres ist nicht nur zur Selbstbestätigung der Linguisten gedacht, sondern spielt in der Tat bei der Charakterisierung von Versprechern eine ziemlich große Rolle, nicht zuletzt, weil Versprecher im wesentlichen immer zu möglichen Formen der Zielsprache führen.

Das Gedankenschema bzw. B ist bei der Broca-Aphasie unbeeinträchtigt, während das Satzschema bzw. F gestört ist, wobei es sein könnte, daß aus Ökonomiegründen das einfachste Resultat dasjenige ist, in dem nur die Inhaltswörter eingesetzt werden.

Die Inhaltswörter sind auch die in einem Satz am meisten betonten Wörter. So nimmt Goodglass (1973) sogar an, daß prosodische Störungen Ursache des Agrammatismus sind, so daß — auch aufgrund der großen Mühe, welche Broca-Aphasiker beim Sprechen haben — nur die thematisch wichtigsten Wörter erscheinen. „Aufgrund einer Störung im Sprachsystem ist es dem Patienten nicht möglich, komplexere syntaktische Relationen herzustellen, und deshalb wird thematisch das thematisch wesentliche mit dem geringsten syntaktischen Aufwand vermittelt." (Kerschensteiner u. a., 1978, S. 232)

Jedenfalls wird heute von sehr vielen Aphasiologen angenommen, daß der Agrammatismus ein syntaktisches Defizit ist. Bevor wir auf diese Position näher eingehen können, müssen wir einige Bemerkungen voranstellen: Unter thematischen Rollen verstehe ich mit Chomsky (1981b) vorläufig die mit zugrundeliegenden grammatischen Funktionen verbundenen „semantischen" Rollen. Solche Rollen können nur bestimmte sprachliche Ausdrücke haben, im wesentlichen Nominalphrasen (Argumente).
Betrachten wir dazu folgende Beispiele:

(23) (i) Hans liebt Maria.
    (ii) Syntaktische Struktur (unter Absehung von zugrundeliegender Verbendstellung)

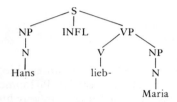

wobei INFL: z. B. ± Tempus

Hans hat die grammatische Funktion „Subjekt des Satzes" (= [NP, S]), *Maria* hat die Funktion „Objekt der Verbalphrase" (= [NP, VP]). *Lieben* ist ein zweistelliges Verb, es wählt zwei NP's aus. Nach Maßgabe der lexikalischen Eigenschaften von *lieben* erhält die Subjekt-NP die thematische Rolle *Agens*, die Objekt-NP die thematische Rolle *Patiens*.

Daß es sich hier um zugrundeliegende grammatische Funktionen handelt, illustriert (24):

(24) (i) Maria wird von Hans geliebt.
    (ii) Syntaktische Struktur (s. o.)

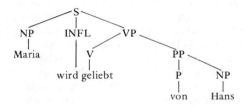

Obwohl in (24) (i) bzw. (ii) *Maria* Subjekt ist, wollen wir dennoch nicht sagen, daß sie „Handelnder" ist, sondern wie in (23) (i) Patiens bleibt.[6]

Wir sagen also, daß in (24) *Maria* abgeleitetes Subjekt ist, aber zugrundeliegendes Objekt, wie aus (23) (ii) ersichtlich. Von dieser zugrundeliegenden Position erhält *Maria* dann wie in (23) (i) die thematische Rolle *Patiens*.

Es ist klar, daß es zur Realisierung solcher thematischer Relationen einer gewissen syntaktischen Basis bedarf, insbesondere, wenn man — wie ich es hier tue — davon ausgeht, daß nicht alle für die letztendliche semantische Interpretation notwendigen Informationen aus dem Lexikon kommen; ja, sogar wenn dies der Fall wäre, würden wir doch immer noch ein gewisses formales Ausdrucksvokabular benötigen, mithilfe dessen wir die Konfigurationen und grammatischen Regularitäten definieren können, die uns die sequentielle und hierarchische Ordnung herstellen, die grammatisch wohlgeformte Äußerungen charakterisieren. Vergleichen wir nun einige Äußerungen von Broca-Aphasikern mit den entsprechenden möglichen Äußerungen nicht gestörter Sprecher. Zunächst sei ein in Kerschensteiner u. a. (1978) veröffentlichter Text wiedergegeben, anhand dessen die Autoren das syntaktische Defizit belegen wollen:

(25) Broca-Aphasie:
Untersucher: Erzählen Sie mir doch bitte mal, wie es Ihnen jetzt geht.
Patient: ja mei ... schlecht.
U: Und warum?
P: warúm ... warúm ... Sprache und gelähmt ... und ... eh ... ja ... ja.
U: Wie hat das denn mit Ihrer Krankheit angefangen?
P: Schifahren Österreich ... Abfahrt ... und ... und ... peng ... kaputt.
U: Haben Sie einen Schiunfall gehabt?
P: ja ... Schí ... ún ... fáll ... nicht ... aber ... Schi ... Gehirn ... b . bl . b ... Gehirn ... Gehirn ... blú ... tung.
U: Was ist dann mit Ihnen passiert?
P: ja ... kaputt ... gelähmt.
U: Wo sind Sie hingekommen?
P: ja ... Ös ... terreich ... Sanka nuntafahrn ... und liegen ... vier Tage liegen ... ja ... liegen ... ja ... vier Tag ... und.
U: Das war in Österreich. Und wie sind Sie dann zurück nach München gekommen?
P: Sanka ... Sanka ... und Gelinik ... Gelinik ... Gelinik ... Schwabi ... na ... ja mei.
U: Das war für Sie sicher ein ganz schöner Schock.
P: acht Tag bewußtlos ... und hierher Gelinik München Starnberg ... fünf Monat.
U: Was sind Sie eigentlich von Beruf?
P: Feinmechaniker.
U: Und wo arbeiten Sie da?
P: VDL staatlich ... und ... Oberpfaffenhofen ... Flugzeuge und.
U: Und was für eine Arbeit haben Sie da gemacht?

---

6 Diese Argumentation gilt natürlich nur unter der Annahme eines uniformen Lexikoneintrags für beide Formen des Verbs (Aktiv- und Passivform), also *lieben*: Subjekt/Agens — Objekt/Patiens.

P: ja ... immer Flugzeuge arbeiten ... und ... eh ... Flugzeuge ausbaun ... einbaun und so.
U: Tun Sie auch selber fliegen?
P: fliegn scho ... na ... fliegn scho ... aber I net ...
U: Was machen Sie sonst noch für Sport außer Schifahrn?
P: Sport mei ... Léidénsscháft schifahrn ... Sommer und Winter.
U: Und was machen Sie im Urlaub?
P: ja mei ... Urlaub ... ja ... Ös ... terreich ... ja ... Ös ... terreich Kärnten ... Kärnten und so ... drei zwei Kinder.
U: Mhm ... sind das Buben oder Mädchen?
P: ein Bub und ein Mädchen
U: Wie alt sind Ihre Kinder?
P: eh ... Bubm 11 Jahre und 10 ... na ... 5 Jahre ...

Folgende Formen möchte ich genauer betrachten:

(26) (i)   und hierher Gelinik München Starnberg   B
     (ii) und hierhier in die Klinik München-Starnberg S
     (i′) und Gelinik ... Schwabi   B
     (ii′) und in die Klinik ... Schwabing   S
     (B: Broca; S: Standardsprache)

(27) (i)   PS Regel: PP → P NP
           erzeugt die Konfiguration

    (ii)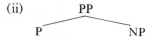

NP ist eine Argumentposition. Der von ihr dominierte Ausdruck erhält aufgrund der Präposition *in* die θ-Rolle (thematische Rolle) *Direktional*. Die Konfiguration (27) (ii) ist eine Teilstruktur aus der Expansion von VP:

(28)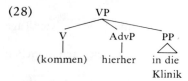

Hierher ist ein deiktischer Ausdruck, dessen Bedeutung nur im jeweilig gegebenen Ort-Zeit-Gefüge der Sprechsituation ermittelt werden kann. Dieses Element übernimmt offenkundig in der Äußerung des Broca-Aphasikers (26) (i) die Funktion, die θ-Rolle „Direktional" zu indizieren. In (26) (i) allerdings fehlt jeder phonetisch realisierte Hinweis darauf, welche θ-Rolle die fragliche NP erhält. Wir haben somit folgende Beziehung zwischen syntaktischer „Konfiguration" und der θ-Rolle „Direktional":

NP: Argument, muß daher θ-Rolle haben.
θ-Rolle wird zugewiesen über Adverb, nämlich *hierher*.

Dieses Datum ist insofern kritisch, als es die Behauptung zu stützen ermöglicht, daß die vom Aphasiker produzierte Äußerung zumindest einige syntaktische Hinweise enthält, welche die Zuweisung von θ-Rollen nicht bloß über implizite Kontextcharakterisierungen erlaubt, wie man es allenthalben in der Literatur zum Agrammatismus findet. (Dennoch sollte man nicht übersehen, daß gerade bei Antworten auf Fragen häufig die lexikalischen Einheiten erscheinen, die recht gut in die durch die Frage festgelegten syntaktisch-thematischen Rahmen passen, was natürlich auch ein Hinweis darauf ist, daß syntaktische Kenntnisse beteiligt, und nicht gestört sind; einige Sequenzen aus (25) belegen dies recht deutlich.)

Übrigens sind meine Überlegungen zur Rolle solcher Ausdrücke wie *hierher* als Elemente, die die Funktion von θ-Rollen-Zuweisern übernehmen, gar nicht so skurril, wie es dem Leser vielleicht erscheinen mag. Man bedenke zunächst, daß die Präposition *in* nie Akzent haben kann, *hierher* allerdings (vgl. die o.e. Hypothese von Goodglass, daß die Broca-Aphasie eine Prosodiestörung ist). Ähnliche Erscheinungen findet man z.B. auch in sog. Pidgin-Sprachen.[7] Gillian Sankoff und ihre Mitarbeiter (Sankoff/Laberge, 1973) haben ausführliche Analysen einer Pidgin-Sprache, des Tok-Pisin (Papua, Neu-Guinea), durchgeführt. In seinen frühen Phasen hatte Tok-Pisin nur wenig Flexion. Zum Beispiel wurde das Futur durch ein am Anfang des Satzes stehendes Adverb *baimbai* (aus Englisch *by and by*) und nicht als Verbflexion ausgedrückt; darüber hinaus war dieses Element optional, d.h. es mußte nicht vorhanden sein. In einer zweiten Phase von Tok-Pisin erschien *baimbai* dann nicht mehr satzinitial, sondern innerhalb des Verbkomplexes, und es war obligatorisch. In jüngerer Zeit wird Tok-Pisin nicht mehr von Erwachsenen als zweite Sprache, sondern von Kindern als Muttersprache gelernt. Jetzt ist *baimbai* verkürzt zu /bə/ und erscheint als Verbpräfix, also unbetont. Aus einer betonbaren lexikalisch voll spezifizierten Einheit ist ein unbetonbares lexikalisch nur als Tempusmarker spezifiziertes Element geworden (vgl. hierzu Wanner/Gleitman, 1983).

Es scheint also bestimmte Elemente in der Grammatik natürlicher Sprachen zu geben, die semantisch betrachtet dieselbe Funktion haben wie z.B. ein Adverb und ein Präfix oder ein Adverb und eine Präposition, die sich aber in bezug auf ihre Stellung in der syntaktischen Kette bzw. ihrer Rolle bei der Akzentzuweisung voneinander unterscheiden. Ja, zwischen möglicher syntaktischer Position und Akzentstruktur besteht sogar eine starke Abhängigkeit. Weder kann ein Präfix noch eine Präposition allein in Satzanfangsposition stehen.

Würden wir behaupten wollen, daß Tok-Pisin-Sprecher in der ersten Phase eine Syntaxstörung haben? Sicherlich nicht. Warum sollten wir dann so ohne weiteres sagen, daß Broca-Aphasiker eine Syntaxstörung haben? Wir könnten genausogut annehmen, daß es linguistisch betrachtet zwei Klassen von Wörtern gibt und daß es beim Fehlen der einen Klasse (nämlich der unbetonten Wörtern) dazu kommt (bzw. kommen kann), daß Elemente der anderen dafür eingesetzt werden.

Soviel zu meiner Einschätzung der Beziehung zwischen θ-Rollen und grammatischen Konfigurationen (vgl. Teil II).

Wegen des reduzierten syntaktischen Vokabulars bei Broca-Äußerungen

---

[7] Pidginsprachen sind sprachliche Mischformen aus Eingeborenen- und „Kolonial"sprache. Die erste Pidgin-Sprache war die im 19. Jahrhundert entstandene Verkehrssprache zwischen Engländern und Chinesen und eine Mischung aus verballhorntem englischen Wortschatz, chinesischer Syntax und Lautung (hier kommt auch der Name *Pidgin* her; der ist nämlich eine falsche chinesische Lautung von *business*).

nehmen Kerschensteiner u. a. (1978) dagegen auch eine reduzierte Form von Phrasenstrukturregeln an, die neben dem Symbol S nur noch V (Verben in Partizip- und Infinitivform, substitutiv dazu auch Adjektive und Adverbien) und NP's (Nomina oder Kombinationen aus Nomina und Zahlwörtern) enthalten. Weiter fehlen den Äußerungen Subordinationen.

Bei den uns nach Maßgabe einer Charakterisierung oberflächlicher Eigenschaften der Sprachproduktionen (s. jedoch meine o.a. Einwände) jetzt zur Verfügung stehenden Annahmen können wir also sagen, daß die Sprachproduktionen der Broca-Aphasiker durch eine reduzierte Syntax gekennzeichnet sind. Wenn wir diese Position ernst nehmen, dann heißt dies, daß Repräsentationen auf der Sprachplanungsebene des Satzschemas ganz bestimmte syntaktische Informationen nicht enthalten, weil die solche Repräsentationen erzeugenden PS-Regeln aus einem stark reduzierten Vokabular und einer nur restringierten Verkettungsalgebra bestehen, die zwar rekursive Operationen ermöglichen, jedoch nur solche, die zu Koordinationen (wie z.B. *Sprache und gelähmt, Winter und Sommer*) führen.

Das Vokabular enthält im wesentlichen die lexikalischen Kategorien N, V, Adj, Adv und eine Teilmenge von Spezifikatoren, nämlich Numeralia, sowie koordinierende Konjunktionen. Nicht enthalten sind Artikel, Präpositionen, Präteritalmarker und Pluralmarker. Konsequenz einer solchermaßen eingeschränkten syntaktischen Repräsentation ist somit für das Betonungsschema P, das als Input im wesentlichen nur die Inhaltswörter hat, der prosodische Eindruck des skandierenden Sprechens; dies ist demnach ebenso eine Folge der syntaktischen Störung, denn dieser entsteht ja dadurch, daß nur betonte Wörter in den Äußerungen vorkommen. Konsequenterweise werden in der Darstellung von Kerschensteiner u. a. auch diese Erscheinungen als Konsequenz einer syntaktischen Störung angesehen, was zu folgender Asymmetrie führt: Während das Genitiv-s im Englischen (*the boy's father*) fehlt, ist der lexikalisch bedingte Plural eher erhalten; mithin sind morphologisch jene Formen gestört, deren Zustandekommen syntaktisch bedingt ist. Allerdings sollten wir hier einschränkend bemerken, daß auch die Verkettung der Kategorie N mit dem Pluralmarker eine syntaktische Operation mit weitreichenden Folgen ist, etwa jenen für die Kongruenz des Verbs, die Anpassung von Relativpronomina oder anaphorischen Pronomina, dafür, daß nur solche Kategorien Antezedens für bestimmte Anaphern sind. Dies alles sind m.E. keine lexikalischen Fragen im eigentlichen Sinne, wie die folgenden Beispiele zeigen:

(29) *Kinder lauft über die Straße.

(30) *Das Kind liebt einander.

(31) *Die Kinder, das über die Straße laufen
  das über die Straße läuft
  die über die Straße läuft.

2.2.4 Phonematische Paraphasien

In diesem Zusammenhang möchte ich mich auf folgende Fragen konzentrieren:
1) Welche Arten von Paraphasien gibt es?
2) Welche lautlichen Eigenschaften sind betroffen?

3) Welche Rolle spielen die Länge und Komplexität der betreffenden Einheiten?
4) Welche Rolle spielt der Kontext, in dem die betroffene Einheit steht?
5) Unterscheiden sich die Paraphasien je nach Aufgabe oder Sprachverarbeitungsfunktion?

Zu 1) Welche Arten von Paraphasien gibt es?
In ihrer Arbeit "A Phonological Investigation of Aphasic Speech" unterscheidet S. Blumstein (1973) vier Arten von Paraphasien:
— Substitution;
— Vereinfachung;
— Hinzufügung;
— Umgebungsirrtümer.
Diese Einteilung basiert auf einer Analyse von 1993 spontansprachlichen Daten. Prozentual verteilen sich die Fehlproduktionen wie folgt:

(32) (i) Substitution: 48,7 %
    (ii) Vereinfachung: 24,7 %
    (iii) Hinzufügung: 6,6 %
    (iv) Umgebungsirrtümer: 20,0 %

(33) (i) Kinder → |kilder|
    (ii) Kombination → |kobination|
    (iii) Zeremoniell → |teremoniken| — Vereinfachung und Hinzufügung
    (iv) Fotograf → |fokograf| — Umgebung
    (v) (mehr oder meniger — Perseveration)

Zu 2) Welche lautlichen Eigenschaften sind betroffen?
Spätestens seit dem Erscheinen von Chomsky/Halle "The Sound Pattern of English" (1968) weiß man, daß Laute Bündel von distinktiven Merkmalen sind. Die distinktiven Merkmale werden in einer allgemeinen phonologischen Theorie angegeben. Das Segmentinventar läßt sich mit einer Teilmenge der universell zur Verfügung stehenden phonologischen Merkmale beschreiben; jedes Segment einer Sprache besteht aus einer Menge distinktiver Merkmale.

Nach Blumstein scheint es so zu sein, daß Abweichungen vom Ziellaut eher eines als mehrere Merkmale betreffen:

(34) (i) Gasse → Kasse: $[-\text{tense}] \to [+\text{tense}]$
    (ii) Tasse → Kasse: $[-\text{hinten}] \to [+\text{hinten}]$
    (iii) Kinder → Kilder: $[+\text{son}, +\text{cor}] \to [+\text{cont}]$

(Zur Begründung der Merkmale im Deutschen vgl. Kloeke, 1982.)
Die in (34) (iii) — übrigens im Gegensatz zu (i)/(ii) die korrekte Formulierung einer Alternation — angegebenen Merkmale reichen aus, denn eine Merkmalsmenge $[+\text{son}, +\text{cor}, +\text{cont}]$ schließt für das Deutsche Nasale aus. Daß hier bloß ein Merkmal verändert wird, kann man natürlich nur annehmen, wenn man davon ausgeht, daß der Sprecher bei seiner Ersetzung im Segmentsystem des Deutschen bleibt. Diese Annahme ist angesichts der vorliegenden

Analysen zu phonologischen Irrtümern bei Aphasie nicht unplausibel (vgl. hierzu die aufschlußreiche Analyse in Klein, 1982).[8]

In Blumsteins Daten ergibt sich hierzu folgende Verteilung:

(35)
	Broca	Wernicke
bloß ein distinktives Merkmal betroffen:	68 %	70 %
mehr als ein distinktives Merkmal betroffen:	32 %	30 %

Eine solche Datenverteilung mag dafür sprechen, daß Merkmale nicht nur grammatiktheoretisch, sondern in der Tat auch psychologisch eine wichtige Rolle spielen und die Möglichkeiten, phonematisch zu paraphrasieren, stark einschränken. Auch sprechen sie dafür, daß das phonologische System selbst noch intakt ist, was u.a. auch dadurch belegt wird, daß die Paraphasien im wesentlichen mögliche Lautkombinationen der infragestehenden Sprache sind, d.h. daß die Beschränkungen für Segmentfolgen noch intakt sind, wenn es auch zu tatsächlich nicht auftretenden Lautfolgen kommt: *Kilder* ist zulässig, kommt aber im Lexikon nicht vor. (Zur Unterscheidung zwischen möglichen, tatsächlich vorkommenden und unmöglichen Lautsequenzen vgl. Chomsky/Halle (1968))

Eine extrem vereinfachte, weil von dem Konzept ‚Distanz zum Lexikon' absehende, Version davon ließe sich ungefähr wie folgt darstellen:

(36) Lautsequenzen in bezug auf eine Sprache

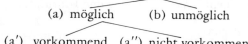

(a) möglich   (b) unmöglich

(a') vorkommend   (a'') nicht vorkommend

(a') Kinder; Dinger
(a'') |kilder|; daß diese Formen nach den Kombinationsregeln möglich
|dirger| sind, zeigen z.B. *Bilder* oder *Bürger*
(b)* |ngüter|; die Konsonantenverknüpfung |ng| kann im Deutschen nicht am Anfang des Wortes stehen; im Inlaut und am Wortende ist sie erlaubt und kann zum Velarnasal |ŋ| verschliffen werden.

Die von S. Blumstein weiterhin vorgetragene These, daß just die Merkmale am meisten betroffen sind, die im Erwerb einer Sprache relativ spät auftauchen,

---

8 M. Klein hat mich in diesem Zusammenhang auf folgendes aufmerksam gemacht: Wenn, wie Blumstein nachweist, nur wenige Merkmale verändert werden und die Segmente nur partiell spezifiziert werden, handelt es sich immer um Segmente einer Einzelsprache. Denn die in (34) (iii) implizierte Beziehung zwischen den Merkmalen basiert auf einer einzelsprachlichen lexikalischen Redundanzregel – es gibt keine universellen lexikalischen Redundanzregeln. Man könnte dann weiter folgern, daß die phonologischen Irrtümer bei Blumstein eigentlich lexikalischer Fehler sind, weil es in ihrem Modell außer ihren Markiertheitskonventionen keinen Mechanismus gibt, der außerhalb des Lexikons Merkmale „anpaßt", wenn ein anderes Merkmal verändert wurde. Man müßte ansonsten annehmen, daß die lexikalischen Redundanzregeln auch außerhalb des Lexikons operieren, wofür sie jedoch nicht formuliert sind.

also ihre Version der Jakobsonschen Regressionsthese, halte ich nicht für stichhaltig, und zwar aus den folgenden ganz einfachen Überlegungen heraus:

a) Der zugrundeliegende neurologische Sachverhalt bei der Broca-Aphasie, und ganz generell bei Aphasie, ist ein pathologischer Zustand des Gehirns, was wir sicherlich nicht im Falle des spracherlernenden Kindes sagen möchten.

b) Wenn Spracherwerb *Sprachlernen* bedeutet, dann gilt für Kinder, daß sie in einer bestimmten Entwicklungsphase über bestimmte Merkmale noch nicht verfügen, daß es also *immer* zu lautlichen „Paraphasien" kommt. Broca-Aphasiker paraphasieren jedoch nicht immer, d.h. es sind alle Merkmale noch vorhanden und werden auch realisiert. In einem Wort kann ein Nasal ersetzt sein, in einem anderen kann derselbe Nasal auftreten, d.h. Aphasiker regredieren nicht in den Kenntniszustand von Kindern.

c) Nimmt man andererseits an, daß Kinder von Anfang an über alle Merkmale verfügen, sie demnach in einem gewissen Sinne schon kennen, und daß *Reifungs*prozesse und auslösende Umweltfaktoren zu einer bestimmten Abfolge des Auftretens führen, so kann man sich nicht allein auf die auftretenden, also realisierten Formen beziehen, sondern muß die besagten Reifungsfaktoren kennen; aber wer kennt die schon? Ganz sicherlich sind diese Reifungsfaktoren nicht gleichzusetzen mit arterieller Unterversorgung bestimmter Hirnregionen.

Kommen wir daher gleich zu unserer dritten Frage:

Zu 3) Welche Rolle spielen Länge und Komplexität der betreffenden Einheiten? „Wie bei allen Aphasietypen gilt, daß Zahl und Art der Fehler von der Länge und Komplexität der Wörter abhängig ist" (Kerschensteiner u.a., 1978, S. 239). Diese Beobachtung läßt sich über alle Aphasien hinweg machen und sich wohl damit erklären, daß die Konzentration und die Sprachanstrengung der Patienten zu einer gewissen Verkrampfung und Ermüdung führen, wenn die sprachlichen Aufgaben über zu lange und komplexe Einheiten ausgedehnt werden.

Von besonderem Interesse für das Komplexitätsmaß sind hier auch Vereinfachungen in dem Sinne, daß entweder etwas hinzugefügt wird oder der Lautbestand derselbe bleibt, es aber dennoch zu Vereinfachungen kommt, ein Fehlertyp, den Blumstein nicht vorgesehen hat:

(37) (i) Fall 1: |gelinik| — Klinik (vgl. (25))
 (ii) Fall 2: |galuben| — Glauben

Hier handelt es sich nämlich um eine nicht auf Tilgung zurückgehende Vereinfachung der Silbenstruktur (eine Tilgung würde z.B. zu |gauben| führen, was natürlich auch vorkommt). Wenn wir annehmen, daß die einfachste Silbenstruktur CV, also eine Abfolge von Konsonant und Vokal, ist, so sehen wir, daß beide Formen eine CCV(V)-Folge auflösen in eine CV-Folge. (Vgl. dazu die Silbenstrukturanalyse in Kap. 2.4.2, Teil I)

Allerdings gibt es Experimente (etwa das im folgenden dargestellte von Wurzel/Böttcher, 1979), die nicht dafür sprechen, daß es die bloße Länge von Items ist, welche die Verarbeitungsschwierigkeit erklärt. Wurzel/Böttcher haben nämlich herausgefunden, daß zusammengesetzte Nomina wie *Badehose* genausogut verarbeitet wurden wie nicht zusammengesetzte, also kürzere, mit derselben phonologischen Struktur.

Zu 4) Welche Rolle spielt der Kontext, in dem die betroffene Einheit steht? Die Rolle des Kontextes zeigt sich in gelegentlichen Perseverationen über Wortgrenzen hinweg: *mehr oder meniger*. Dabei wäre noch zu klären, wie groß die Irrtumsspanne sein kann und welche Arten von sprachlichen Einheiten zwischen dem beeinflussenden und dem beeinflußten Wort stehen können.

Zu 5) Unterscheiden sich die Paraphasien je nach Aufgabe oder Sprachverarbeitungsfunktion?
Kommen wir nun zur letzten Frage, der nach einer möglichen Spezifität der Leistungen nach Aufgabe bzw. Sprachverarbeitungsfunktion. Ich darf nochmals daran erinnern, daß von der Beantwortung dieser Frage die Entscheidung darüber abhängt, ob die Broca-Aphasie eine bloß expressive Störung ist oder nicht.

Wurzel/Böttcher (1979) haben in diesem Zusammenhang ein Experiment durchgeführt, in dem sechs Silbenstrukturgruppen mit jeweils 30 Substantiven und 30 Verben in vier unterschiedlichen Sprachverarbeitungsfunktionen getestet wurden:

```
Nachsprechen:            PI-IR-PO
auditives Wortverständnis: PI-IR
Laut Lesen:              VI-IR-PO
Leise Lesen:             VI-IR
```

Die phonologischen Strukturgruppen waren:

(38) I |CVC-| Reifen/saugen   wobei CVC-: V: Stamm
      II |CCVC-| Stiefel/stauben   N: Stamm +
      III |CCCVC-| Streifen/sträuben   schwaches
      IV |CVCC-| Silber/danken   Morphem oder
      V |CVCCC-| Förster/fürchten   zweisilbiges
      VI |CCVCC-| Klinke/flüchten   Stammorphem

Die phonologischen Strukturen beziehen sich also hier auf die morphologische Struktur von Wörtern, und nicht auf deren oberflächliche Silbenstruktur.

Für die uns hier interessierenden Sprachverarbeitungsfunktionen ergab sich, daß „in 87 % der Fälle mit zunehmender phonologischer Komplexität auch die Fehlleistungen der Patienten anstiegen, und zwar in allen vier überprüften Funktionen" (S. 415). Mithin sind die phonematischen Paraphasien eine sprachsystematische Störung, deren Charakterisierung nicht bloß produktive Fähigkeiten, und nicht bloß periphere Leistungen betrifft.

Mit diesem kursorischen Überblick über einige Störungen bei der Broca-Aphasie wollen wir diesen Abschnitt beenden und uns nun der Wernicke-Aphasie zuwenden.

2.3 Die Wernicke-Aphasie

Das folgende Beispiel soll einen ersten Eindruck der sprachlichen Leistungen von Wernicke-Aphasikern geben:

(39) (i) Wernicke-Aphasie mit vorwiegend semantischen Paraphasien
U: Sie waren doch Polizist, haben Sie mal einen festgenommen?
P: Na ja ... das ist so ... wenn Sie einen treffen draußen abends ... das ist ja ... und der Mann ... wird jetzt versucht ... als wenn er irgendwas festgestellt hat ungefähr ... ehe sich macht ich ... ich kann aber noch nicht amtlich ... jetzt muß er sein Beweis nachweisen ... den hat er nicht ... also ist er fest ... und wird erst sichergestellt festgemacht ... der wird erst festgestellt werden und dann wird festgestellt was sich dort vorgetragen hat ... nicht ... erst dann ... ist ein Beweis mit seinen Papier daß er nachweisen kann ... ich kann ihm aber nicht nachweisen ... wird aber bloß festgestellt vorläufig ... aber er kann laufen.
U: Vorerst kann er noch mal gehen?
P: Kann er wieder ja ja ... es sei denn daß es um eine ... um eine direkte Frache Sache ... wird er festgenommen ... und dort wird er unterstellt und die Sache wird ausgearbeitet.
U: Haben Sie denn schon mal einen geschnappt, der dann direkt eingelocht wurde?
P: Schon sehr oft ... ja ... sind da rein gekommen ja ... so direk ja nicht mehr meistenteils sinds abends ... wenn se versuchten irgendwo einzubringen ... entweder ein waren ein besuchten waren festzunehmen ... nicht ... oder sie sprechen sonst etwas mit sie wollen was machen ... na ja ... was se sich so eben was ergibt ... einfache Sachen sinds kleine Sachen er hat was gestohlen was mitgenommen ... nich ... immer wenn er glaubt er ist jetzt frei wieder ... ist er festgenommen ... jetzt wird er aufgenommen ... jetzt wird er versucht ... geschrieben ... und wenn es ... wenn es steht daß es sich um eine leichtere Sache steht ... wird es bloß aufgenommen daß er ein ... Beweis ein Nach hat ... das wird festgestellt ... und dann kann er wieder gehen ... das wird erst dann später festgestellt und die Arbeit kommt dann nach ... dann läuft es eben ... er hat das und das getan wird festgelegt ... und das Gericht ... macht die Bearbeiten ... ja nach groß nach kleine Sachen ... sinds größere Sachen ... dann werden oben Gerichtsverhandlungen ... da Fahndenrechnungen vertragen.
U: Haben Sie denn schon mal einen größeren Ganoven erwischt?
P: Verbrecher haben wir zweie ja ... der fate bewiesen ... gleicher gewiesen ... der kam erst von der Weite schlieb er noch das weg ... und wir haben ihn gleich mitgenommen ... sagt der hat nischt ... aber hier ist der Beweis ... das haben wir gefunden ... nich ... und nu wird es fast bearbeitet ... der mußte aufm Gericht ... festgenommen wer weil es sich um um um eine ... Verbrecher gehalten.

(ii) Wernicke-Aphasie mit semantischem Jargon
Aufgabe: Eine abgebildete Kneifzange ist zu benennen:
kann man halt zurechtlegen irgendwie wie man will ... irgendwie drehen ... Sie meinen doch ... wenn da ein Steck dran ist ... halt

halt die Uhr kann man da vielleicht abmachen ... könnte man auch ... weiß nicht was da noch dabei dran ... muß abschalten ... nich ... kann es aber auch so machen und irgendwie als was anderes dazu ... vielleicht irgendwie was anbringen muß ... irgendwie vielleicht was Innenverbindung ... und dann wieder dick festmachen oder so was.

(iii) Wernicke-Aphasie mit vorwiegend phonematischen Paraphasien
U: Können Sie mich eigentlich gut verstehen?
P: Ich brauch unbedingt die Helfen des Seren ... ah ... das mir die Möglichkeit gibt der Intolationen zu verarbeitnen und anzuweitnen ... die ich ohne ... z.B. mit geschlognen Augnen gar nich mehr benutzen könnte. Da wird also das gleich ... das gleich äh ... exkult ... wird verschiedn.
U: Und wie meinen Sie, daß es mit'm Sprechen geht ... Ihrer Meinung nach ...
P: Ja ... ja ... ich habe also ... zunächst mal ... eh ... daß wir das in der Konstellation ... sehr gut glaub ich ... äh ... das besser gemacht da ... und uns besser versteht in allem eigentlich ... mehr oder minder ... äh ... uns da verstehn ... äh ... uns da verstehn ... und das ist eine erste Verschung ... dann natürlich hab ich versugt ... äh ... einzelne Hörtener klarer zu sagen als vorher ... und ... äh ... daß ich wahrscheinlich ganze Sübener aut auch jetz schnellpich von mir ... nach ... abzu ... ab ... ab ... abarbeiten ... Verstehn Sie?
U: ja.
P: Und und immer mehr dazu dazu sagen kann die ich dann richtiger sagen kann ... mit etwas ... äh ... Korrektation ... mehr oder mener ... aber nicht so völlig ... weg da von ... sondern zum Bessern zum Normalen ... es mehr ... Und dan die Heupteilen Schwichtern sind glaub ich jetz bei mir darin daß ich z.B. ... äh ... nächsensens ... also nächsens ... ja ... sachsen ... sachsen ... sachsen ... sachsens ... und zwar in ... äh ... in Verbindung mit ... äh ... Küchtogunsens ... ja.

(iv) Wernicke-Aphasie mit phonematischem Jargon
U: Wie geht es Ihnen denn jetzt ... erzählen Sie mal!
P: wohn nwó ... woasó ... oh wattawand oh auwe
U: Ja ... mhm
P: weh sawó kewéh ... wann un perrel ... un onee ... akóhn anque
U: mhm ... ja
P: en sat oh ab er anpo einfach laut am Kauen wann ung ... lett au letr oh metr
U: Ja und seit wann ist das denn so?
P: sohn parr oh perrop ... a nott parr u parr ... unwátr ... wantú wantú ... manto quom wann ... empár ontódr und andere
U: Und jetzt erzählen Sie doch mal ... wie hat das denn angefangen?
P: (stöhnt) ... wann uhsét quotr laut quoque laut laute asr I asr weltr watthém watthém esen apúr aprá laón wa-ún werntr
U: mhm

P: wann u-färr und wao munn auwo ... einst wandte sich meine Gesundheit ... alles gesngt
(Huber u.a., 1975, S. 82 f.)

Folgende Eigenschaften sind nach Poeck (1981) für die Sprache von Wernicke-Aphasikern typisch:

Sprachproduktion:	flüssig.
Artikulation:	meist nicht gestört.
Prosodie:	meist gut erhalten.
Satzbau:	Paragrammatismus (Verdoppelungen und Verschränkungen von Sätzen und Satzteilen).
Wortwahl:	viele semantische Paraphasien, oft grob vom Zielwort abweichend, semantische Neologismen, in der stärksten Form: semantischer Jargon.
Lautstruktur:	viele phonematische Paraphasien bis zu Neologismen, auch phonematischer Jargon.
Verstehen:	stark gestört.

Erklärung der Begriffe:

Jargon: Bei flüssiger Sprachproduktion sinnlose Aneinanderreihung von Wörtern und Redefloskeln (semantischer Jargon) bzw. von phonematisch veränderten Wörtern und phonematischen Neologismen (phonematischer Jargon).
Neologismen: Wörter, die in der Standardsprache aus lautlichen bzw. semantischen Gründen nicht vorkommen (phonematischer bzw. semantischer Neologismus).
Satzverschränkungen: Überschneiden zwischen aufeinanderfolgenden Satzstrukturen oder Zusammenziehen von zwei Sätzen zu einem (z.B. „dann kann ich auch 5 Minuten später weiß ich immer noch nicht", „ich bin alles weggekommen ... hab alles verloren").
Verdoppelung von Satzteilen: Mehrfaches Vorkommen eines Satzteiles in verschiedenen Positionen des Satzes (z.B. „auch *nicht* ich selber kann mir da *nicht* helfen").
(Huber u.a., 1982, S. 80 ff.)

In einer kleineren historischen Arbeit mit dem Titel: „Carl Wernicke, the Breslau School, and the History of Aphasia" bezeichnet N. Geschwind (1966b) die 1874 erschienene Arbeit von Carl Wernicke „Der aphasische Symptomenkomplex. Eine psychologische Studie auf anatomischer Basis" als ein epochemachendes Werk, das die Aphasieforschung der kommenden 40 Jahre entscheidend beeinflußte. Dies war nach Geschwinds Einschätzung aus vielerlei Gründen ungemein erstaunlich. Einige dieser Überlegungen will ich im folgenden kurz resümieren.

Zum einen sollte erwähnt werden, daß Wernicke diese Arbeit veröffentlichte, als er bloß 26 Jahre alt und erst 4 Jahre medizinisch tätig war. Zum anderen war die Universitätsklinik, an der Wernicke studiert hatte, nicht etwa das zu dieser Zeit immer deutlicher erstarkende Berliner Klinikum, sondern die Klinik des am weitesten an der Peripherie Deutschlands liegenden Breslau, der Hauptstadt Niederschlesiens.

Schließlich − und das ist in der Tat bemerkenswert − war Wernickes Arbeit nicht die erste Arbeit zur Aphasie nach Broca; es gab bereits einige Arbeiten zur Aphasie von John Hughlins Jackson (1834–1911), dem Begründer der englischen Neurologie (vgl. hierzu Sies, 1974); zudem hatten zwei Forscher vor Wernicke bereits darauf hingewiesen, daß Aphasie auch sensorische Störungen beinhalten kann (Bastian, 1869; Schmidt, 1871; zit. in Geschwind, 1966b). Dennoch war es Wernicke, der das Rätsel einer Lösung näherbringen konnte, das entstanden war, nachdem man Sprachstörungen beobachtet hatte, die nicht auf eine Läsion im Broca-Zentrum zurückgingen.

Wernicke argumentierte wie folgt, was offenkundig die phrenologische Tradition[9] zu einer neueren, angemesseneren Konzeption der Beziehung zwischen Gehirn und mentalen Funktionen führte, die man vielleicht als den Beginn einer interaktiv-modularen Konzeption vom menschlichen Geist bezeichnen könnte: Nach Wernicke lassen sich solche komplexen Funktionen wie Elternliebe oder Großzügigkeit, wie Gall und Spurzheimer sie postuliert hatten gar nicht lokalisieren, sondern nur viel einfachere perzeptuelle und motorische Funktionen. Alle komplexeren menschlichen Fähigkeiten müssen irgendwie aus einem Zusammenspiel dieser einfacheren neuropsychologischen Fähigkeiten resultieren. Im besonderen sollte das so erreicht werden: Das Gehirn kann sensorische Informationen speichern und über die Assoziationsfasern[10] mit motorischen Programmen im anterioren Teil (von der Rolandischen Furche (s. (2)) verbinden. Klangbilder (Klangspuren) der Wörter, der Laute, der Silben sollten – und dies wurde durch Autopsiebefunde bestätigt – hinter der Sylvischen Furche lokalisiert sein, und zwar im Gebiet der linken ersten Temporal(Schläfen)windung, also dem Versorgungsgebiet der Arteria temporalis posterior.

„Im klassischen Sinn beruht die Wernicke-Aphasie also in erster Linie auf einem zentralen auditiven Defizit. Nach Wernickes Auffassung kontrollieren sprachliche Klangbilder die Vorgänge, bei denen die ‚Sinnesbilder eines Gegenstandes' (d. h. die sensorischen Assoziationen) die ‚Bewegungsvorstellungen' des entsprechenden Wortes innervieren. Der Wegfall dieser Kontrollfunktion bewirkt, daß der Patient zwar sprechen kann, seine Sprachproduktion jedoch durch Paraphasien entstellt ist. Aufgrund der Zerstörung der ‚Klangbilder' im sensorischen Sprachzentrum kann eine gehörte sprachliche Äußerung nicht mehr mit ‚Sinnesbildern' verknüpft werden." (Huber u. a., 1975, S. 84.)

9 Die Phrenologie wurde von dem Wiener Arzt Franz Joseph Gall (1757–1828) begründet, der 1810 zusammen mit J. Gaspar Spurzheimer „Die Anatomie und Physiologie des Nervensystems" veröffentlichte; es wurde in etwa folgendes angenommen:
   a) die geistigen Fähigkeiten sind von Gehirnstrukturen, also von der Großhirnrinde, abhängig;
   b) Sprache ist im anterioren (vorderen) Teil des Gehirns repräsentiert, aber auch
   c) die Schädelformen geben uns Auskunft über die Persönlichkeit.
   Die in a) angesprochenen Beziehungen wurden so konzipiert:
   Der Geist ist ein dreistöckiges Haus: Im Erdgeschoß wohnen die Instinkte, und im dritten Stock wohnt die Vernunft; (Sexualität, Elternliebe, Freundesliebe usw. hatten alle gesonderte Zimmer).
   Es ist klar, daß eine solche Vorstellung von unserem Gehirn zwar im Prinzip richtig, in der Ausführung jedoch eigentümlich ist, um das mindeste zu sagen (vgl. Fodor, 1983).
10 Assoziationsfasern verbinden bestimmte Hirngebiete innerhalb einer Hemisphäre, während Commisurenfasern die beiden Hirnhälften, vor allem über das Corpus Callosum verbinden.

Dies ist eine einfache und sehr klare Vorstellung von den Ursachen des Syndroms der Wernicke-Aphasie, insbesondere finde ich überzeugend, wie die ja eigentlich produktive Störung als Folge einer „sensorischen" oder systematischen Störung erklärt wird. Sie ließe sich etwa auf Saussures Vorstellung des sprachlichen Zeichens als einer Verknüpfung von Klangbild (image acoustique) und Begriff beziehen, bei der ja auch der materielle Charakter des sprachlichen Zeichens zurückgeführt wird auf seine funktionale Rolle im Sprachsystem.

2.3.1 Terminologien

Wernicke selbst verwendete den Ausdruck „sensorische Aphasie" (auch Goldstein), andere den Ausdruck „rezeptive Aphasie", „akustische Aphasie", „posterior aphasia" oder „syntaktische Aphasie", die Bostoner Schule und z.B. auch die Konstanzer Forschungsgruppe um Cohen „fluent aphasia" (vgl. z. B. Engel, 1977). In bezug auf diese Charakterisierung gelten im wesentlichen die analogen Einwände wie gegen die Charakterisierung der Broca-Aphasie als motorische, expressive oder non-fluent Aphasie:

„Alle diese Begriffe heben (nämlich) jeweils nur einen Aspekt, entweder den lokalisatorischen, den psychologischen oder den linguistischen Aspekt hervor. Demgegenüber ist der historische Begriff Wernicke-Aphasie ... inhaltlich neutral." (Huber u.a., 1975),

und wir können uns — sozusagen unvoreingenommen — die sprachlichen Ausfälle linguistisch genauer betrachten.

2.3.2 Phonologische Störungen

Spontansprache / IR — PO
„Patienten mit Wernicke-Aphasie sprechen gut artikuliert, flüssig, d.h. mit normaler Sprechgeschwindigkeit von durchschnittlich 100 und mehr Wörtern pro Minute, und in zusammenhängenden Phrasen, die mehr als 4 Wörter lang sind. ... Intonation, Sprachmelodie und -rhythmus (Prosodie) sind erhalten." (Huber u.a., 1975, S. 78). Die Lautstruktur der Äußerungen ist phonematisch entstellt (mit den uns bereits bekannten Phänomenen von Substitution, Addition, Auslassung, Umstellung und Umgebungsirrtümern), wobei die Spannweite von bloß gelegentlichen Paraphasien bis hin zu einer fast vollständigen phonologischen Entstellung (phonematischer Jargon) reicht. Interessant auch hier, daß die produzierten Formen mögliche Formen der jeweiligen Muttersprache sind (vgl. (39 (iii)).

Nachsprechen / PI — IR — PO
Systematisch dieselben Fehler zeigen sich beim Nachsprechen, wobei es häufig zu einer Vereinfachung von Konsonantenclustern kommt. Ähnliche Phänomene findet man auch bei den anderen Modalitäten, Spontanschreiben (IR — VO) und Lesen (VI — IR — PO).

Im Zusammenhang mit der eben erwähnten Vereinfachung von Konsonantenclustern möchte ich jetzt kurz eine Analyse referieren, die sich auf Silbenstrukturen bezieht (Leuninger, 1982).

Mit einem 56-jährigen Patienten mit einer temporalen Läsion habe ich vier Interviews in etwa einmonatigem Abstand von Dezember 1977 bis März 1978 durchgeführt. Zwei Sprachverarbeitungsfunktionen wurden besonders getestet, Nachsprechen (PI – IR – PO) und Lautlesen (VI – IR – PO).

Insgesamt wurden pro Interview 20 Wörter ausgewählt und hinsichtlich folgender Kriterien untersucht:

(40) (i) P: Phonemsubstitution und -addition
    (ii) V: Vereinfachung
    (iii) U: Umgebungsirrtum

Insgesamt ergab sich folgende Fehlerverteilung:

(41) (i) gibt einen Überblick über die Fehlerverteilung in den vier Interviews; einige der Fehler sind in (ii) illustriert:

(41) (i)

	P	V	U	korrekt	ges.
I	8	3	3	6	20
II	1	2	5	12	20
III	1	1	3	15	20
IV	3	–	1	16	20
ges.	13	6	12	49	80

(ii) Interview I
P: /kinder/ → /kilder/
V: /glauben/ → /galuben/
U: /fotograf/ → /fokograf/

Interview II
P: /sommer/ → /sammer/
V: /kombinatsjon/ → /kombinakiven/
U: /fotograf/ → /kofonak/

Interview III
P: /nachbar/ → /nasbar/
V: /kombinatsjon/ → /kobinatsjon/
U: /fotografie/ → /fokrafie/

Interview IV
P: /nachbar/ → /nachber/
U: /kinobesuch/ → /si-/ /kinobesuch/

Unter Vereinfachungen verstehe ich die Vereinfachung der Silbenstruktur. Ohne hier in die Details gehen zu können, möchte ich ein paar Bemerkungen dazu doch machen.

Für Silbenstrukturen in natürlichen Sprachen gilt die folgende Beziehung, wobei „→" „impliziert" bedeutet:

(42) CCV → CV

Dies liest man wie folgt: Eine Sprache, die über Silbenstrukturen vom Typ CCV verfügt, verfügt auch über CV-Silben, das Umgekehrte gilt aber nicht. In der Tat gibt es Sprachen (z. B. Dida), die nur CV-Silben haben. Das Deutsche läßt neben CCV-Silben beispielsweise im Onset auch CCC zu, wie z. B. in *springen, Strumpf usw.* (Eine detaillierte Analyse der Silbenstruktur findet sich in Kaye/Loewenstamm (1981), auf deren Theorie ich mich hier stütze). Kaye/Loewenstamm gehen nämlich davon aus, daß Silben formale Verzweigungsgebilde sind, wobei die Komplexität einer Silbe über deren Verzweigungsgrad berechnet wird:

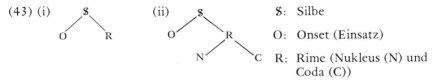

S: Silbe
O: Onset (Einsatz)
R: Rime (Nukleus (N) und Coda (C))

Welche lautlichen Realisierungen in O bzw. N und C möglich sind, hängt zu großen Teilen von einzelsprachlichen Beschränkungen ab: So gibt es Sprachen, wie z. B. das Tschechische, deren Silben bloß aus Konsonanten bestehen, eine Möglichkeit, die im Deutschen nicht zulässig ist.

Wenn man nun für den Onset und den Rime Werte für deren Komplexität annimmt, wobei CV, d. h. nicht verzweigender O und nicht verzweigender R (∅, ∅) ist, und wenn man nach Maßgabe eines solchen Berechnungs- oder Markierungsverfahrens alle weiteren komplexeren O's und R's mit höheren Werten versieht, so kommt man zu folgender Prognose über den Komplexitätsgrad von Silbenstrukturen:

(43) (i)   CV   : (∅, ∅) : |bo|
     (ii) V   : (1, ∅) : |o|
     (iii) CCV   : (2, ∅) : |bro|
     (iv) CVC   : (∅, 1) : |boot|
     (v)   CVCC : (∅, 2) : |rost|
     (vi) CVCCC : (∅, 3) : |rumpf| ...

Aus verschiedenen Gründen, auf die ich hier nicht eingehen möchte, sind Markiertheitswerte für Silben geordnete Paare (x, y) mit zwei Werten, einem Markiertheitswert für O und einem für R.

In meinen Daten hat sich nun folgendes gezeigt:

(44)

Item	S-Struktur	Markiertheit
I /glauben/	CCV– glau–	(2,∅)
/galuben/	CV–CV– ga–lu–	(∅,∅) (∅,∅)
/ʃtetoskop/	–CVC–CVC –tos–kop	(∅,2) (∅,2)
/ʃtotokop/	–CV–CVC –to–kop	(∅,∅) (∅,2)
/tseremonjel/	CCV–CVC–CVC tse–mon–jel	(2,∅), (∅,2) (∅,2)
/teremoniken/	CV–CV–CV–CVC te–mo–ni–ken	(∅,∅) (∅,∅) (∅,∅) (∅,2)

(44)

	Item	S-Struktur	Markiertheit
II	/ferrätseln/	−CCVCC −tseln	(2,3)
	/ferrätsen/	−CCVC −tsen	(2,2)
	/kombinatsjon/	−CCCVC −tsjon	(3,2)
	/kombinakiven/	−CV−CVC −ki−ven	(∅,∅) (∅,2)
III	/kombinatsjon/	CVC− kom−	(∅,2)
	/kobinatsjon/	CV− ko	(∅,∅)

Interessant ist, daß es in den Daten nur einen Fall von Verletzung phonologischer Regularität gibt, und zwar bezogen auf den Onset [ššə] für *Tasche*, ansonsten verletzen die Irrtümer die Beschränkungen des Deutschen nicht.

Eine weitere, schon im Zusammenhang mit der Broca-Aphasie gestellte Frage, nämlich die nach der Beziehung zwischen Länge der Einheiten und Häufigkeit der Fehler, habe ich ebenfalls untersucht; dabei ergab sich folgendes Bild: Die Länge der Planungseinheiten ist tatsächlich ein wichtiger Faktor; alle 23 einsilbigen Wörter wurden nämlich korrekt wiederholt, darunter auch solche, die einen relativ hohen Markiertheitswert hatten, wie *Frau, Dampf*. Von den restlichen 57 mehrsilbigen Wörtern wurden nur 34 korrekt wiederholt; und von diesen 34 korrekten Wiederholungen waren allein 27 zweisilbige Wörter. Wie (41) (i) zeigt, machen Phonemsubstitutionen (P) den weitaus größten Teil der Fehler aus. Die genauere Analyse der Länge der Planungseinheiten läßt dieses Ergebnis bereits ein wenig problematisch erscheinen. Ein erster Blick auf die Ergebnisse des Lesetextes legt ebenfalls die Vermutung nahe, daß das Bild, das sich aus der Untersuchung isolierter Wörter ergibt, täuscht. Geht man einmal weg von der relativ künstlichen Situation, isolierte Wörter zu wiederholen, und betrachtet dagegen Wörter in ihrem syntaktischen Zusammenhang, so verändert sich die Verteilung zwischen (P) einerseits und (V) und (U) andererseits recht deutlich (Leuninger, 1982, S. 16).

Laut Lesen / VI−IR−PO
Der Lesetext bestand aus acht Sätzen unterschiedlicher Länge. Für die Analyse wurden vier Sätze ausgewählt, die 38 Wörter enthielten: Exemplarisch führe ich hier den 1. Satz an:

(45) Satz (1)

	Er	war	Maler	und	verstand	sich	selbst als	Denker
I		wal	walter		1. verseb 2. selcht 3. verselcht	∅ sicht	1. lek 2. leker	
II	Der						selb	
III			malter		verstalt	sind	1. sibst 2. laibst	depper
IV			malter				1. ver 2. selbst	

46

I—IV gibt die Leistungen in den vier zeitlich auseinanderliegenden Interviews an; die Zahlen in der Transkription geben die Versuche an, das Zielwort korrekt zu lesen; alle nicht in der Transkription auftretenden Wörter wurden korrekt gelesen.

Die Irrtumsspanne kann uns möglicherweise erste Aufschlüsse über den Umfang und die Art von Planungseinheiten geben. Die Analyse der Fehlleistungen beim Lesen ergab folgende Verteilung: 35 % der Umgebungsirrtümer entstanden aufgrund der lautlichen Kontexte innerhalb eines Wortes, aber immerhin 60 % kamen über ein oder zwei Wörter hinweg vor; 5 % sogar über drei Wörter. Bei solchen Irrtümern ist interessant, daß die „überquerten" Wörter fast ausschließlich „Funktionswörter" sind, diese selbst aber kaum von Irrtümern betroffen werden. Wenn man so will, sind wohl die perzeptuell unauffälligen, weil für die Intonation keine Rolle spielenden Elemente kaum fehleranfällig.

Auch beim Lesetext läßt sich feststellen, daß die Silbenstruktur mit der Fehleranfälligkeit korreliert. Komplexere Silben ziehen Fehler an, wobei

(46) a) entweder der Markiertheitswert verringert wird:

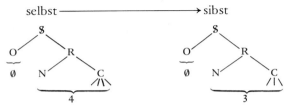

oder b) der formale Verzweigungsgrad erhalten bleibt, die substantielle Ausführung allerdings verändert wird:

(47)

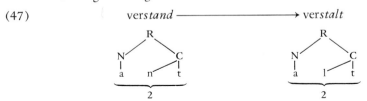

Insgesamt scheint es also bei der Planung und Realisierung von sprachlichen Einheiten ein Zusammenspiel von
— Umfang der Planungseinheiten,
— Bestandteilen der Planungseinheiten,
— Struktur (Komplexität) der Planungseinheiten
zu geben, was recht schön zu sonst auch gültigen Annahmen der Psycholinguistik paßt.

2.3.3 Syntaktische Störungen

Nach Auffassung von Huber u.a. (1975) ist ein weiteres Charakteristikum der Wernicke-Aphasie der sogenannte Paragrammatismus. K. Kleist (1934) war wohl der erste, der die syntaktischen Leistungen von Broca- und Wernicke-Aphasikern differenziert hat in Agrammatismus bzw. Paragrammatismus, obwohl, wie bei Peuser (1978, S.127f) nachzulesen ist, andere Neurologen vor ihm dieselbe Beobachtung gemacht haben:

„Neben dem schon länger bekannten Agrammatismus mit seinem Verlust bzw. seiner Vereinfachung der Satzbildung, dem ‚Telegrammstil', gibt es noch eine andere Art von Störung des grammatischen Ausdrucks, bei der die Satzbildung an sich nicht aufgehoben ist, sondern bei der sich die Kranken in der Wahl und Ausführung der Satzkonstruktionen vergreifen. Dabei werden oft verschiedene Satzgebilde miteinander vermengt und mannigfache Fehler der Wortstellung und Wortabwandlung bei der Deklination, Konjugation und Komparation der Worte gemacht; besonders fehlerhaft ist auch der Gebrauch der spezifisch grammatischen Worte, der Artikel, Pronomina und Partikel, desgl. der Interpunktionszeichen beim schriftlichen Gedankenausdruck. Die unverkennbare Ähnlichkeit dieser Art von grammatischen Fehlleistungen mit den Paraphasien der Vergreifungen in Lauten oder Worten veranlaßte mich, von einem Paragrammatismus als einer zweiten Art grammatischer Sprachstörung zu reden."

Im folgenden möchte ich einige Einwände gegen die in Huber u.a. (1975) vorgenommene Analyse der syntaktischen Eigenschaften vorbringen, die für die Wernicke-Aphasie typisch sein sollen. Dort wird der aus (39) (i) entnommene Satz *(und) wenn es wenn es steht daß es sich um eine leichtere Sache steht wird es bloß aufgenommen daß er ein Beweis ein Nach hat* wie folgt strukturell charakterisiert (übrigens mit einigen Umstimmigkeiten zwischen Text- und Strukturbeispiel):

(48)

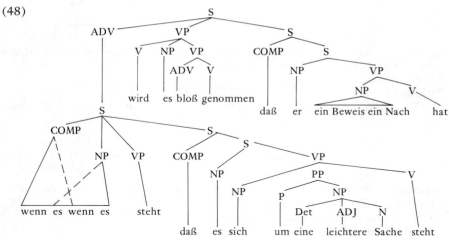

Nach Huber u.a. (1975) läßt sich Kleists Beobachtung wie folgt linguistisch bestätigen: Nach der Art der syntaktischen Kategorien ist der Sprachgebrauch der Wernicke-Aphasiker dem der nicht-gestörten Sprecher vergleichbar. (48) soll die syntaktischen Strukturen des infragestehenden Satzes zeigen, wobei es sich ja um einen komplexen Satz handelt, der aus einem Konditionalsatz, von dem ein daß-Satz abhängt, und einem Hauptsatzteil mit einem abhängigen daß-Satz besteht. Er ist in seiner Basisstruktur identisch mit dem Satz:

Wenn du glaubst, daß ich gerne Linguistik studiere, (dann) behauptest du wohl, daß ich einen Tick habe.

Der Zielsatz des Wernicke-Aphasikers könnte etwa wie folgt lauten:

Wenn es feststeht, daß es sich um eine leichtere Sache handelt, wird bloß aufgenommen, daß er einen Ausweis hat.

Der von diesem Wernicke-Aphasiker tatsächlich produzierte Satz weist folgende Charakteristika auf:

    a) semantische Paraphasien mit der Folge, daß Subkategorisierungsbeschränkungen verletzt werden:

(49) *feststehen* → kann zusammen mit einem *daß*-Satz (Subj.-Satz) vorkommen wie in: Daß es sich um eine leichtere Sache handelt, steht fest, oder: Es steht fest, daß es sich um eine leichtere Sache handelt. Wird *stehen* eingesetzt muß jedoch z. B. eine präpositionale Ergänzung hinzukommen (... steht in diesem Buch).
    ↓
  steht
(Paraphasie)

Ähnliches gilt für „nehmen":

(50) *aufnehmen* - - -→ die Passivform *wird aufgenommen* kann mit einem Subjektsatz kombiniert werden: Daß er einen Ausweis hat, wird aufgenommen.
    ↓
 nehmen - - -→ hat solche Möglichkeiten nicht.
(Paraphasie)

Oberflächlich sieht es so aus, als ob diese Äußerungen aufgrund von Verletzungen von Subkategorisierungsbeschränkungen syntaktisch abweichend sind. Gehen wir aber davon aus, daß − da ja auch das noch zu besprechende Kardinalsymptom der Wernicke-Aphasie semantische Störungen sind − aufgrund der Paraphasien bloß die jeweilige Oberflächenform der Verben nicht mit entsprechendem Lexikoneintrag mit den dort vermerkten syntaktischen Kombinationsmöglichkeiten übereinstimmt, so müßten wir eigentlich sagen, daß dem Paragrammatismus ursächlich eine semantische Störung zugrundeliegt.

    b) Als zweites Merkmal des Paragrammatismus wird Verschränkung angegeben. Hierzu die syntaktische Analyse des Beispiels *Dadurch ist das Mil so rautisch sieht es danach an dem da anzuziehen* (aus Huber u.a., 1975):

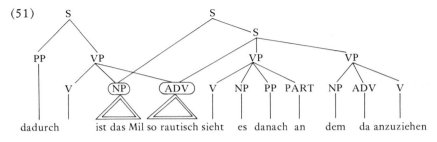

Hier fungiert die NP *das Mil* sowohl als Prädikatsphrase des ersten Satzes als auch als Subjekt des zweiten Satzes. Nebenbei bemerkt ist diese syntaktische

Analyse etwas problematisch, weil nicht gleichzeitig *das Mil* und *es* vorkommen können:

Das Mil sieht danach an . . .
Es sieht danach an . . .

Wie genau diese syntaktische Analyse motiviert werden kann, möchte ich hier nicht beurteilen.

Jedenfalls soll Verschränkung bedeuten, daß verschiedene, getrennt betrachtet wohlgeformte Satzmuster, so ineinander verschachtelt werden, daß es zu einer syntaktisch abweichenden Äußerung kommt. Schließlich gilt auch, daß Wortordnungsverletzungen den Paragrammatismus kennzeichnen. Die Wortordnung ist häufig dann verletzt, wenn Satzadverbien oder Negationspartikel verwendet werden, wobei entweder falsche Plazierung oder Verdoppelung vorkommen:

Ich kann die festellen nicht ← nicht feststellen
obwohl das *natürlich* sehr viel psychische Belastung *natürlich* ist

Alle diese Beobachtungen sollen nach Huber u. a. (1975, S. 92) folgendes belegen:

„Es kommen zwar syntaktische Abweichungen vor, sie betreffen aber die syntaktische Ableitung, in der die Basisstruktur von Sätzen in Oberflächenstrukturen umgewandelt wird. Sie betreffen also nicht die syntaktische Basisstruktur von Sätzen, in der die thematischen Beziehungen festgelegt werden. Im Unterschied zur Broca-Aphasie ist in der Wernicke-Aphasie die Basisstruktur erhalten, soweit sie die syntaktischen Relationen, losgelöst vom lexikalischen Inhalt, betrifft."

M. E. ist diese Charakterisierung nicht richtig. Wenn nämlich der Hauptgrund für die abweichenden syntaktischen Strukturen in (48) die Wortfindungsstörung ist, dann ist (48) eine syntaktisch wohlgeformte Struktur, bis auf einen Kasusfehler: *ein* statt *einen*, und es handelt sich nicht um Fehlableitungen. Solche Verdoppelungen wie „*wenn es, wenn es steht*" könnten einfach Satzplanungsabbrüche sein, wie wir sie alltäglich auch finden können.

Einen besonders schönen Beleg für die Syntax und deren Funktion bei semantischen Störungen enthält die Magisterarbeit von Hess (1983). Sie untersucht syntaktische Kategorien und die Satzstrukturen der Spontansprache eines Wernicke-Aphasikers und kommt u. a. zu folgendem Ergebnis (S. 49):

„Die intakte Syntax ist das entscheidende Merkmal der Sprachproduktion dieses Aphasikers. Der weitgehende Ausfall der lexikalisch-semantischen Komponente beeinträchtigt die Funktion der syntaktischen nicht. Wie die topikalisierten Strukturen zeigen, kann die intakte syntaktische Komponente dem Patienten sogar zur Kompensation des lexikalisch-semantischen Defizits dienen."

Ohne auf die Details dieser vorzüglichen Analyse einzugehen, die an neueren Grammatikmodellen orientiert ist, möchte ich doch anhand einiger Beispiele zeigen, was mit dem eben erwähnten Zitat gemeint ist.

a) In den Daten zeigte sich eine größere Störanfälligkeit von Nomina, Adjektiven und Adverbien gegenüber Verben, was sich in Pausen, Neologismen und Paraphasien, sowie an Ersetzungen des geplanten, gesuchten Wortes durch

Indefinitausdrücke ausdrückt (Bsp.: *... wo die äh /s/ Sachen sind, die weniger damit zu tun haben*).

Adjektive in attributiven Strukturen waren störanfälliger als Adjektive in prädikativen Strukturen.

(52) U: Was ist das? (Deutet auf eine Keramiklampe)
 P: Was das is'? Das ist gemacht vom ... von solch ei'm Durchlauferhitzer, der hier auch kommt.
 U: Was meinen Sie, wer hat das gemacht?
 P: Das äh is' gemacht von ei'm ... von ei'm äh ... mittelmäßigen Drekter, der's gemacht hat.

Nach der linguistischen Theorie, die die Verfasserin zugrundelegt (vgl. Chomsky, 1981b; Leuninger, 1979), lassen sich syntaktische Kategorien mithilfe von Merkmalen charakterisieren, so wie Laute sich mithilfe distinktiver Merkmale charakterisieren lassen, und zwar gilt:

(53) (i) N: [+N, −V]
 (ii) A: [+N, +V]
 (iii) V: [−N, +V]
 (iv) P: [−N, −V]

Wir sagen: Ein Nomen ist eine Projektion aus den Merkmalen [+N] und [−V], ein Verb aus [−N] und [+V] usw.

Diese Merkmale und deren Projektionen sind über verschiedene sprachliche Phänomene begründet. Z. B. gilt in sehr vielen Sprachen, daß Kategorien mit dem Merkmal [−N] (d. h. Verben und Präpositionen) Kasuszuweiser sind: Ein Verb regiert z. B. den Akkusativ oder Dativ, eine Präposition den Akkusativ oder − im Polnischen − den Präpositiv. Auch gibt es eine syntaktisch äußerst interessante Erscheinung, die der Neutralisierung von Kategorien[11]. Adjektive sind [+N, −V], Verben, wie gesagt, [−N, +V]. In gewissen strukturellen Zusammenhängen jedoch „verlieren" Verben ihre Eigenschaft, Kasuszuweiser, also [−N]-Kategorien zu sein, und werden somit „adjektivähnlicher". Betrachten wir dazu folgendes (vgl. dazu Chomsky, 1981b, S. 54):

(54) (i)   He was killed (by Fred)
 (ii) He was untaught/sad
 (iii) He seems old, untaught, *killed
 (iv) He had Bill leave (killed, *sad, *untaught)

(i) und (ii) legen die Vermutung nahe, daß Sätze mit Copulastruktur (− is/ was −) so analysiert werden:

(55) [$_S$ [$_{NP}$ John] [$_{AP}$ was $\left\{\begin{array}{l}\text{killed}\\ \text{untaught}\\ \text{sad}\end{array}\right\}$]]

---

11 Mit der Annahme neutralisierter Kategorien sind selbstverständlich auch Probleme verbunden. Daß diese nicht unerheblich sind, ist von der Generativen Phonologie in ihrer Auseinandersetzung mit der strukturalistischen Phonologie gezeigt worden.
 Außerdem werden durch das Merkmal [+V] gerade nicht die erwünschten Kategorien, sondern Adjektive *und* Verben aufgezählt. Wenn dies sehr problematisch ist, läßt sich das hier beschriebene Phänomen technisch auch anders lösen.

(iii) allerdings zeigt, daß nach *seem* nur die Formen wie in (ii), nicht aber *killed* vorkommen kann, spricht also dafür, daß *killed* kein reines Adjektiv ist. (iv) zeigt, daß in sog. Kausativkonstruktionen nur Verben vorkommen dürfen, nicht aber *sad, untaught* usw. Dies alles wiederum spricht dafür, daß *killed* in (i) nur eine aufgrund von syntaktischen Regularitäten erzeugte Kategorie ist, *sad* und *untaught* aber „direkt" aus dem Lexikon kommen, obwohl *untaught* eine Wortbildung ist, die besteht aus:

(56) [un [teach] + Passiv]$_{Adj}$

Dennoch aber kann *killed* in gewisser Hinsicht kein reines Verb sein. Und zwar auch aus folgendem Grund: Zwischen Aktiv- und Passivstrukturen besteht eine reguläre syntaktische Beziehung, dergestalt, daß für (i) und alle vergleichbaren Fälle gilt:
1) Die θ-Rolle für *he/him* im Aktiv- und Passivsatz ist dieselbe, nämlich Patiens.
2) Während der Patiensausdruck im Aktivsatz

(57) (i) Fred killed him

vom Verb (= Kasuszuweiser) Akkusativ erhält, erhält dieser Ausdruck im Passivsatz Nominativ. Dem Passivsatz liegt wegen der erwähnten regulären, prognostizierbaren Gemeinsamkeiten folgende Struktur zugrunde (ich sehe jetzt von Fred ab):

(57) (ii) [$_S$ [$_{NP}$ e] [was killed [$_{NP}$ h−]]]

Wegen der prognostizierbaren Eigenschaften nimmt man an, daß eine Regel, „Bewege NP", die abstrakte Form *h−* nach vorne in die durch [$_{NP}$ e] markierte Subjektposition bringt. *Killed* kann in einer Konfiguration wie (ii) nicht als [−N] spezifiziert werden, denn dann erhielte unser abstraktes Pronomen *h*-Akkusativ, würde also zu *him*, was zu dem ungrammatischen Ergebnis (iii) führen würde:

(57) (iii) *him was killed

Mithin ist in (ii) *was killed* eine neutralisierte Kategorie [+V], die kein Kasuszuweiser ist.

Bezieht man die Daten auf diese Merkmalsanalyse, die natürlich unabhängig von neurolinguistischen Erwägungen begründet worden ist, so erhält man folgende Beschreibung:

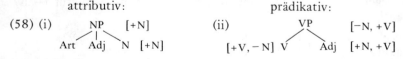

(58) (i) attributiv: (ii) prädikativ:

NP's sind maximale Kategorien aus N und seinen Komplementen, also aus [+N], VP's sind maximale Kategorien aus [+V] und seinen Komplementen. Wenn es sich um [+N]-Projektionen handelt, treten gravierende Störungen auf, während [+V]-Projektionen die semantischen Störungen mildern. D. h. die Asymmetrie der Zugänglichkeit von Adjektiven läßt sich ganz elegant mithilfe der Merkmalsanalyse erklären.

b) Die Sprache des von Hess untersuchten 73-jährigen Patienten fiel durch eine sehr reich strukturierte Syntax auf: Er verwendete Relativsätze, Topikalisierungen, und die Subkategorisierungsbeschränkungen wurden beachtet.

(59) U: Jetzt beschreiben Sie mir doch mal genau ihre sprachlichen Schwierigkeiten.
P: Ja, ja/ be/ sprachliche Schwierigkeiten habe ich ja eigentlich nicht mehr.

Topikalisierte Strukturen sind solche, bei denen dasjenige Element, das im Dialog kommunikativ hervorgehoben werden soll, in Anfangsposition, genaugenommen in einer Prä-Satz-Position steht. Der eben erwähnte Dialog ist beispielhaft für die Verwendung dieses syntaktischen Mittels, insofern, als es
1) dialogangemessen ist und
2) ebenso, wie die prädikative Verwendung von Nomina bzw. Adjektiven dazu dienen kann, die semantischen Störungen zu mildern.

Ein weiteres Beispiel:

(60) U: Wie ist es passiert? (Schlaganfall)
Ist Ihnen plötzlich schlecht geworden oder hatten Sie Schmerzen?
P: Ja, ja, äh äh durch eine .../ Akklimatisur/ des des äh Tisches und des ganzen/ t/ äh ... Gegenstandes, dadurch is es so zum Vorschein gekommen.

Man beachte dabei, daß die syntaktischen Konsequenzen, die solche Konstruktionen haben, nicht unerheblich sind. So z.B. muß bei Besetzung der Prä-Satz-Position eine Wortordnungsänderung vorgenommen werden:

(61) *Sprachliche Schwierigkeiten ich habe überhaupt nicht.

Bei Besetzung der Prä-Satz-Position kann die Position, welche die grammatische Funktion dieses Elementes indiziert, durch ein (resumptives) Pronomen ausgefüllt werden:

(62) durch eine Akklimatisur $\left\{\begin{array}{c}\text{dadurch}\\ \_\end{array}\right\}$ ist es so zum Vorschein gekommen.

Ob also die Einschätzung von Huber u.a. bezüglich der grammatischen Fähigkeiten so stimmt, wie sie vorgetragen wurde, ist nach diesen Daten sehr problematisch; insbesondere scheint mir fragwürdig, ob syntaktische Ableitungen gestört sind. Für (41) z.B. glaube ich nicht, daß diese Oberflächenstrukturanalyse überhaupt zutrifft. Man könnte alternativ dazu, und in Übereinstimmung mit den eben diskutierten Daten, auch folgende Strukturen annehmen:

(63) (i)
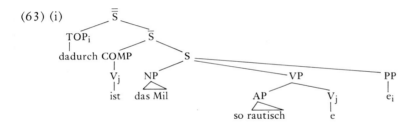

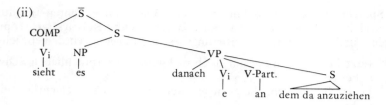

Sätze können im Prinzip sogenannte TOP-Positionen haben, in denen (fast) beliebiges lexikalisches Material stehen kann, auch *dadurch*; die COMP-Position ist (in Nebensätzen oder Ergänzungsfragen) durch Konjunktionen bzw. Fragepronomen (z. B. *daß, wer, wann*) oder aber in Hauptsätzen und Entscheidungsfragen (*Ist* er gekommen) durch den flektierten Teil des Verbs gefüllt. Wir haben daher nach Chomsky (1977) für Sätze folgende Regeln:

(64) (i) $\bar{\bar{S}} \longrightarrow$ TOP $\bar{S}$
(ii) $\bar{S} \longrightarrow$ COMP S wobei die Balken über S die syntaktische Gliedertheit ausdrücken.

Über bestimmte Regeln werden in (63) (i) TOP und e koindiziert, d. h. aufeinander bezogen. Diese TOP-Position kann durch das Subjekt oder — wie erwähnt — durch anderes lexikalisches Material gefüllt sein. Zusammen mit der Bewegung des flektierten Verbs in die COMP-Position ergibt dies den Effekt „Subjekt-Verb-Vertauschung".

Der zweite Teilsatz ist m. E. so ähnlich, wie in (63) (ii) angegeben, und nicht wie in (41); und zwar deswegen, weil *es* hier nicht in der Objektposition steht, sondern Subjekt(*es*)-Verb-Vertauschung offenkundig deswegen stattfindet, weil bei der Verschränkung entweder der gesamte Vordersatz als in TOP-Position befindlich aufgefaßt wird, oder ein zweites Vorkommnis von *dadurch* getilgt ist. Auch die Infinitivkonstruktion *dem da anzuziehen* ist keine VP, sondern ein Satz und bis auf ihre semantischen Paraphasien recht wohlgeformt. Somit denke ich, daß man nicht allzuviel aus diesen Äußerungen für die Charakterisierung des Paragrammatismus als syntaktischer Störung machen kann.

Noch zwei letzte Bemerkungen zum Paragrammatismus:

(65) ich bin alles weggekommen ... hab alles verloren ... damals ... da war alles weg.

Hier liegen, als weitere Erscheinung von Verschränkungen, zwei Sätze zugrunde, die miteinander verschmolzen werden:

(66) (i)   mir ist alles weggekommen
(ii) ich hab alles verloren

Im Gegensatz zu der in (49) gezeigten Verschränkung, bei der ja beide Satzmuster noch zu Tage treten, handelt es sich hier um eine Verschmelzung von zwei praktisch gleichbedeutenden Satzkonstruktionen, die man recht häufig auch im normalen, pathologisch nicht gestörten Sprechen findet und die als Kontaminationen bezeichnet werden:

(67) ich benutze mich dessen
    ← ich benutze das
       ich bediene mich dessen

(68) das ist wirklich ein dickes Stück
    ← dicker Hund
       starkes Stück (Frankfurter Versprechercorpus)

Nach Huber u. a lassen sich die syntaktischen Fehlleistungen der Wernicke-Aphasiker ebenso wie deren phonematische und semantische Paraphasien als Enthemmungsphänomen zusammenfassen (Kleist nennt sie Vergreifungen), nach Maßgabe des Pick'schen Sprachmodells. Erinnern wir uns noch einmal daran, daß Pick mehrere Sprachplanungsebenen unterscheidet:

(69) 1) Gedankenschema;
    2) Satzschema;
    3) Satzschema plus Inhaltswörter;
    4) Satzschema plus Funktionswörter;
    5) Betonungsschema;
    6) Instruktionen an Artikulationsapparat.

Paragrammatismus betrifft 3 und 4, phonematische Paraphasien betreffen die sequentielle Organisation von 2–4 sowie den „akustischen Anteil des inneren Wortes"; es handelt sich also um eine systematische Sprachstörung, und nicht um eine Realisierungsstörung. Enthemmung ist bezüglich der semantischen Paraphasien wie folgt definiert: Bei semantischer Paraphasie „ist das durch Gedanken und Satzschema determinierte Wort innerlich vorhanden oder ist wenigstens die Intention darauf gerichtet, aber diese sonst so straffe Determination ist gelockert, die Kohärenz nicht mehr so straff, daß die davon ausgehende Hemmung der dispositionell aus der Bedeutungssphäre, aus parallelen Gedankengängen oder sonst wirr assoziativ anklingenden Worte genügend fungiert und es so zur Übertragung eines dieser unzutreffenden Worte auf den Sprachapparat kommt." (Pick, 1913, S. 1455). Wenn also die semantische Paraphasie nicht ein Defizit im System, sondern ein Defizit beim Abrufen von Konzepten sein soll, dann ist die syntaktische Störung, will man sie analog konzipieren, eher im Bereich der Sprachplanung, also im Bereich psycholinguistischer Erklärungen anzusiedeln oder als Konsequenz der semantischen Störungen anzusehen.

Dann ist unser erster Fall keine Störung der Syntax, sondern eine als syntaktische Störung verkleidete semantische Störung bzw. eine Sprachplanungsstörung, die jedoch noch nicht einmal pathologischer Natur ist.

Der zweite Fall enthält einen Wortstellungsfehler, den man möglicherweise dem Serialisierungsirrtum, d. h. der Nichtbeachtung einer Wortstellungsregel zuschreiben kann. Dies wird aber durch die Beobachtungen von Hess und auch durch die eben skizzierten relativiert, wo ja gerade Wortstellungsregularitäten hinreichend komplexer Art in den Daten zu finden waren.

Auf jeden Fall läßt sich aus den Daten, auch jenen von Huber u. a. angegebenen, nicht auf ein Defizit in den syntaktischen Ableitungen schließen, denn diese grammatisch bestimmten Operationen sind gerade nicht identisch mit Sprachplanungsmechanismen. Ganz unplausibel wird diese Annahme in bezug auf die o. e. Verschmelzungen. Diese entstehen aufgrund simultan zur

Verfügung stehender Satzschemata, die offenkundig relativ früh (2—4) zusammengebracht werden, meinetwegen aufgrund einer mangelnden Kontrolle.

Alsdann werden alle syntaktischen Beschränkungen beachtet. Die Verschmelzungen, die wie syntaktische Abweichungen aussehen, sind höchstens Konsequenz semantischer Fehlleistungen. M.a.W. man kann nur eines haben: Syntaktisches Defizit oder psycholinguistische Störung mit syntaktischen Konsequenzen. M.E. handelt es sich bei dem als Paragrammatismus bezeichneten Phänomen aber um

    a) eine Konsequenz aus der semantischen Störung

und/oder b) psycholinguistische Planungsphänomene.

Kommen wir daher jetzt zu dem Kardinalsymptom der Wernicke-Aphasie.

2.3.4 Semantische Störungen

Spontansprache (IR-PO)
Wie bei der Skizzierung des Ansatzes von Hess bereits angedeutet, zeigen sich die semantischen Schwierigkeiten an Lücken im Satz, an abgebrochenen Sätzen, an Interjektionen und an Pausen. Häufig kommt es dabei zu semantischen Paraphasien, wobei das gesuchte Wort entweder durch ein naheliegendes oder durch ein Wort ersetzt wird, das keinen Bedeutungszusammenhang zum Zielwort hat („wild paraphasic misnaming"). Dies zeigt sich auch bei Wortbildungen, wobei nach Huber u. a. (1975) drei Typen von Komposita entstehen:
1) Kompositum referiert, kommt aber im Lexikon der Zielsprache nicht vor:
    Mannmähne ← *Haar* (des männlichen Interviewers)
2) semantisch Unvereinbares bzw. Referenz kann nicht hergestellt werden:
    Haartelefon ← *Kamm*
3) sequentielle Fehler:
    Schlüsselauto ← *Autoschlüssel*

Schließlich gibt es noch das Phänomen der Überproduktion (Augmentation), z. B. Verdoppelung von Endsilben wie *laufenen*.

Nachsprechen (PI-IR-PO)
Hier finden wir lexikalisch ähnliche Entstellungen wie in der Spontansprache:

    Er versprach ihr, heute noch vorbeizukommen →
    Sie versprach heute zurückzukommen

Benennen
Hier reichen, wie schon gesagt, die Fehlbenennungen von Bedeutungsähnlichkeit bis zu „wild paraphasic misnaming", letzteres soll besonders typisch für Wernicke-Aphasiker sein. Unter die erste Kategorie fallen auch Beschreibungen bzw. situativ-referentielle Paraphasien, z. B.

(70) (i)   *Heuschrecke*   das ist so'n Tier zum Hüpfen
     (ii) *Rosenkranz*   Kette für Heiland in der Kirche
     (iii) *Bagger*   Maschine mit Bohrer und Zange
     (iv) *Boxer*   kriegt eine verpaßt
     (v) *Lokführer*   Zugschalter
          Tomate   Automatensauce

Beschreibungen können selbst wieder durch Paraphasien entstellt sein:

(vi) *Hemd* von einem Herrn mit Schiffchen
(vii) *Gabel* Stickschraube zum Essen
(viii) *Schirm* eine Schraub' für'n Regen

Als klassifikatorische Paraphasien werden solche Fehlbenennungen bezeichnet, bei denen Zielwort und tatsächlich produziertes Wort in einem systematischen Zusammenhang stehen, wie z. B.

(71) (i) *Heuschrecke* Grashüpfer
Stechmücke
(ii) *Bagger* Rampe
Bulldozer
Trecker
Kran
Kranwagen
(iii) *Glas* Karaffe

Bagger und die Paraphasien sind sich i.d.S. bedeutungsähnlich, somit klassifikatorische Paraphasien, als sie zur Klasse der Fahr- bzw. Werkzeuge gehören.

Die situativ-referentiellen Paraphasien thematisieren Eigenschaften, mögliche Handlungen bzw. Situationen für den zu benennenden Gegenstand:

(72) *Hund* Handlung *bellen*
Eigenschaft *treu*
Situation *Zwinger*

Details klassifikatorischer bzw. situativ-referentieller Paraphasien werde ich nach Abschluß dieser allgemeinen Charakterisierung diskutieren (die Beispiele stammen aus Huber u. a., 1975; Stachowiak, 1979 und von Patienten aus Bad Schwalbach).

Die Vermutung, daß Wernicke-Aphasiker visuelle Objektagnosien, also kognitive Störungen beim Erkennen haben, trifft nicht zu. Um Benennungsstörungen von Agnosien, die ja oberflächlich betrachtet ebenfalls zu Fehlbenennungen führen, zu unterscheiden, werden drei diagnostische Kriterien angenommen (aus Orgass, 1982, S. 125 f.):

1) Eigene Erklärung des Patienten für sein Versagen:
Visuell agnostische Patienten sollen typischerweise angeben, daß sie den Gegenstand nicht richtig sehen können, daß er irgendwie fremd, irgendwie anders aussehe o. ä. Die typische Aussage eines aphasischen Patienten wäre dagegen: „Ich weiß, was es ist, mir fällt nur nicht ein, wie es heißt."
2) Art der Fehlbenennungen:
Typische agnostische Fehlbenennungen sollen inhaltlich ein Verkennen des Gegenstands widerspiegeln, während aphasische Fehlbenennungen paraphasisch entstellt sind.
3) Begrenzung agnostischer Störungen auf eine Sinnesmodalität:
Dies gilt als das Kardinalsymptom einer Agnosie. Der visuell agnostische Patient kann einen Gegenstand nur so lange nicht identifizieren, wie er ihm rein visuell dargeboten wird. Er erkennt ihn aber sofort, wenn er ihn betastet oder durch charakteristische Geräusche wahrnimmt. Die aphasische Benennungsstörung besteht dagegen bei allen Darbietungsarten:

(73) Visuell dargeboten   Antwort
  Licht (d. h. Kerze)   Bleistift
             nach Betasten sofort richtig erkannt
  Geldstück   Ein Messer
             Nach charakteristischem Geräusch
             (Klimpern) sofort richtig erkannt

Conduite d'approche
Wie bei lautlichen Paraphasien gibt es auch beim Benennen ein interessantes Phänomen bei Wernicke-Aphasikern, nämlich „eine stufenweise phonematische, gelegentlich auch semantische Annäherung an das Zielwort" (Huber u. a., 1975), die sogenannte „conduite d'approche". „Im Gegensatz zu den anderen Aphasieformen ist aber fast genauso häufig zu beobachten, daß Wernicke-Aphasiker nach Erreichen des Zielwortes oder eines semantisch bzw. phonematisch ähnlichen Wortes nicht innehalten, sondern wieder davon abdriften." (Huber u. a., 1975, S. 80)

Bsp. für ein Erreichen über semantische und phonematische Annäherung:

(74) Bild: Gefangener mit Fußketten
  Kläsen ... Schlase ... Schlage ... Klause ... Glesen ... Kretten ... Kretten gebunden ... eingeschagene Kretten ... ein Kräusel ... ein Kräusliger ... ein Fänger ... ein Verbrachener ... ein Fangener ... Gefangener

(75) Bild: Turmspitze
  Hier ist ein Türm ... Türm ... Türmspit ... Türmspürze (= größte Annäherung) ... Türm ... die Türntüschpe ... Kürnstücke

Sprachverständnis
Im Einwortverständnis haben Wernicke-Aphasiker signifikant schlechtere Leistungen als Broca-Aphasiker und Amnestiker; dieser Abstand vergrößert sich im Satzverständnis, und im Textverständnis schneiden Wernicke-Aphasiker am schlechtesten ab (vgl. hierzu die detaillierte Analyse von Engel, 1977, wo allerdings etwas andere Ergebnisse entstanden, was u. U. auch daran liegen kann, daß es nur zwei Gruppen von Aphasikern gab, fluent und non-fluent). Schreiben und Lesen sind meist in der gleichen Weise gestört wie Sprechen und Sprachverständnis.

Apraxie
„Wie bei allen Untergruppen von Aphasie kommt auch bei Wernicke-Aphasikern häufig Gliedmaßenapraxie vor. ... Bei der qualitativen Analyse der apraktischen Fehler unterschieden sie sich durch zwei verschiedene Verhaltensweisen von anderen Gruppen: Sie perseverierten relativ häufiger, und sie machten mehr Überschußbewegungen." (Huber u. a., 1975, S. 81)

Poeck (1982b) schreibt dazu folgendes (S. 108 f.):

„Gliedmaßenapraxie kommt im Schnitt bei allen Aphasie-Formen zu 25 % vor. Im Gegensatz zur herrschenden Meinung haben die Aachener in einer Studie mit 88 Patienten Apraxie der Arme und Beine feststellen können. (Im allgemeinen nämlich wird die Gliedmaßenapraxie leichter für Bewegungen von Arm und Hand nachgewiesen, was anatomische Gründe haben könnte: die Arteria cerebri media versorgt Hand- und Armregion (einschließlich motorischen Assoziationskortex), und die Arteria cerebri anterior, sehr viel weniger von Schlaganfällen betroffen, versorgt die Beinregion."

Prüfkriterien* für die Arme (getrennt zu prüfen wegen Halbseitenlähmung (Hemiplegie)) sind etwa (Poeck, 1982b, S. 109):

(76) (i) Zeigen Sie mir einen Vogel } symbolisch
Winken Sie

Legen Sie die geöffnete Hand
in weitem Bogen auf die } nicht symbolisch
andere Schulter

(ii) Prüfkriterien für die Beine (getrennt zu prüfen)
Treten Sie eine Zigarette aus } symbolisch
Stellen Sie den Fuß auf die
Fußspitze und drehen Sie ihn } nicht symbolisch

* (nach verbaler Aufforderung und imitatorisch)

Semantische Paraphasien

Die jetzt anzustellenden Überlegungen gliedern sich in folgende Punkte, die m. E. mindestens berücksichtigt werden müssen, um die semantischen Störungen der Wernicke-Aphasiker einigermaßen genau einschätzen zu können:
1) Linguistische Modelle zur Charakterisierung der Bedeutung sprachlicher Ausdrücke, unter Berücksichtigung des möglichen Unterschieds zwischen sprachlichem und nicht-sprachlichem Wissen.
2) Einzelne Untersuchungen.
3) Die Untersuchungen von Stachowiak (1979; 1982).
4) Benennungen im Kontext.
5) Psycholinguistische Modelle zur Charakterisierung des mentalen Lexikons und der Prozesse, welche es dem Sprachteilnehmer ermöglichen, Elemente aus diesem Lexikon abzurufen.

Zu 1) Benennungsleistungen von Wernicke-Aphasikern wie *Anzug* für *Mantel*, *Tisch* für *Stuhl*, *Fisch* für *Forelle* oder *Blume* für *Veilchen*, Versprecher wie *soll ich die Möhren in die Dose tun* für *soll ich die Erbsen in die Dose tun* oder *ach bringen Sie mir das mit der Ente* für *ach bringen Sie mir das mit der Gans*, aber auch Schlüsse wie *Da kommt Hans. Hans ist ein Junggeselle. Ach, dann ist er ja unverheiratet* legen die Vermutung nahe, daß die Bedeutung von Wörtern keine unanalysierbaren Einheiten sind, sondern eine begriffliche oder Sinnstruktur haben. Seit Frege („Über Sinn und Bedeutung") unterscheidet man zwischen Intension, Sinn, Bedeutung, begrifflicher Struktur und Extension, Referenz, dem bezeichneten Gegenstand; so beziehen sich die Ausdrücke *Venus, Abendstern, Morgenstern* zwar auf denselben Gegenstand, sie tun dies aber auf unterschiedliche Weise (auf unterschiedliche Art der „Gegebenheitsweise des Seins"). Ein ganz plausibler Test dafür, daß gleiche Referenz nicht gleiche Intension heißt, sind Sätze wie

(77)
Hans glaubt, daß er { die Venus / den Abendstern / den Morgenstern } sieht,

denn es muß nicht so sein, daß Hans z. B. weiß, daß *Venus* und *Morgenstern* sich auf denselben Gegenstand beziehen.

Katz (1972) und Katz/Postal (1964) haben versucht, einige Grundgedanken von Frege zu präzisieren und auf eine explizite Grammatiktheorie zu beziehen. Demgemäß heißt Bedeutung von Wörtern die Auflösung in begriffliche Bestandteile, die sog. semantischen Marker, und Bedeutung von syntaktisch zusammengesetzten Ausdrücken die Komposition der Einzelbedeutungen nach Maßgabe der syntaktischen Struktur, insbesondere der grammatischen Funktionen (sog. kategorisierte Variablen, vgl. Katz, 1972). Uns soll aber hier nur der erste Aspekt, die Bedeutung der Wörter interessieren. Intuitiv gesehen teilen

(78) (i) *Anzug* und *Mantel* die Eigenschaft „Kleidungsstück",
    (ii) *Tisch* und *Stuhl* die Eigenschaft „Möbel".

Wir können auch sagen, daß sie zu demselben Bedeutungsfeld gehören. Bei *Fisch-Forelle* ist die Sache ein wenig anders. *Fisch* definiert sozusagen die Klasse, ist der Oberbegriff; wir haben also hier keine Gleich-, sondern eine Unterordnung. Gültige Schlüsse lassen sich mithilfe solcher Beziehungen auch ganz elegant erklären:

(79) Junggeselle: unverheiratet, erwachsen, Mann.
    (i) Da kommt Hans.
    (ii) Hans ist ein Junggeselle = unverheiratet, erwachsen, Mann.
    (iii) Also ist er { unverheiratet, erwachsen, Mann }

Der Schluß ist also gültig, wenn eines der in (iii) sprachlich ausgedrückten Merkmale im Prädikatsausdruck von (ii) enthalten ist. Umgekehrt geht dies nicht:

(80) (i) Hans ist erwachsen.
    (ii) Also ist Hans Junggeselle.

Welche Bedeutungsbeziehungen könnte es darüber hinaus zwischen sprachlichen Ausdrücken geben?

Nach Lyons (1963, 1968, 1977) erhalten Wörter ihre Bedeutung nur aufgrund des Kontrastes zu anderen Bedeutungen. Es gibt Lyons zufolge zwei Typen von Kontrasten:
— Binäre Kontraste: Kontraste zwischen zwei sprachlichen Einheiten (Opposition)
— Nicht binäre Kontraste: Kontrast zwischen mehreren sprachlichen Einheiten.

Binäre Kontraste: a) Antonymie
                         b) Komplementäre
                         c) Konverse   } Opposition
                         d) Direktionale
Nicht binäre Kontraste: a) Hyponymie
                         b) Inkompatibilität
                         c) Synonymie
                         d) Teil-von-Beziehungen

Binäre Kontraste
a/b): a) und b) werden häufig zusammengefaßt, sind aber genaugenommen in ihren semantischen Konsequenzen voneinander unterschieden:
a) betrifft graduelle Oppositionen wie *heiß-kalt, dick-dünn* usw. in folgendem Sinne: Wenn man sagt „Dein Bauch ist dick", dann hat der Bauch nicht die inhärente Eigenschaft der „Dicke", sondern er ist nur im Vergleich zu anderen Bäuchen dick. Interessant an antonymen Adjektiven ist folgende, am Beispiel illustrierte Eigenschaft:

(81) *x ist dick* impliziert *x ist nicht dünn*
 x ist dünn impliziert *x ist nicht dick*   aber:
 x ist nicht dick impliziert nicht *x ist dünn*
 x ist nicht dünn impliziert nicht *x ist dick*,

d. h. die Behauptung der einen impliziert die Negation der anderen Prädikation; es gilt aber nicht, daß die Negation der Prädikation die Behauptung des antonymen Adjektivs impliziert.
Wir können also vermuten, daß bestimmte Ausdrücke im Lexikon durch die Relation Antonymie miteinander verknüpft sind, mithin semantisch verwandt sind. Gelegentlich findet man bei Versprechern, daß offenkundig bei der Satzplanung solche Relationen eine Rolle spielen:

(82) die sitzen aber *schlecht* für dich ← gut
 x ist gut → x ist nicht schlecht
 x ist nicht schlecht ↛ x ist gut

(83) Fehler, die relativ *nah* zueinander sind   ← weit
 darüber haben wir das *nächste* Mal gesprochen ← letzte
 x ist „nächst" → x ist nicht „letzt"
 x ist nicht „letzt" ↛ x ist „nächst" (Frankfurter Versprechercorpus)

b) Eine nicht-graduelle Opposition besteht zwischen Ausdrücken wie *tot-lebendig, verheiratet-ledig* usw. Lyons nennt diese Opposition *komplementäre Opposition*, wobei im Gegensatz zu a) die Negation des einen Elements das andere Prädikat impliziert:

(84) x ist tot → x ist nicht lebendig
 x ist nicht tot → x ist lebendig,

d. h. der durch diese Prädikate bezeichnete Objektbereich wird in zwei sich gegenseitig ausschließende, komplementäre Mengen aufgeteilt (jedenfalls in der wörtlichen Bedeutung der jeweiligen Ausdrücke).

c) Konverse Oppositionen liegen vor bei solchen Paaren wie *Arzt-Patient, Lehrer-Schüler, über-unter, vorne-hinten, geben-nehmen*. Man kann nämlich sagen *x ist der Lehrer von y* ist gleichbedeutend mit *y ist der Schüler von x*. Hierzu habe ich auch gelegentlich in meinen Daten Versprecher wie

(85) das kommt mir nicht *unter* die Lippen ← über

d) Schließlich gibt es nach Lyons Gegensatzpaare, die Bewegung bzw. Entfernung von einem Zustand enthalten wie *kommen-gehen, wissen-vergessen* u. a. Diese nennt er *direktionale Oppositionen*. Wir haben also:

(86)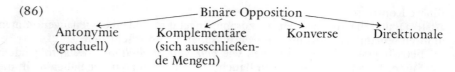

Antonymie (graduell)   Komplementäre (sich ausschließende Mengen)   Konverse   Direktionale

Nicht-binäre Kontraste
a) Von vermutlich eminenter Bedeutung für den Aufbau des Lexikons und damit auch für solche psycholinguistischen Daten wie Sprachstörungsdaten oder Versprecher sind die sogenannten nicht-binären Kontraste, bei denen mehr als zwei sich gegenüberstehende Konzepte involviert sind:

(87) (i) *Anzug* für *Mantel*
(ii) *Tisch* für *Stuhl*
(iii) *Fisch* für *Forelle*
(iv) *Blume* für *Veilchen*
(v) *Ente* für *Gans*
(vi) *Möhren* für *Erbsen*

Hier haben wir Relationen von spezifischen Begriffen zu einem Oberbegriff wie in (iii) und (iv), diese Relation ist die der *Hyponymie*: Zwischen *Veilchen* und *Blume* besteht die Hyponymie dergestalt, daß *Veilchen* alle Bedeutungsmerkmale von *Blume* enthält, die Umkehrung gilt nicht. Somit baut auch der eingangs erwähnte Schluß auf dieser Relation auf:

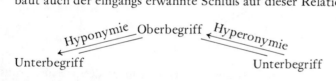

Unterbegriff   Unterbegriff

c) Zwei Ausdrücke sind synonym, wenn sie die gleiche Bedeutung haben. Die Menge *sterben, entschlafen, hinscheiden* ist etwa ein solcher Fall, aber auch weniger Trauriges wie *Fahrstuhl, Lift, Aufzug*. Verändert sich die Bedeutung durch die Substitution eines Ausdrucks aus dieser Menge durch einen anderen nicht, so kann man sagen, daß diese Ausdrücke synonym sind:

(88) x ist gestern $\begin{Bmatrix} \text{gestorben} \\ \text{entschlafen} \\ \text{hingeschieden} \end{Bmatrix}$

(89) y fährt mit dem $\begin{Bmatrix} \text{Aufzug} \\ \text{Lift} \\ \text{Fahrstuhl} \end{Bmatrix}$

An der Synonymie scheiden sich die Geister. Eines der häufig vorgebrachten Argumente hängt mit der Möglichkeit bzw. Unmöglichkeit sog. analytischer Sätze zusammen.
Auf einen kleinen Aspekt dieser Frage möchte ich jetzt zu sprechen kommen. Offenbar scheint es in unserem Sprachverhalten eine weniger rigide Synonymiebeziehung zu geben, was man ganz schön an bestimmten Typen von Versprechern sehen kann, die ungemein häufig auftreten, den sog. Kontaminationen oder Verschmelzungen: Kontaminationen werden ein-

hellig in der einschlägigen Literatur als Verschmelzungen von zwei sprachlichen Strukturen angesehen, die zur Zeit der Planung der sprachlichen Äußerung simultan zur Realisierung der Mitteilungsabsicht zur Verfügung stehen, wobei aber anstatt der Auswahl einer Alternative und der Unterdrückung der anderen beide zusammen vorkommen (vgl. das eingangs erwähnte Enthemmungsphänomen).

(90) (i) es hat dazu beigeführt ← beigetragen / geführt
(ii) da ging ihm ein Groschen auf ← da ging ihm ein Licht auf / da fiel der Groschen
(iii) lebensnotwichtig ← notwendig / wichtig
(iv) er hat ihm Honig in die Augen geschmiert ← er hat ihm Honig um den Bart geschmiert / er hat ihm Sand in die Augen gestreut (auch, wie übrigens alle erwähnten deutschen Versprecher, aus dem Frankfurter Versprechercorpus)

Diese Beispiele zeigen einige interessante Eigentümlichkeiten bezüglich unserer Frage nach synonymen Relationen:

1. Ersetzung der Ausdrücke füreinander unter Bedeutungserhaltung: *beitragen* und *führen* in (i) sind nur in bezug auf dieses und analoge Satzschemata Synonyme, also wenn z.B. in Subjektposition ein expletives *es* steht. Eine Bedeutungsänderung bzw. Anomalie ergibt sich aber z. B. in folgendem Kontext:

(91) (i) Karl hat dazu beigetragen, daß das Spiel verloren ging
(ii) *Karl hat dazu geführt, daß das Spiel verloren ging

2. In (90) (iii) ist meiner Intuition nach *notwendig* der stärkere Ausdruck, denn etwas, was *lebenswichtig* ist, muß nicht unbedingt *notwendig* sein.

3. In (90) (ii) und (iv) stehen gleichzeitig zwei ganze Redewendungen (idiomatische Ausdrücke) zur Verfügung. Während jedoch die Ausdrücke in (ii) synonym sind, da beide so etwas bedeuten wie „Plötzlich verstehen", „klar werden", gilt das für (iv) nicht in der gleichen Weise: *Sand in die Augen streuen* bedeutet nämlich „jemanden täuschen, irreführen"[12], *Honig um den Bart schmieren* bedeutet „jemandem schmeicheln". Es könnte sein, daß die beiden durch die Redewendungen bezeichneten Sachverhalte so aufeinander bezogen sind, daß „schmeicheln" eine Voraussetzung für „täuschen" ist. Eine solche Beziehung scheint ebenfalls hinreichend dafür zu sein, daß verschmolzen werden kann.

M.a.W.: In normalen Sprachverarbeitungssituationen werden häufig nicht
    1. einzelne Ausdrücke, sondern gesamte Redewendungen (Satz-/Ge-

---

12 Die idiomatische Redewendung *Sand in die Augen streuen* geht zurück auf die römischen Gladiatoren, die auf diese Weise versuchten, den Gegner kampfunfähig zu machen. Oder sie bezeichnet einen Fechtertrick, den Gegner in eine Stellung zu zwingen, in der der Wind ihm den Staub in die Augen trieb und ihn am Sehen hinderte.

dankenschemata) als synonym aufgefaßt, „berechnet", was darauf schließen läßt, daß sie als Einheiten im Lexikon gespeichert sind und als solche auch abgerufen werden.
2. Synonymie scheint in normalen Sprachverarbeitungssituationen nicht so eine rigide Bedeutungsbeziehung zu sein, wie gelegentlich in linguistischen Semantiktheorien angenommen wird (Katz, 1972).

d) Teil-Ganzes/Teil-von -Beziehung
Eine weitere hierarchische Gliederung des Lexikons ist die Teil-von-Beziehung: *Finger* zu *Hand, Hand* zu *Arm* usw. Während die Hyponymie-Beziehung aber eine „x ist ein y" (*ein Veilchen ist eine Blume*)-Relation ist, gilt dies für die Teil-von-Beziehung natürlich nicht: Ein Daumen ist keine Hand.
Stachowiak (1979, S. 49) schreibt dazu folgendes:

„Lyons (1977) weist auf einen interessanten Unterschied hin zwischen der Gliederung, die man einem Objektbereich zuweisen kann, und der sprachlichen Gliederung einiger Teil-Ganzes-Ausdrücke. Sachlich ist es so, daß wenn ein Daumen Teil der Hand ist und die Hand Teil des Armes, der Daumen dann auch Teil des Armes ist. Die Relation ist in diesem Fall ebenso transitiv wie die zwischen *Terrier-Hund-Tier*. Obwohl aber „der Daumen der rechten Hand" ein sprachlich wohlgeformter Ausdruck ist, ist „der Daumen des rechten Arms" nicht üblich."

D. h. nicht, daß es nicht auch Sprachen geben kann, die solche Teil-Ganzes-Beziehungen zulassen, sondern es heißt, daß Sprachen kapriziös sind i. d. S., daß nicht alle sachlich möglichen Relationen ausgedrückt werden müssen und daß die sprachlichen Strukturen nicht im Verhältnis 1:1 die Realitätsmuster abbilden müssen.

Situativ-referentielle Paraphasien
Wie wir bereits gesehen haben, sollen Fehlbenennungen wie

(92) (i)   Kamm → Haar
  (ii) Tisch → Messer
  (iii) Blumen → Besuch
  (iv) Telefon → hier meine Alwine

dafür sprechen, daß Konzepte im Lexikon klassifikatorisch, aber auch situativ-referentiell organisiert sind: Huber u. a. (1975, S. 88) formulieren dies wie folgt:

„Zum anderen müssen im Lexikon die referentiellen Beziehungen zwischen Wörtern, die sich aus den biographischen und situativen Erfahrungen einzelner Sprecher ergeben, nach allgemeinen sog. Implikationsregeln festgelegt werden. Regeln dieser Art lassen sich beispielsweise durch die Form des folgenden Konditionalsatzes illustrieren, der eine Beziehung zwischen den Lexikoneinträgen von *Besuch* und *Blumen* ausdrückt: ‚Wenn ich Besuch habe, dann bekomme ich Blumen'. Eine solche referentielle Beziehung könnte der o. a. Paraphasie ‚Besuch' für ‚Blume' zugrundeliegen."[13]

---

13 Es gibt einen von mir produzierten Versprecher: *Er hat gestern einen tollen Auspuff geprägt* anstatt *Ausdruck*. Diese witzige Ersetzung ist nur unter Berücksichtigung biographischer Details vollständig zu erklären (zur Aufklärung: Ich war gerade mein altes

Das erste Benennungsexperiment, welches den Unterschied in der Auftretenshäufigkeit der verschiedenen Fehlleistungen testet, stammt von P. Vogels (1978). In diesem Experiment sollten 126 Aphasiker der vier großen Aphasietypen jeweils 50 Strichzeichnungen benennen (vgl. hierzu auch Stachowiak 1979, S. 62). Dabei ergab sich folgende Strukturierung:

(93) (i) Klassifikatorische Paraphasien 60 %

Relation	Zielwort	Paraphasie
Klassenähnlich 25,5 %	Hund	Wolf
Polarität 2,5 %		Katze
Ober-/Unterbegriff 17 %		Tier/Dogge
Teil-Ganzes 15 %		Rudel/Pfote

(ii) Situativ-referentielle Paraphasien 24 %

Aktion 6 %		bellen
Eigenschaft 9 %		treu
Situation 9 %		Zwinger

Sonstige 16 %

Klassifikatorische Paraphasien sind also in der Überzahl bei semantischen Fehlleistungen. Vogels erwägt mehrere Hypothesen zur Erklärung dieser Verteilung, wobei er davon ausgeht, daß klassifikatorische Paraphasien zum Zielwort ähnlicher sind als situativ-referentielle Paraphasien.

Fortsetzung Fußnote 13
Auto zu einem ganz guten Preis losgeworden, und besagtes Gefährt hatte einen defekten Auspuff). Interessant hierbei ist die formale Ähnlichkeit der beiden Wörter bezüglich ihrer Morphem- und Silbenanzahl, ja sogar ihres Lautbestands und morphologischen Aufbaus. Ohnehin läßt sich bei Substitutionen häufig beobachten, daß produziertes und Zielwort
A) entweder in einer semantischen Beziehung
oder
B) in einer formalen Beziehung
zueinander stehen (meiner Vermutung nach ist es ein sprachlicher Zufall, wenn A und B kongruent sind, das „oder" also nicht exklusiv ist), was die Vermutung nicht unplausibel erscheinen läßt, daß lexikalische Einheiten in unserem inneren Lexikon auch nach formalen Kriterien sortiert sind. Zwar sind in obigem Fall die beiden Elemente biographisch aufeinander bezogen, vermutlich aber war dies nur eine temporäre Beziehung, und ich kann mir nicht vorstellen, daß diese a) per Implikation definiert noch b) von einer psycholinguistischen Theorie berücksichtigt werden sollte. Die im Text angegebenen Beispiele unterscheiden sich möglicherweise von meinem Versprecher im Grad ihrer „Konventionalisierung": *Besuch/Blumen; Telefon/Anrufer.*

Hypothese 1: „Das Lexikon könnte z. B. wie ein Filter wirken, der bei der Aphasie so durchlässig geworden ist, daß ihn nicht nur die intendierten Wörter, sondern auch semantisch ähnliche — und dies wären vor allem solche mit klassifikatorischer Beziehung zum Zielwort — passieren könnten."
Hypothese 2: „Auch wenn semantische Paraphasien als Ergebnis einer Ersatzstrategie entstünden, wären mehr klassifikatorische zu erwarten, da sie dem Zielwort mehr angenähert sind und somit für die Vermittlung der intendierten Information tauglicher wären." (Stachowiak, 1979, S. 63)
Hypothese 3: Aphasiker können eine grobe Analyse des Zielworts leisten, die Differenzierung zwischen den Kohyponymen gelingt jedoch nicht immer. So gelangt der Patient beim Zielwort *Hund* zwar in das Umfeld „Säugetier", wozu außer *Hund* auch *Katze* und *Wolf* gehören, kann aber semantisch diese nicht mehr unterscheiden. Geschieht dies bereits auf einer höheren Ebene der Begriffsstruktur, dann werden irrtümlicherweise Oberbegriffe gewählt.
Vogels favorisiert Hypothese 3, sie ist ja auch gut verträglich mit den zuvor diskutierten linguistischen Vorstellungen über klassifikatorische Organisationen des Lexikons und auch mit methodologischen Erwägungen über die Reichweite linguistisch-psycholinguistischer Erklärungen (s. auch FN 13).

Zu 2) Einzelne Untersuchungen
Führt man Benenntests durch, so muß man sich immer darüber im klaren sein, daß die erforderte Leistung keine typische Sprachgebrauchsfunktion erwachsener, kompetenter Sprecher ist: „Häufig können Patienten einen Namen nur dann nicht finden, wenn sie einen referentiellen Akt vollziehen sollen. Z. B. konnte ein Patient in einem Benennungstest einen auf einer Strichzeichnung abgebildeten Soldaten nicht als Soldat benennen. Auf die Frage, ob er denn Soldat gewesen sei, antwortete er: „Aber sicher war ich Soldat, ich war sogar Offizier", und dann erzählte er alles mögliche aus dem Krieg. In diesem propositionalen Akt „Ich war Soldat" war die Wortform ohne weiteres abrufbar. So konnte er auch sämtliche Vogelarten aufzählen, die er in seinem Garten sieht, u. a. *Meisen* und *Amseln*. In derselben Gesprächssituation war er jedoch nicht imstande, auf Aufforderung den Namen eines Vogels (einer *Amsel*), der draußen auf dem Rasen herumhüpfte, zu nennen." (Stachowiak, 1982, S. 3). Benennungen kommen typischerweise in Lernsituationen vor, d. h. wenn zwar der Gegenstand erkannt wird, die entsprechende Wortform jedoch noch nicht bekannt ist, und damit in solchen Satzrahmen wie „das ist ein ...". Dieser Satzrahmen zeigt schon an, daß nichts über den Gegenstand ausgesagt wird, sondern daß er sprachlich identifiziert werden soll. Ein besonders drastischer Beleg für diesen Unterschied waren Reaktionen einer von mir einmal untersuchten cerebralsklerotischen Patientin, die im wesentlichen nur noch Silben vom Typ CV produzierte, gelegentlich von Gesang oder bestimmten Automatismen unterbrochen wie *und rund und rund* ... . Beim Versuch, mit ihr einen Benennungstest durchzuführen, bei dem einfache Alltagsgegenstände wie *Kamm, Uhr* usw. benannt werden sollten, reagierte sie heftig zurückweisend mit der Bemerkung: *Das wissen Sie doch*.

Solche Beobachtungen sollen die These belegen, daß Wortfindungsschwierigkeiten nicht Störungen im mentalen Lexikon selbst, sondern bloß Störungen beim Abrufen der Lautform von bestimmten Konzepten sind, die ja bei anderen Sprachverarbeitungsleistungen, etwa der prädikativen Verwendung, ohne weiteres zugänglich waren. Stachowiak (1982) und im Gegensatz zu

Huber u. a. (1975) jetzt auch Huber (1981) gehen nunmehr davon aus, daß „interne Verarbeitungsprozesse bei der Differenzierung von Wortbedeutungen nicht mehr gelingen" (Stachowiak, 1982, S. 12), weil 1. semantische Fehlleistungen den Patienten nicht immer bewußt sind und 2. dieselben Fehlleistungen z. B. auch in Wortverständnistests vorkommen. Ein typisches experimentelles Beispiel hierzu ist: Ein Wort wird dem Patienten vorgesprochen, dazu eine Auswahlmenge von Bildern vorgelegt. Die Schwierigkeiten des Patienten nehmen in dem Maß zu, in dem die semantische Ähnlichkeit der Auswahlmenge mit dem zu identifizierenden Bild zunimmt.

Der weiter gerne angeführte Beleg, nämlich der der supramodalen Störung, trifft angesichts der divergierenden experimentellen Ergebnisse nicht mehr ohne Abstriche zu: So konnte in einem Experiment ein Patient eine gezeichnete Tafel mündlich korrekt mit *Tafel* benennen, schrieb jedoch *Pult*, und las das selbst geschriebene Wort dann wieder als *Tafel*!

M. E. läßt sich mit den gegenwärtigen Daten weder zugunsten der einen noch der anderen Hypothese entscheiden; für beide, Zugangsstörung bzw. internes Defizit im Lexikon, sprechen hinreichend viele Experimente.

Überschaut man die einschlägige Literatur (so z. B. Goodglass u. a., 1966; Marshall/Newcombe, 1966; Marshall u. a., 1970), so erhält man in der Tat den Eindruck, daß semantische Schwierigkeiten irgendwie zusammenhängen mit dem Aufbau des inneren Lexikons. Eine sehr klare Analyse hierzu ist die Fallstudie von Marshall u. a. (1970). Hier wurde ein Patient mit Wortfindungsstörungen in zwei verschiedenen Testaufgaben untersucht: 1. Lesen einzelner Wörter (VI-PO) und 2. Satzvervollständigungstests. Ich gehe im folgenden nur auf die erste Testaufgabe ein.

Zunächst erhielt der Patient 60 Wörter; dies waren Adjektive, Nomina und Verben. (Die Nomina waren Konkreta wie *boy*, die Adjektive statisch wie *loud* und die Verben nicht-statisch wie *go*). Dabei ergab sich eine starke Überlegenheit der Nomina gegenüber den anderen Kategorien (13/3/2 korrekte Reaktionen). Danach wurden andere Nomina nach Unterklassen gegliedert, und zwar nach konkret vs. abstrakt: also *house* vs. *soul*. Dabei ergab sich folgende Verteilung:

(94) (i)

	abstrakt	konkret	
Ges.	10	10	
	1	9	korrekt
	6	1	unkorrekter Versuch
	3	0	keine Reaktion

Schließlich wurden weitere Nomina nach belebt, wie *girl*, unbelebt, wie *hat*, und Eigennamen, wie *Fred*, unterteilt und erneut getestet. Dies führte zu folgendem Bild:

(94) (ii)

	Belebt	Unbelebt	Eigennamen	
Ges:	20/ 10 [+hum] 10 [−hum]	20	20/ 10 [+hum] 10 [−hum]	
	13	16	8	korrekt
	7	4	12	unkorrekter Versuch
				keine Reaktion

Eigennamen also (das waren Vornamen, Städtenamen, Länder- und Kontinentbezeichnungen, Wochentage, Monatsnamen) scheinen für den Patienten am schwierigsten zu sein.

Erstaunlich an der Verteilung in (94) (ii) ist, daß belebte Nomina schwieriger waren, wenn auch nur in geringem Maße, als unbelebte. Von den 10 Nomina, die [−hum] waren, las der Patient 9 korrekt, aber nur vier von den [+hum]-Nomina. Die genauere Analyse der Stimuluswörter ergab im nachhinein, daß die [+hum]-Nomina relationale Ausdrücke enthielten wie *Onkel, Dichter, Priester*, also solche, bei denen nach Meinung der Autoren das Merkmal [+Rolle] beteiligt ist. Versuche, *niece* (Nichte) zu lesen, führten bei dem Patienten zu so etwas wie *nephew* (Neffe). Dieses zusätzliche Merkmal erschwert offenbar die Verarbeitung der entsprechenden Items.

Es ist interessant, daß beim Lesen, also wenn sprachliche Konzepte vorgegeben sind, semantische Paraphasien wie beim Benennen (wenn nur Gegenstände vorgegeben sind) auftreten. Dieses Symptom wird „Tiefendyslexie" genannt (vgl. hierzu Coltheart u. a., 1980; Bayer/de Bleser, 1988; Langen, 1983).

Zu 3) Zur Unterscheidung zwischen Eigennamen und Appellativa
Das Ergebnis von Marshall u. a. (1970), statistisch sicher nicht signifikant, wirft eine interessante Frage auf, nämlich die nach der Unterscheidung zwischen sprachlicher Bedeutung und Weltwissen, eine Unterscheidung, welche die Literatur zu Sprachphilosophie und Semantik durchzieht. Diese Unterscheidung ist einigermaßen schwierig und, wenn überhaupt, nur indirekt über den empirischen Erfolg von Semantiktheorien zu begründen; ein Beispiel dafür hatten wir bereits kennengelernt: Die sprachliche Kategorisierung der Welt (hier die Teil-von-Beziehung) steht nicht immer in einer eins-zu-eins-Beziehung zur perzeptuellen Kategorisierung der Welt. Auch die Verteilung von Relativ-, Frage- und Personalpronomina hängt mit der semantischen Struktur der erfragten Gegenstände zusammen (abgesehen von den syntaktischen Beschränkungen). *Wer* fragt nach belebten Gegenständen, aber auch nach Gott. Mit *Hauptstadt von Mexiko* läßt sich ein sprachliches Konzept verbinden, ohne daß man etwas von dieser Stadt und diesem Land weiß, etwa „Stadt, in der der Regierungssitz eines Landes Y ist" usw. Die weitreichendste Theorie zur Unterscheidung von Appellativa und Eigennamen stammt von Kripke (1972). Gegen die u. a. von Frege und Searle vertretene Namenstheorie vertritt Kripke die These, daß Eigennamen nicht mit Kennzeichnungen der Form *dasjenige x, für das gilt ... y ...* synonym sind. Vielmehr bezeichnen seiner Meinung nach Namen in allen möglichen Welten, und notfalls entgegen der mit ihnen assoziierten Kennzeichnung, den Gegenstand, dem sie über Hinweisdefinitionen zugeordnet sind. Eigennamen sind „starre Designatoren". Weil also Eigennamen im Unterschied zu Kennzeichnungen diese Eigenschaft haben, sind kontrafaktische Äußerungen des Typs *Nixon hätte die Wahl verlieren können* nicht kontradiktorisch.

Stachowiak (1979) konnte zeigen, daß aphasische Patienten Wortbedeutungen schlechter unterscheiden können als die Referenten der entsprechenden Wörter. Hierzu sollten 72 aphasische Patienten und einige Gruppen nichtsprachgestörter Probanden auf jeweils 32 Karten, auf denen vier Tierbezeichnungen aufgeschrieben waren, das Tier aussuchen, das zu den drei anderen nicht paßte:

(95) (i)   Pferd   *Bussard*
          Hase   Schwein

Bussard paßt deshalb nicht, weil er ein Vogel ist, was man von den drei anderen Items nicht sagen kann. Dieselbe Aufgabe sollte auch nicht-verbal gelöst werden. Dazu erhielten die Testpersonen 32 Karten mit Abbildungen der betreffenden Tiere in gleicher Anordnung wie in der schriftlichen Version. Sie sollten das Bild aussortieren, was am wenigsten paßte. Hier schnitten die aphasischen Testpersonen signifikant besser ab als im ersten Test, ja sie unterschieden sich nicht einmal von den nicht-sprachgestörten Kontrollpersonen.

Dieses Resultat ist allerdings nicht dazu geeignet, die Behauptung eindeutig zu stützen, daß die semantische Differenzierung im Lexikon gestört ist, sondern es läßt ebensogut die Hypothese zu, daß es sich hier nur um Schwierigkeiten beim Zugang von der graphematischen Information zu den Wortbedeutungen handelt, kann mithin – so Stachowiak (1982, S. 12) – nicht als kritisch angesehen werden für die Entscheidung der Frage, ob es eine mentale Unterscheidung in sprachliches und enzyklopädisches Wissen gibt. Daher wurde den o. g. Items eine andere Gruppe von Testitems hinzugefügt. Die beiden Arten unterschieden sich nach den Relationen zwischen dem nicht passenden und den anderen 3 Tieren. Relation 1: klassifikatorische Nicht-Beziehung; Tier paßt nicht, weil es zu einer anderen Gattung gehört (((95) (i)); Relation 2: situativ-referentielle Nicht-Beziehung; Tier hat eine andere Funktion für den Menschen oder andere Eigenschaften (kleiner/größer):

(95) (ii) Pferd   *Reh*
           Kuh   Esel

Das Reh paßt nicht, weil es kein Haustier ist. Stachowiaks Hypothese war, „daß Beziehungen zwischen Konzepten der letzteren Art weniger sprachlich relevant sind, also eher über Weltwissen erschließbar sind als die klassifikatorischen Beziehungen und daher bei Aphasie weniger beeinträchtigt sein sollten" (Stachowiak, 1982, S. 13). Dies wurde durch die experimentellen Befunde bestätigt: Bei situativ-referentiellen Items machten die Aphasiker bei der verbalen Aufgabe viel weniger Fehler als bei klassifikatorischen Items, während der Unterschied zwischen klassifikatorischen und situativ-referentiellen Leistungen sich in der visuellen Aufgabe nicht zeigte. Hier kann es sich demnach nicht um eine Zugangsstörung handeln, denn dann müßten alle Items gleichermaßen betroffen sein.

Kommen wir nun zurück zu dem eingangs besprochenen Problem bezüglich des Unterschieds zwischen Appellativa und Eigennamen. Bis auf wenige Ausnahmen gehen wohl alle Sprachphilosophen und Linguisten seit Frege davon aus, daß Eigennamen keine Bedeutung i.d.S. haben, daß sie mit einer wie auch immer gearteten Menge von begrifflichen Bestandteilen charakterisiert werden können. Sie haften quasi wie Etiketten an ihren Gegenständen, sind aber semantisch leer. Beleg dafür ist nach Katz (1972), daß es keine analytischen Sätze gibt, deren Subjekt ein Eigenname ist:

(96) (i)   Junggesellen sind unverheiratet — analytisch
    (ii)   Fritz ist unverheiratet   synthetisch
    *Alle Fritzens sind unverheiratet

Weiter, daß *Washington*, trotz dessen Bezug auf unterschiedliche Gegenstände, von Sprechern des Englischen nicht als mehrdeutig empfunden wird, wie etwa *palm* (Palme und Handinnenfläche). Im Kölner Universalienprojekt, bei dem auch Stachowiak mitarbeitete, wird die Unterscheidung nicht sprachsystematisch, sondern funktional getroffen. Appellativa haben die Funktion, objektsprachlich zu prädizieren in folgendem Sinne: „In dem Satz *Er ist ein Boxer* wird eine Person einer Klasse von Gegenständen zugewiesen. Mit dem Eigennamen wird dagegen ein Individuum direkt, d. h. ohne Umweg über eine Prädikation erfaßt." (Stachowiak 1982, S. 16) Wollte man die Referenz von *Cassius Clay* mithilfe von definiten Beschreibungen eindeutig festlegen, so müßte man schon einen relativ großen Aufwand betreiben (abgesehen von anderen Schwierigkeiten): der schönste schwarze Boxer der Welt usw.[14] In diesem Zusammenhang hat Stachowiak (1982) ein Experiment durchgeführt, in dem untersucht werden sollte, ob sich sprachliches und enzyklopädisches Wissen voneinander unterscheiden und ob beide einen getrennten internen Speicher haben: 60 Aphasikern und 30 nicht-sprachgestörten Kontrollpersonen wurden 30 Photographien prominenter Persönlichkeiten aus Politik, Film, Sport usw. vorgelegt.[15]

1. Sitzung: Die Namen dieser Personen sollten genannt werden. Das waren Leute wie Heinz Rühmann, Helmut Schmidt, Franz Beckenbauer, Lilli Palmer usw.
2. Sitzung: Die Berufsbezeichnungen sollten gesagt werden. Insgesamt gab es 13 Berufsgruppen.

Das Experiment erbrachte folgendes Ergebnis: Außer bei Broca-Aphasikern wurden bei allen anderen Gruppen die Eigennamen weniger oft korrekt genannt als die Berufsbezeichnungen. Es wurden mehr Fehler bei Eigennamen als bei Berufsbezeichnungen gemacht (eine Ausnahme bildeten die Rechtshirngeschädigten). Außer bei Globalen Aphasikern wurde häufiger auf die Berufsbezeichnung ausgewichen, wenn die Eigennamen nicht einfielen, seltener, wenn die Berufsbezeichnung nicht einfiel, auf die Eigennamen. Dazu gab es auch diverse Namens- und Berufsverwechslungen:

(97)
Bild	Name	Beruf
F. J. Strauß	Brandt	Präsident
	Schmidt	Journalist
	Kohl	Kanzler
Muhammed Ali	Roberto Blanco	Fußballer

---

14 Es gibt ein gewisses Kontinuum zwischen Eigennamen und Appellativa: *ein Diesel, Sitting Bull* usw. Ein wunderschönes Beispiel erwähnt Stachowiak (1982): *fringsen* ist abgeleitet von einer bestimmten Haltung des damaligen Kölner Kardinals zum Mundraub in Hungerzeiten (Der Kardinal hieß Frings).
15 Die Eigennamen waren in einem Vortest mit 50 Gesunden ermittelt worden. Es wurden nur solche Namen verwendet, die der überwiegenden Mehrzahl der Probanden einer Durchschnittspopulation bekannt waren.

Heinz Erhard	Schmidt, nee	Redner
		Gedankenleser
Sepp Herberger	Sepp Maier	Sportler
	Helmut Schön	
	Herbert Wehner	

Falsche Berufsbezeichnungen waren häufig aus demselben semantischen Umfeld; bei Eigennamen gab es manchmal auch lautliche Ähnlichkeiten, aber eben auch Fehlbenennungen mit Namen, die Personen aus der gleichen Berufsgruppe bezeichneten, ein für die Annahme der Bedeutungslosigkeit von Eigennamen problematisches und erstaunliches Ergebnis.

Stachowiak (1982) interpretiert dieses Ergebnis wie folgt: Da mit Eigennamen nicht prädiziert wird, d. h. semantische Informationen keine Rolle spielen, gibt es Fehler aufgrund von Zugangsstörungen, d. h. es fehlt die Lautform, mit der der Gegenstand etikettiert werden soll. Die Paraphasien bei Berufsbezeichnungen sprechen dafür, daß Defizite im internen Lexikon bestehen, also mangelnde Differenzierung in einem Bedeutungsfeld o. ä. Der anfangs besprochene Fall, daß jemand beim Benennen das Wort nicht findet, in derselben Gesprächssituation es aber prädikativ verwenden kann, spricht dafür, daß — funktional gesehen — im ersten Fall *Soldat* ein Eigenname ist, es sich also um eine Zugangsstörung handelt. Benennungsleistungen haben ja — wie wir gesehen haben — zumindest partiell diese eigentümliche Konsequenz, daß prädikativ zu verwendende Ausdrücke etikettierend wie Eigennamen verwendet werden müssen. Das Kardinalsymptom der Wernicke-Aphasie also, die semantische Störung, muß nach Stachowiak funktional in eine Zugangsstörung und eine Störung im internen Speicher unterschieden werden, wobei nur im letzteren Fall semantische Eigenschaften eine Rolle spielen.

Zu 4) Benennungen im Kontext

Zu diesem Zusammenhang möchte ich jetzt auf eine Untersuchung eingehen, die die semantische Struktur des mentalen Lexikons in unterschiedlichen referentiellen Situationen zum Gegenstand hat[16] (Leuninger, 1986a; 1987a). Es wurde zunächst von der eher trivialen Beobachtung ausgegangen, daß Sprecher in vielen Alltagssituationen erfolgreich referieren können, ohne eine spezifische Bezeichnung zu wählen. „Dort stehen doch deine Schuhe" geäußert in einer typischen Bekleidungssituation, wo in einem chaotischen Zimmer die Schuhe wieder einmal unter einem Berg von T-Shirts verschwunden waren, es aber sonst keine Schuhe gab, ist kommunikativ angemessen. Hier ist es kommunikativ nicht notwendig, etwa den Ausdruck *Stiefel* zu verwenden. Wir könnten also davon ausgehen, daß die Spezifizierung eines Konzepts durch ein Hyponym eine Funktion des Kontextes, der referentiellen Wahrnehmungsalternativen ist.

Etwas weniger trivial war die von uns aus dieser Beobachtung abgeleitete Frage, ob sich nach Maßgabe der Zunahme der referentiellen Alternativen

---

[16] Die Tests wurden von den Sprachtherapeutinnen am Otto-Fricke-Krankenhaus, Bad Schwalbach, Ulli Kling-Lünser, Claudia Neubert und Michaela Zeh-Hau, durchgeführt, denen ich hier ganz herzlich danke. Mein Dank gilt auch dem Chefarzt dieser Klinik, Herrn Dr. Schneider, für seine freundliche Unterstützung.

auch eine Tendenz in Richtung von (Ober)begriff zu Hyponym experimentell feststellen ließ.

Testmaterial
Gelegentlich wird behauptet, daß die Gebrauchshäufigkeit von Items sprachliche Leistungen beeinflußt. Es wird auch angenommen, daß es in einem semantischen Feld besonders typische Hyponyme gibt. Schließlich gibt es die von Rosch u. a. durchgeführten, mittlerweile paradigmatisch gewordenen Experimente bezüglich der Frage, ob im System klassifikatorischer Beziehungen ausgezeichnete, fundamentale, sog. Basiskonzepte vorkommen: Ohne hier schon auf Details eingehen zu wollen, möchte ich doch kurz anmerken, was sich in diesen Experimenten herausgestellt hat: Basiskonzepte nehmen innerhalb von klassifikatorischen Systemen „mittlere" Positionen ein. Ein Beispiel dafür ist *Hund* in der Hierarchie Tier-Hund-Pudel. Sie werden u. a. früher als die anderen erworben und am häufigsten zum Referieren verwendet (vgl. dazu das folgende und Punkt 5). Die Faktoren Gebrauchshäufigkeit, typische Exemplare und Basiskonzepte haben wir in einem Vortest mit 30 Linguistikstudenten geklärt. Wir haben danach 9 Oberbegriffe ausgewählt mit je einem Unterbegriff: Schuhe-*Stiefel*, Blume-*Stiefmütterchen*, Spielzeug-*Ball*, Gebäude-*Fabrik*, Gemüse-*Zwiebel*, Vogel-*Eule*, Fahrzeug-*Auto*, Straße-*Autobahn*, Fisch-*Hai*, wobei wir für den Oberbegriff die Kategorie „manchmal für den Unterbegriff verwendet" und „gebräuchlich" konstant hielten und die Beziehung hinsichtlich des Kriteriums paßt/paßt nicht variierten, um so zu garantieren, daß wir kein experimentelles Artefakt erhielten i. d. S., daß es bloß aufgrund des Testitems eine Tendenz gibt, Ober- bzw. Unterbegriffe zu verwenden.

Testaufbau
Zu den 9 Items wurden farbige Bilder hergestellt. Die Bilder wurden zweimal, beim zweiten Mal in veränderter Reihenfolge gezeigt. Zwischen die beiden Durchgänge wurden Ablenker geschaltet. Während im ersten Durchgang nur die durch die besagten Begriffe bezeichneten Gegenstände benannt werden sollten, sollte im zweiten Durchgang derselbe Gegenstand im Kontext zweier anderer Begriffe aus demselben semantischen Feld (also Kohyponyme) benannt werden. Mit diesem zweiten Durchgang wollten wir überprüfen, welche Rolle referentielle Alternativen bei der Benennung spielen:
1. Erleichtern oder erschweren sie die Benennung (letzteres wäre, wie wir im vorangegangenen ja gesehen haben, zu erwarten).
2. Führen sie zu einer spezifischeren Bezeichnung, etwa dergestalt, daß ein Stiefel, isoliert dargeboten, mit *Schuh* bezeichnet wird, was ja in bezug auf die Kommunikation die Referenz hinreichend sichern würde, im Kontext semantisch ähnlicher Alternativen jedoch mit *Stiefel* bezeichnet wird.

Testpersonen
Getestet wurden 10 Wernicke-Aphasiker, 5 weibliche und 5 männliche Personen, im Alter von 48–78 Jahren. Die Krankheitsursache war ausschließlich vaskulärer Natur.

Transkriptionssystem
Wir haben zur Vereinfachung der Datenauswertung und zur Sicherung unserer eigenen Intuitionen ein Transkriptionssystem entwickelt, aus dem die ersten groben Einschätzungen der Fehlleistungen bereits hervorgehen. Alle Urteile, die in der Transkription Eingang fanden, wurden von unserer Gruppe diskutiert, wobei häufig auch unklare Fälle übrigblieben. Hier ein Beispiel für eine Transkription:

(98) Zielwort: Hai

HAI	richtige Benennung
+Fisch+	Oberbegriff
Karpfen	Kohyponym
zum Essen	situativ-referentiell
/hau/	lautlich verzerrte Realisierung
/mik/	kein erkennbarer Bezug zum Zielwort
Ø (Hai)	keine Reaktion
Traktor	keine (partiell) angemessene Reaktion
Hai	1+n Versuch
	(Dieses Kriterium haben wir hinzugenommen, weil ja bekanntermaßen die Wernicke-Leistungen häufig durch die „conduite d'approche" auffallen. Wir wollten sehen, welche Strategien gewählt werden, um das gesuchte Wort zu finden.)

Diese noch sehr grobe Klassifikation haben wir in der Endauswertung noch um einige Nuancen verfeinert. Gemäß unserer Fragestellung unterschieden wir die Reaktionen in Isolation und im Kontext referentieller Alternativen. Bei den nicht korrekt benannten Items unterschieden wir in Ø-Reaktionen und Reaktionen, die in folgender Beziehung zum Zielwort standen:

(99) (i) Klassifikatorische Beziehungen
Ziel: *Eule*
1. Kohyponym (K): Papagei
2. Oberbegriff (O): +Vogel+

(ii) Situativ-referentielle Beziehungen (SR):
Ziel: *Zwiebel*: Zitrone, Salat, schneiden
Fabrik: Fabrikstraße
Hai: Wilder Fisch[17]

Insgesamt ergaben die Benennungen der 10 Wernicke-Aphasiker folgende Verteilung:

---

17 Alle im strengen Sinne nicht-klassifikatorischen Beziehungen wurden in der Kategorie SR zusammengefaßt. Eine interne Differenzierung dieser Kategorie, etwa mit solchen Unterkategorien wie funktionale Charakterisierungen, Beschreibungen u. ä., wurde nicht vorgenommen, weil unsere Intuitionen nicht ausreichten, klare Unterscheidungen dazu zu treffen.

(100)	Isoliert		referentielle Alternativen	
	r	f	r	f
	63	27	58	32
	(70%)	(30%)	(64,4%)	(35,6%)

Bezüglich unserer Frage, ob der Kontext Benennungen erleichtert oder erschwert, gibt die obige Verteilung keine eindeutige Auskunft, obwohl eine geringe Tendenz dahingehend festzustellen ist, daß bei Zunahme semantisch ähnlicher Alternativen die Benennungsleistungen schwächer sind.

Gemäß unseren, an Stachowiaks Arbeiten orientierten Überlegungen bezüglich der Art, wie unser semantisches Lexikon organisiert ist, wollten wir überprüfen, welche Arten von Fehlbenennungen es gegeben hat:

(101)

	Isoliert	Referentielle Alternativen
Klass.P	K: 5 ⎱ 13 (48%) O: 8 ⎰	15 ⎱ 16 (50%) 1 ⎰
Sit.Ref.	3 (11%)	3 (9,4%)
Ø	11 (40,8%)	13 (40,6%)
Gesamt	27	32

In Übereinstimmung mit der im vorangegangenen dargestellten Forschung konnten wir finden, daß die Differenzierung semantisch ähnlicher Konzepte im internen Speicher den Wernicke-Aphasikern nicht hinreichend gelingt (ob es sich dabei um Zugangs- oder Systemdefizite handelt, möchte ich an dieser Stelle offenlassen). Klassifikatorische Paraphasien nehmen einen deutlich größeren Raum ein als situativ-referentielle. Ja, sie nehmen bei zusätzlichen bedeutungsähnlichen Alternativen prozentual ungefähr in dem Maße zu, wie situativ-referentielle Paraphasien abnehmen. Dazu ist außerdem auffällig, daß die klassifikatorischen Ersetzungen von Kohyponymen drastisch zunehmen, sie verdreifachen sich, während Oberbegriffe praktisch keine Rolle mehr spielen. Dies ist in der Tat eine für unsere psycholinguistisch motivierte Vermutung erstaunliche Bestätigung. Es scheint, daß die psycholinguistische Strategie erhalten ist i.d.S., daß bei Kontextaufgaben nach spezifischeren Ausdrücken gesucht wird, die kommunikative Intention jedoch aufgrund des defizitären Lexikons nicht angemessen realisiert werden kann (vgl. z.B. (103) (iii)).

Hier ein paar Beispiele:

(102)

	Ziel	klass. Paraphasie	situativ-ref. Paraphasie
	Fabrik	Werkstatt	Werkstück; Schornstein, LKW
	Hai	Fisch, Wal, Aal, Hecht	wilder Fisch
	Stiefmütterchen	Blumen, Vergißmeinnicht, Veilchen	Natur, wo schöne große Blumen stehen

Weiterhin scheint mir interessant, sich einmal anzusehen, wie die einzelnen Items sich pro Patient im Kontext und in Isolation verhalten:

Patient WW
(103) (i)   Fabrik: isoliert: Werkstatt; im Kontext: Fabrik
  (ii) Stiefmütterchen: isoliert: Blume; im Kontext: Vergißmeinnicht
  (iii) Hai: isoliert: Fisch; im Kontext: Wal

Bei einigen Patienten gibt es also eine besonders starke Tendenz, sich nach Maßgabe der vermuteten Strategie zu verhalten.

Nun könnte man einwenden, daß bei den Kontextaufgaben nichts weiter gemacht wird, als ein anderes Element aus der dargebotenen Bilderreihe zu benennen. Daher haben wir die Fehlleistungen auch nach dem Kriterium: Kohyponym im Kontext vs. anderes Kohyponym ausgewertet: Dabei ergab sich, daß von 15 Fehlbenennungen ((101) (ii)) 5 solche kontextuellen Fehlleistungen waren (*Taube* für *Eule*; *Taube* war in der Auswahlmenge vorhanden), jedoch 10 keine kontextuellen Kohyponyme (*Wal* für *Hai*, *Vergißmeinnicht* für *Stiefmütterchen*: *Wal* und *Vergißmeinnicht* gehörten nicht zu den abgebildeten Alternativen).[18]

Welche Suchstrategien lassen sich feststellen, wenn Wernicke-Aphasiker zu dem Zielwort über Zwischenschritte gelangen („conduite d'approche")? Zunächst die Verteilung insgesamt:

(104) 1+n Versuch
	isoliert	kontextuell
Ges: 63	8 = 12,7 %	1 = 1,6 %

Offenkundig versuchen die Probanden dann, wenn Items in Isolation benannt werden sollen, sehr viel häufiger als bei der kontextuellen Aufgabe, das Zielwort zu erreichen. Dies ist, so glaube ich, eine wenn auch relativ indirekte Bestätigung der Annahme, daß die sprachlichen Leistungen ohne die offenbar verwirrenden Alternativen sicherer und besser sind. Schauen wir uns hierzu noch die Verteilung der einzelnen Annäherungsschritte an:

(105)
		Isoliert	kontextuell
(i)	semantische Annäherung	3	1
(ii)	sit. ref. Annäherung	3	
(iii)	formale Annäherung	0	
(iv)	kombinierte Annäherung	2	

Hierzu zur Verdeutlichung auch einige Beispiele (auffällig ist, daß wir keine formalen Annäherungen, also solche über die Lautstruktur, in unseren Daten hatten; da wir aber so wenige „conduites" hatten, läßt sich daraus nichts ableiten):

  (i) Eule (Uhu): Papagei, *Uhu* (über ein Kohyponym)
      Hai: Fisch, *Hai* (über einen Oberbegriff)

---

[18] Wegen der geringen Anzahl läßt sich kaum etwas über die situativ-referentiellen Paraphasien sagen.

(ii) Fabrik: Auto, Leute, Wohnen und Arbeiten, Parken, *Werk* (über situativ-referentielle Charakterisierung)
(iv) Stiefel: Schuhe, aber groß *Stiefel* (Kombination aus Oberbegriff und semantischen Merkmalen)

Ein Abdriften nach Auffinden des Zielwortes hat es nie gegeben.

Bezüglich unserer eingangs gestellten Fragen können wir also zusammenfassend folgende Einschätzungen geben:
1. Semantisch ähnliche referentielle Alternativen erschweren die Benennleistungen.
2. Das Vorhandensein von Kontextalternativen löst zwar die psycholinguistische Strategie der Spezifizierung aus, diese ist aufgrund der semantischen Defizite allerdings nicht immer erfolgreich.

So bleibt uns nur noch die Klärung der Frage, welche Items generell (isoliert und kontextuell) am schwierigsten und welche am leichtesten waren, bzw. wie dies mit unseren Vermutungen über Prototypie und Basiskonzepte zusammenhängen kann. Dabei ergab sich folgende Datenstruktur, die ich hier als Rangordnung darstellen möchte:

(106)

Item	Fehler	Schweregrad ($1 < 6$)
Zwiebel Auto	3	1
Eule Ball Stiefel	4	2
Fabrik	8	3
Autobahn	9	4
Stiefmütterchen	10	5
Hai	14	6

Nach unserem Vortest ergab sich folgende Rangordnung bezüglich der Frage, ob der Unterbegriff zum Oberbegriff gut paßt oder nicht, d. h. ob es sich dabei um typische bzw. weniger typische Exemplare einer Gattung, eines Bereichs handelt (das ist die Prototypie-Relation):

(107)

Item	paßt (N = 30)	Rang +Prototyp $<$ −Prototyp
Auto	27	1
Fabrik Ball	17	2
Stiefel	16	3
Autobahn	13	4
Zwiebel	6	5
Eule Stiefmütterchen	5	6
Hai	4	7

Vergleicht man (106) mit (107), so erkennt man ganz gut, daß diejenigen Elemente, die sich im Vortest als die am wenigsten typischen Exemplare herausgestellt hatten, auch die fehleranfälligsten waren und eines der am besten passenden Elemente (*Auto*) das, welches am wenigsten fehleranfällig war. Ansonsten finden wir nur annähernde Ähnlichkeiten, am deutlichsten weicht *Zwiebel* ab.

Die Diskussion der Prototypie-Relation geht zurück auf ein Experiment von Labov (1973), in dem herausgefunden wurde, daß Konzepte vage sind und ihre Abgrenzung zu anderen Konzepten unscharf (fuzzy) ist (vgl. Lenneberg, 1972).

In (108) sind die den Testpersonen präsentierten Exemplare aufgezeichnet. Dabei hat sich ergeben, daß nur dann, wenn die gezeichneten Exemplare eine bestimmte Norm perzeptueller Merkmale aufwiesen, sie auch eindeutig als *Tasse, Glas, Schale* benannt werden konnten. Nur solche Exemplare galten als prototypische Exemplare:

(108)

Übergänge zwischen Glas, Tasse und Schale nach Labov (1973)

In diesem Zusammenhang hat es dann eine Vielzahl von Experimenten mit Aphasikern gegeben, eines davon ist für unsere Beobachtungen besonders interessant. Grossman (1978) nämlich ließ vier Patienten mit Broca-Aphasie und drei Patienten mit Wernicke-Aphasie jeweils 60 Sekunden lang zu 10 Oberbegriffen so viel Hyponyme wie möglich aufzählen, was zu folgendem Ergebnis führte: Wernicke-Patienten erwiesen sich als besonders sensibel für prototypische Hyponyme, wobei ich mit Rosch u. a. (1976) unter Prototypen diejenigen Kategorien verstehen möchte, die mit den sog. Basiskategorien die meisten Eigenschaften teilen; aufgrund dessen wurden sie auch von unseren Testpersonen im Vortest als diejenigen eingestuft, die am besten zum Oberbegriff paßten.

„Dies erweitert unsere bisherige Erkenntnis, daß nämlich die Hyponymie-Relation, auch unter der Bedingung einer Aphasie, eine der stabilsten im Lexikon ist, um folgende Tatsache: innerhalb dieser Hyponymie-Relation gibt es eine Gewichtung; manche Beziehungen zwischen Oberbegriff und Hyponym sind weniger störanfällig als andere, und dies sind diejenigen, bei denen das Hyponym ein prototypisches Exemplar bezeichnet." (Stachowiak, 1979, S. 177)

Kommen wir nun zum wirklich allerletzten Aspekt unseres Fragenkomplexes, den Basiskonzepten und ihrer Rolle im Sprachgebrauch.

Was versteht man unter Basiskategorien? Betrachtet man mögliche taxonomische Organisationen von Gegenständen in der Welt, so erhält man bestimmte Inklusionsbeziehungen, wie Rosch u. a. argumentieren (1976). Je größer die

Inklusivität ist, um so höher ist die Abstraktionsebene. Ein vertrautes Beispiel sind z. B. biologische Klassifikationen wie Tier-Hund-Pudel. In 12 Experimenten konnte gezeigt werden, daß es eine Basisebene der Abstraktion gibt, auf der Kategorien am informationsreichsten und am deutlichsten von anderen Kategorien unterschieden sind. So wurde z. B. überprüft, ob diesen Basiskategorien die meisten Attribute, die meisten motorischen Bewegungen und die höchste Gestaltähnlichkeit zukam. Reizmaterial waren Kategorien aus nichtbiologischen und biologischen Klassifikationen; unter den insgesamt 90 Items waren beispielsweise:

(109)   Übergeordnet   Basisebene   Untergeordnet

(i) nicht-biologische Klassifikationen

     Fahrzeug (vehicle)   Auto (car)   Sportauto (sports car)
                                                 4-türige Limousine
                                                 (4door sedan car)

                          Bus (bus)   Stadtbus (city bus)
                                                 Überlandbus
                                                 (cross country bus)

(ii) biologische Klassifikationen

     Fisch (fish)   Barsch (bass)   Seebarsch (seabass)
                               Forelle (trout)   Regenbogenforelle
                                                   (rainbowtrout)

(Rosch u. a., 1976, S. 388)

Es zeigte sich, daß in statistisch signifikanter Weise die 200 Testpersonen a) den Basiskonzepten der nicht-biologischen Klassifikationen die meisten Eigenschaften zuschrieben und sich b) die übergeordneten Ebenen der biologischen Klassifikationen experimentell als Basisebenen erwiesen, so daß dann in den weiteren Experimenten folgende Taxonomien verwendet wurden: *Tier* (übergeordnet) − *Katze, Hund, Fisch* usw. (Basiskonzepte).

Exemplarisch will ich die Ergebnisse einiger weiterer in Rosch u. a. (1976) dargestellten Experimente skizzieren:

Identifikation und Referenz: Testpersonen waren schneller in der Lage, zwei visuelle Reize zu vergleichen, wenn das kurz vor der visuellen Präsentation gegebene Wort ein Element der Klasse der Basiskonzepte war („priming" = Voraktivierung), als wenn es den übergeordneten Kategorien angehörte. Testpersonen verwenden drastisch häufiger Basiskategorien zur Bezeichnung von Objekten, die allen drei Ebenen angehörten (übergeordnet, Basis, untergeordnet) als die anderen Konzepte. Häufigkeit und subjektive Kenntnisse spielten dabei keine Rolle.

Erwerb: In Sortiertests mit Testpersonen im Alter von 3−4 Jahren und 5−10 Jahren erwies sich, daß alle Altersklassen praktisch perfekt Gegenstände nach basiskategorialen Kriterien sortieren konnten, wohingegen 3-jährige Kinder nur mit 55 % korrekt nach übergeordneten Kriterien, 4-jährige dann mit 99 % korrekt sortieren konnten. Dies spricht wohl dafür, daß solche Konzepte zu den ganz frühen Kenntnissen im Spracherwerb gehören. Die Analyse der Spracherwerbsprotokolle aus Brown (1973), welche die Spontansprache der Anfangsphase der sprachlernenden Sarah enthalten, ergab, daß Basisnamen die einzigen Bezeichnungen in diesem frühen Stadium waren.

In unseren Daten haben wir in bezug auf Prototypie und Basiskonzepte folgende Verteilung gefunden; die Tabelle gibt eine Übersicht über Fehlbenennungen und Ersetzungen durch Oberbegriff bzw. Basiskonzepte:

(110)
Item	Fehleranzahl	Basiskonzepte	Rang → Fehler/Prototypie
Zwiebel	3	–	1/5
Auto	3	–	1/1
Eule	4	–	2/6
Ball	4	–	2/2
Stiefel	4	1	2/3
Fabrik	8	–	3/2
Autobahn	9	–	4/4
Stiefmütterchen	10	2	5/6
Hai	14	6	6/7

Man kann also hier den vorsichtigen Schluß ziehen, daß dann, wenn das Hyponym am wenigsten prototypisch ist, am häufigsten auf das Basiskonzept ausgewichen wird, das ja, wie wir gesehen haben, besonders zugänglich ist. Besonders auffällig sind *Stiefmütterchen* und *Hai*; die häufige Ersetzung durch *Blume* bzw. *Fisch* spricht in der Tat dafür, daß letztere auch bei Störung durch Aphasie eher erhalten sind als die Kohyponyme.

Hiermit wollen wir unsere Diskussion der Wernicke-Aphasie beenden.

Abschließend möchte ich noch ein paar generelle, und im wesentlichen methodologisch-spekulative Bemerkungen zu Punkt 5), der psychologischen Realität von semantischen Merkmalen, zum Aufbau des inneren Lexikons und zu dessen Verwendung machen.

Zu 5) Das mentale Lexikon
In den im vorangegangenen angestellten Überlegungen schien stillschweigend unterstellt, man könne semantische Eigenschaften und Relationen nicht nur beobachtungsangemessen charakterisieren, sondern auch so weit theoretisch erfassen, daß man dazu eine formal akzeptable und empirisch angemessene Theorie erstellen kann. Es hat sich allerdings im vergangenen Jahrzehnt gezeigt, welche nach Meinung vieler Sprachphilosophen und Linguisten schier unüberwindbare erkenntnistheoretische, methodologische und empirische Probleme dem Bedeutungstheoretiker allenthalben begegnen.

Um welche Arten von Semantiktheorien handelt es sich dabei? Unter der großen Vielfalt von Ansätzen wähle ich hier die semantische Theorie von Katz (Katz, 1972; erste Version in Katz/Fodor, 1963 und Katz/Postal, 1964) aus, weil sie einer der wenigen präzisen Ansätze innerhalb dieses Forschungszusammenhangs ist; es ist dies eine Theorie über semantische Marker, semantische Eigenschaften von und Beziehungen zwischen Ausdrücken und Propositionen.[19]

---

19 Unter Propositionen verstehe ich die Bedeutung, die mit einem Satz mitgeteilt wird; so unterscheiden sich zwar unser *Hans liebt Maria* und *Maria wird von Hans geliebt* in ihrer Satzform, sie drücken jedoch dieselbe Proposition aus.

Ausgangspunkt der Semantiktheorie sind intuitive Urteile über gewisse konstante Eigenschaften, z. B.

(111) (i) Synonymie und Paraphrase, also die Relation „x ist bedeutungsgleich mit y", gilt für *Faust* und *geballte Hand* (Synonymie) und für *Hans liebt Maria* und *Maria wird von Hans geliebt* (Paraphrase).
 (ii) Semantische Ähnlichkeit: *Tante, Schwester, Frau, Henne, Kuh, Nonne* sind sich in bezug auf gewisse Bedeutungsaspekte gleich.
 (iii) Semantische Anomalie und Wohlgeformtheit: *Hans liest ein Buch* ist semantisch wohlgeformt, während *Der Schatten liest ein Buch* semantisch anomal ist.
 (iv) Ambiguität liegt vor bei Ausdrücken wie *Schloß, Ball* u. a., ebenso wie bei Sätzen wie *Das Schloß ist groß* und *Der Ball gefällt mir gut*.
 (v) Analytische Wahrheit gilt allein aufgrund der sprachlichen Bedeutungsstruktur von Sätzen: *Könige sind Monarchen, Zitronen sind Früchte, Katzen sind Tiere*, also unabhängig von der (kontingenten) Beschaffenheit der Welt. Solche Sätze unterscheiden sich daher von synthetischen Sätzen, über deren Wahrheitswert ein Linguist nichts sagen kann, weil Wahrheit aufgrund der besonderen Beschaffenheit der Welt festgestellt werden muß (wobei natürlich auch solche Sätze bestimmte Wohlgeformtheitsbedingungen erfüllen müssen).

Zur Rekonstruktion dieser (u. a.) Eigenschaften benötigen wir einen formalen Apparat, der
a) die Bedeutung der einzelnen Wörter (ihre Lesart) und
b) die abgeleitete Lesart von zusammengesetzten Ausdrücken (z. B. Nominalphrasen wie *roter Ball* und natürlich Sätzen)
erfolgreich zu charakterisieren erlaubt.

Die Bedeutung von Wörtern wird als eine Menge von Konzepten aufgefaßt, die mithilfe von sog. semantischen Markern ausgedrückt wird: „Semantic markers represent the conceptual constituents of senses in the same way in which phrase markers represent the syntactic constituents of sentences." (Katz, 1972, S. 37)

Wir sagen, daß Ausdrücke in ihre Bedeutungsbestandteile dekomponiert werden. *Stuhl* z. B. soll folgende (noch vorläufige) Markerstruktur haben (Katz, 1972, S. 40):

(112) (Objekt) (Physisch) (nicht belebt) (Artefakt) (Möbel) (tragbar) (mit Beinen) (mit einer Lehne) (mit einem Sitz) (einsitzig)

Fortsetzung Fußnote 19
 Ob mit Aktiv/Passivpaaren immer Synonymie verbunden ist, will ich hier nicht problematisieren, aber doch darauf hinweisen, daß möglicherweise in Sätzen mit Quantoren („expliziten" oder „impliziten") mit der Passivierung Bedeutungsunterschiede einhergehen könnten. So bedeutet *Biber bauen Dämme*, daß es eine Eigenschaft von Bibern ist, Dämme zu bauen. Der Satz ist auch dann wahr, wenn faktisch kein Biber einen Damm baut. Diese Interpretation trifft auf die passivierte Form vermutlich nicht zu, ja, der Passivsatz ***Dämme werden von Bibern gebaut*** ist in der analogen Interpretation falsch, weil es sicher keine Eigenschaft von Dämmen ist, von Bibern gebaut zu werden.

Einige der Marker bezeichnen selbst noch komplexe Konzepte, und es soll im Prinzip möglich sein, daß diese weiter in „atomare" Konzepte aufgelöst werden können. Repräsentationen wie (112) nennt man Wörterbuch- oder Lexikoneinträge. Ein solcher Wörterbucheintrag enthält aber noch weitere Informationen, so
a) die Zugehörigkeit eines Items zu einer syntaktischen Kategorie: Stuhl: [+N]
b) Selektionsbeschränkungen; z. B. für Verben; *lesen* muß im Lexikon so vermerkt werden, daß z. B. das Subjekt eines Satzes, in dem *lesen* vorkommt, für den Marker (Human) spezifiziert ist, so daß unser *Der Schatten liest ein Buch* ausgeschlossen werden kann. Formal würde dies mithilfe sog. kategorisierter Variablen ausgedrückt, welche konfigurational die grammatischen Funktionen angeben, die semantisch spezifiziert sind; für unser Beispiel hieße dies:

(113) lesen: [+V]; konzeptuelle Struktur von *lesen* und
 ([NP, S])
 X
 ⟨(Human)⟩

Das Vokabular der semantischen Komponente einer Grammatik enthält, wie man aus (113) sehen kann,
a) eine endliche Menge formaler Symbole:
 „( )" schließen semantische Marker ein
 „⟨ ⟩" drücken Selektionsbeschränkungen aus
b) eine endliche Menge von semantischen Markern.[20]
Mithilfe einer sehr elaborierten Version der unter a) und b) angegebenen Maschinerie lassen sich die in (111) aufgelisteten Eigenschaften formal charakterisieren:

(114) (i) zwei Konstituenten haben eine Lesart, die sie teilen
 (ii) zwei Konstituenten teilen einen semantischen Marker[21]
 (iii) einem Ausdruck kann keine Lesart zugewiesen werden
 (iv) einem Ausdruck wird mehr als eine Lesart zugewiesen
 (v) (informell und unvollständig): semantische Marker des Prädikatsausdrucks sind in der Menge der semantischen Marker des Subjektausdrucks enthalten.

Wenn auch Katz (1972) die Frage nach dem ontologischen Status der durch die Marker bezeichneten Konzepte und durch abgeleitete Lesarten repräsentierten Propositionen (bei Frege: Begriff und Gedanke) offenläßt[22], so sollen

---

20 Da die semantische Interpretation auf zugrundeliegenden syntaktischen Repräsentationen operiert, erhält sie auch die in der Syntaxtheorie definierten grammatischen Relationen wie [NP, S] = Subjekt des Satzes. Die Inkorporation der kategorisierten Variablen in das Lexikon ermöglicht es, das kompositionelle Prinzip ohne zusätzlichen Regelapparat zu erfüllen.
21 (i) und (ii) muß genaugenommen so gelesen werden: mindestens zwei ... teilen mindestens einen ...
22 Sie könnten z. B. einen objektiven ontologischen Status haben wie mathematische Objekte und Operationen (eine Position, die Katz (1981) eindeutig eingenommen hat), oder sie könnten das mentale Bindeglied sein, das eine linguistische Theorie bei

doch die semantischen Beschreibungen von der Art sein, daß für einen (kompetenten) Sprecher diese (kognitiven) Informationen real sind, ihm zur Verfügung stehen, wenn er die unter (111) aufgezählten Urteile abgibt und wenn er erfolgreich auf Gegenstände referieren will. M.a.W., für die Validität der Semantiktheorie à la Katz würde ausreichen, daß sie erfolgreich diese Aspekte des Verhaltens kompetenter Sprecher zu prognostizieren in der Lage ist. Gegen zwei Aspekte dieses Ansatzes sind bestimmte Einwände vorgebracht worden:
    a) die Verallgemeinerung der Dekomposition;
    b) die psychologische Realität der Dekomposition.

Zu a) Wie bereits angedeutet, muß es im Prinzip möglich sein, jedem Ausdruck eine endliche Menge semantischer Marker zuzuordnen, die seinen Sinn oder seine Intension charakterisieren und die somit erfolgreiche Referenz garantieren. Putnam (1970; 1975) hat dagegen u. a. vorgebracht, daß nicht alle Prädikate in natürlichen Sprachen auf diese Weise vollständig beschrieben werden können; es könnte sich z. B. herausstellen, daß Katzen Roboter sind oder Zitronen mal gelb, mal blau sind, daß mithin mit solchen Ausdrücken keine analytischen Sätze gebildet werden können: Die Sätze *Katzen sind Tiere* oder *Zitronen sind gelb* wären dann synthetische Sätze, da sie falsifizierbar sind; die in ihnen vorkommenden Ausdrücke sind natürliche-Art-Prädikate, und die Eigenschaften der durch sie bezeichneten Gegenstände (deren sog. verborgene Struktur) können nur in den jeweilig zuständigen Einzelwissenschaften herausgefunden werden. Im Normalfall verfügen wir Sprecher nur über Stereotype (naive Theorien über die besagten Gegenstände), es könnte aber sein, daß Sprecher Friedhelm B. mit Zitrone die Eigenschaft gelb und Sprecherin Ludwina F. mit Zitrone die Eigenschaft blau verbindet, weil Friedhelm immer reife Mitglieder kennengelernt, Ludwina aber immer (abnormale) blaue Mitglieder dieser Frucht kennengelernt hat. Streitigkeiten darüber, ob diese Früchte nun wirklich Zitronen sind, lassen sich (arbeitsteilig) nicht vom Linguisten, sondern vom biologischen Experten entscheiden. Daher ist ein Satz wie *Zitronen sind gelb* kein analytischer Satz. Ausdrücke wie *Junggeselle* andererseits können in analytischen Sätzen vorkommen; solche Ausdrücke nennt Putnam „one criterion words".
    Sollten solche Überlegungen stichhaltig sein, dann können
— der Allgemeinheitsanspruch der Dekomposition aller sprachlichen Ausdrücke,
— die Annahme, daß die Sinnstruktur, die Intension, die Referenz bestimmt, und in Konsequenz
— die Annahme der Endlichkeit konzeptueller Repräsentationen
nicht aufrechterhalten werden.
    Zu beurteilen, wie skurril oder aber im Gegenteil wie relevant derlei Überlegungen sind, stelle ich dem Leser anheim.

Fortsetzung Fußnote 22
    der Ausarbeitung der Beziehung zwischen neuronalen Strukturen und Verhalten bereitstellt (Katz, 1964).

Zu b) Für wesentlich folgenreicher halte ich den im folgenden skizzierten Komplex von Einwänden aus der Psycholinguistenecke gegen die psychologische Realität der Dekomposition.

(115) If practically all of the men in the room are $\begin{Bmatrix} \text{(i) not married} \\ \text{(ii) bachelors} \end{Bmatrix}$, then few of the men in the room have wives.

(Wenn praktisch alle Männer in dem Raum nicht verheiratet/Junggesellen sind, dann haben wenige der Männer in dem Raum Ehefrauen)

Verstehen wir, wenn wir Variante (i) hören, so etwas wie (ii)? Wenn Dekomposition psychologisch real sein soll, dann müßte sich zwischen (i) und (ii) ein signifikanter Zeitunterschied ergeben: (ii) sollte schneller verarbeitet werden.[23]

Dies hat sich jedoch in dem hier zugrundegelegten Experiment von Fodor u. a. (1975) nicht gezeigt, denn die Variante (i) wurde sogar schneller verarbeitet als (ii). Dies hieße aber, daß die dekomponierten Lexikoneinträge psychologisch nicht real sind i.d.S., daß sie beim aktuellen Sprachverwenden keine Rolle spielen.

Nun gibt es ja notorische Probleme mit psycholinguistischen Daten, wenn sie zur Bestätigung bzw. Falsifikation von Kompetenztheorien herangezogen werden sollen. Z. B. könnte es durchaus sein, daß Testpersonen bei solcherart Testaufgaben, also unter Zeitdruck, gar nicht ihr semantisches Wissen zurateziehen, sondern abkürzende, heuristische Verfahren verwenden. Dies und ähnliches hat Katz (1977) gegen das Experiment von Fodor u. a. (1975) eingewendet; ergo muß man andere Arten von Daten haben; eine ausgezeichnete Klasse solcher Daten sind intuitive Urteile, für welche die Probanden beliebig viel Zeit haben. Fodor u. a. (1980) haben ein solches Experiment durchgeführt mit anderem Stimulusmaterial, was aber, wie die obigen Nomina, eine dekompositionelle Struktur haben soll, u. a. sog. Kausativverben. So wird allgemein angenommen, daß

(116) (i) John killed Mary

eine semantische Repräsentation wie

(ii) John caused Mary to die

zugrundeliegt:

(iii)

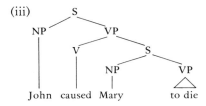

---

23 Die Testaufgabe bestand darin, den Wahrheitswert von solchen Sätzen wie (115) (i) und (ii) zu beurteilen; gemessen wurde dabei die Zeit, welche die Testpersonen benötigten, um zu ihrem Urteil zu gelangen.

Kontrastiv dazu sind die semantischen Verhältnisse bei

(iv) John hit Mary

so, daß die grammatischen Funktionen der semantischen Repräsentationen im Vergleich zur oberflächlichen Satzform sich nicht verändern. M. a. W., bei Sätzen wie (i) haben wir aufgrund der Dekomposition von *kill* einen Wechsel der grammatischen Funktionen

von der Oberflächenstruktur:	John:	Subjekt
	Mary:	*Objekt*
zur semantischen Repräsentation:	John:	Subjekt
	Mary:	*Subjekt*

Diese Verben werden „shift"-Verben genannt; Verben wie *hit* sind demgegenüber keine shift-Verben.

Minimalpaare dieser Art wurden u. a. in einem Hierarchical Clustering Analysis (HCA)-Test getestet (die Frage lautete: Was gehört am engsten zusammen?). Träfe die Kausativanalyse zu, so dürften *kill* und *Mary* nicht als so eng zusammengehörig beurteilt werden wie *hit* und *Mary*. Dies hat sich aber nicht herausgestellt, die HCA-Ergebnisse für beide Satzformen waren dieselben.

Das ist in der Tat ein für dekompositorische Ansätze bedrohliches Ergebnis: Auch bei zeitlich nicht beschränkten intuitiven Urteilen zeigen sich keine Reflexe semantischer Dekompositionen![24]

Sie zeigen sich nicht nur nicht, sie sind auch nicht machbar i. S. endlicher Wörterbucheinträge, (ein Punkt, den wir im Zusammenhang mit Putnam schon angedeutet haben) so argumentiert Fodor (1981b). Den dort vorgeführten exemplarischen Fall fand ich derart illustrativ, daß ich ihn hier relativ ausführlich darstellen möchte (vgl. Fodor, 1981b, S. 285 ff.). George Miller (1978) schlägt vor, bestimmte aus Nomina abgeleitete Verben (etwa *paint, butter, color*) wie folgt zu analysieren:

(117) x bedeckt die Oberfläche von y mit M.

Der dekompositorische Apparat zur Konstruktion z. B. des transitiven Verbs *paint* enthält das Nomen *paint* und die Konzepte COVER, SURFACE, WITH sowie formale Verknüpfungsregeln. Diese Dekomposition führt aber nicht zum erwünschten Ergebnis. Wieso? (Wohlgemerkt: Der Witz an solchen Dekompositionen ist der, daß auf alle Fälle, auf die *x paints y* zutrifft, auch *x covers the surface of y with paint* zutreffen muß):

1. Fall: Eine Farbenfabrik explodiert, so daß die Passanten mit Farbe vollgespritzt (bedeckt) werden. Dennoch können wir nicht sagen: The explosion painted the spectators.

Folge: Das x in Definition (117) muß als Agens spezifiziert werden:

---

[24] Genaugenommen ist diese Art von Dekomposition von etwas anderer Art als jene, die (115) zugrundeliegt. Denn die dekompositorische Analyse von Kausativen wie in (116) führt zu anderen syntaktischen Strukturen, was aus einer lexikalischen Dekomposition wie in (115) nicht notwendig folgen würde.

(117'): *x paints y* genau dann, wenn x ist ein Agens und x bedeckt die Oberfläche von y mit Farbe.

2. Fall: Michelangelo, sicher Agens, hat zwar die Decke der Sixtinischen Kapelle mit Farbe bedeckt, er hat sie aber nicht angestrichen.
Folge: Die Definition (117') muß so erweitert werden:

(117"): *x paints y* bedeutet: x ist ein Agens und x bedeckt die Oberfläche von y mit Farbe und x's primäre Intention bei seiner Aktivität bestand darin, daß die Oberfläche von y mit Farbe bedeckt wird.

Unser Ausdrucksvokabular ist schon ganz erheblich angewachsen, und man sollte annehmen, daß (117") die letztendliche dekompositorische Struktur von *paint* ist. Aber:

3. Fall: Stellen wir uns vor, daß Michelangelo seinen Pinsel in den Farbtopf steckt, somit die Oberfläche seines Pinsels mit Farbe bedeckte, dies sogar seine primäre Intention war: „But MICHELANGELO WAS NOT, FOR ALL THAT, PAINTING HIS PAINTBRUSH." (Fodor, 1981b, S. 288).

Weitere Fälle will ich hier nicht untersuchen, sie würden aber sicherlich zu einem weiteren Anwachsen des Dekompositionsvokabulars führen; d. h. der Versuch, eine endliche dekompositorische Repräsentation für Lexikoneinheiten zu finden, scheint nicht zum Erfolg führen zu können, ein wahrhaft vernichtendes Urteil.

Nicht nur für linguistische und psycholinguistische Aspekte, sondern auch für Fragen des Erwerbs von Konzepten sind nach Fodor (1981b) und Fodor u. a. (1980) solche Erwägungen von Belang. Wenn es doch unmöglich ist, komplexe Konzepte aus „einfacheren" zu konstruieren, so stellt sich a fortiori für das Kind das Problem, wie es zu seiner Konzeptkenntnis gelangen kann. Nach Fodor (1981b) ist es ganz vernünftig, und zwar u. a. aus den erwähnten methodologischen Schwierigkeiten heraus[25], davon auszugehen, daß ein Großteil der Konzepte angeboren ist und nur durch die (entsprechende) Erfahrung und im Rahmen eines gewissen Reifungsverlaufs ausgelöst wird. Diese nichtkonstruktivistische, nativistische Version des Konzepterwerbs ist Fodors Vorstellung einer rationalistischen Theorie des Wissenserwerbs. Empiristen andererseits sind Konstruktivisten, weil ihrer Ansicht nach zur angeborenen Fähigkeit bloß auf unsere sensorische Ausstattung reduzierbare Konzepte sowie vermutlich ein gewisses formales Vokabular gehören, mithilfe dessen Definitionen (Dekompositionen) aufgebaut werden können. Alle anderen Konzepte außer den sensorischen müssen daher vom Kind konstruiert werden. Die psychologische und systematische Unplausibilität dekompositorischer Modelle läßt nun aber vermuten, daß der Wissenserwerb so nicht vonstatten gehen kann.

25 Ich lasse hier die wichtigen Überlegungen in bezug auf die Erklärungsstärke von Wissenserwerbstheorien unberücksichtigt, wenn sie das entscheidende Erwerbsfaktum erklären wollen, nämlich den Übergang von „einfachen" zu „komplexen" Wissensstufen. Alle empiristischen konstruktivistischen Modelle müßten in der Lage sein zu erklären, wie es dem Kind gelingen kann, komplexe Konzepte zu konstruieren, ohne daß ihm das Vokabular dazu zur Verfügung steht; dies können sie nicht, und sie scheinen den Weg aller Induktivisten zu gehen, Richtung Inductive Fallacy.

Nun haben wir aber andererseits die Aphasiedaten, also Fehlbenennungen durch semantisch verwandte Begriffe wie Oberbegriffe oder Kohyponyme oder Versprecher ähnlichen Typs. Ist es denn nicht doch so, daß Dekompositionen psychologisch real sind? Ja, könnte es sogar so sein, daß wir nur mithilfe solcher Modelle diese Daten erklären können? Nach Fodor erzwingen diese Daten solche Merkmalsmodelle als der Sprachverarbeitung zugrundeliegende mentale Lexika nicht, sondern es ließe sich ebensogut, und aufgrund der eben angestellten Überlegungen plausibler und ökonomischer annehmen, daß die semantisch ähnlichen Konzepte in einem internen Speicher „nah" beieinander gespeichert sind und bei der Suche nach einem Konzept mehr als dieses eine „aktiviert" werden kann. Ein solches Modell ist das Netzwerkmodell (vgl. auch Leuninger, 1987a). „Eines der ersten und einflußreichsten Netzwerkmodelle des semantischen Gedächtnisses ist der „Teachable Language Comprehender" (TLC) von Quillian (1967; 1969)." (Wender u. a., 1980, S. 11). Es ist im Zusammenhang mit der künstlichen Intelligenzforschung entwickelt worden. Die Art der semantischen Wissensrepräsentationen und Suchverfahren sind in psychologischen Untersuchungen getestet worden. Das so entstandene Lexikon ist wie folgt aufgebaut:
1) Definition von Begriffen durch a) Zuordnung zu einem Oberbegriff: Ein Vogel ist ein Tier; und b) Zuordnung von wesentlichen Eigenschaften wie „das Flügel aus Federn hat und fliegen kann".
2) a) und b) werden in einem Netzwerk dergestalt repräsentiert, daß Begriffe und Eigenschaften Knoten sind, die durch gerichtete Pfeile (die assoziative Verknüpfungen ausdrücken) miteinander verbunden sind:

(118)

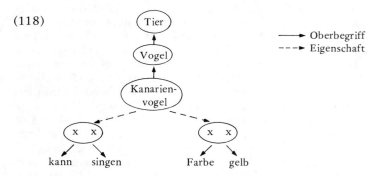

Sprachliche Ausdrücke sind zweifach organisiert:
1) phonetische und graphemische Merkmale sind in einem mentalen Lexikon gespeichert;
2) von 1. besteht eine Beziehung zum begrifflichen Netzwerk.
Hiermit läßt sich die Beobachtung erklären, daß bei Versprechern (Substitutionen) entweder 1. lautliche oder 2. begrifflich-semantische Beziehungen eine Rolle spielen (1. *Auspuff* ← *Ausdruck*; 2. *Möhren* ← *Erbsen*).

Eine, wenn man so will, psychologische Deutung erfährt die Katz'sche Merkmalstheorie in Modellen, wie sie etwa von Smith u. a. (1974) vorgestellt wurden. Dort wird etwa dem Begriff *Vogel* ein komplexer Eintrag mit den Markern (lebendig) (hat Federn) (kann fliegen) zugeordnet. Sprachsystematisch betrachtet, ist dies vermutlich bloß eine Notationsvariante des Netzwerkmodells. Der psychologisch kritische Unterschied bezieht sich auf die Konsequenzen für das Abrufen welcher (Teile von) Informationen sprachlicher Einheiten, sprich auf deren Verarbeitung. Während das Merkmalsmodell impliziert, daß beim Verarbeiten des Ausdrucks *Vogel* die mit ihm assoziierten semantischen Marker alle mitverarbeitet werden müssen, impliziert das Netzwerkmodell dies nicht. *Vogel* kann sozusagen ganz „oberflächennah" verarbeitet werden: „Der wesentliche Unterschied zwischen der Theorie von Collins/Quillian und den sogenannten Merkmalsmodellen besteht also darin, daß in der ersteren die Oberbegriff-Assoziation direkt gespeichert ist (prestorage), während sie bei den letzteren aus den Eigenschaften der Begriffe ‚berechnet' wird (computation)", bemerken Wender u. a. (1980, S. 13) ganz treffend. Dieser psycholinguistische Kontrast zwischen „Ablesen" und „Berechnen" ist relativ folgenreich, nicht nur für den hier diskutierten Zusammenhang zwischen Bedeutungstheorien, mentalem Lexikon und Sprachverarbeitung, sondern sogar für die Konzeption von Syntaxtheorien. So hat z. B. Bresnan (1978) argumentiert, daß die im Rahmen der generativen Grammatik postulierte „berechnende", also über Regeln definierte Beziehung, z. B. zwischen Aktiv- und Passivsätzen, u. a. auch aus den eben diskutierten psychologischen Erwägungen heraus aufgegeben werden soll zugunsten einer direkten Repräsentation im Lexikon. Damit wird die bereits erwähnte Uniformität der Lexikoneinträge für die Aktiv- und Passivform von Verben durch eine zweifache Repräsentation ersetzt.[26] Vermutlich ist es nach den experimentellen Ergebnissen von Rosch (1975) und Rosch u. a. (1976) zusätzlich noch so, daß bestimmte Konzepte am besten verfügbar, am frühesten erworben und am leichtesten, auch unter Bedingungen der Aphasie zugänglich sind (die uns vertrauten Basiskonzepte). Auch dieses Phänomen läuft einer dekompositorischen Vorstellung zuwider.

Es gibt dennoch auch Sprachverarbeitungssituationen, bei denen wir eine ganze Menge von Konzepten zu einem Ausdruck assoziieren, z. B. bei Schlußfolgerungen jeder Art. Sie sind aber den Verstehensprozessen, wie wir sie bislang unterstellt haben, vermutlich nachgeordnet, nicht allein aus dem eigentlichen Sprachverarbeitungssystem ableitbar, sondern sie speisen sich auch aus ganz anderen nicht-lexikalischen Informationen, wie subjektiven Kenntnissen, biographischen Zusammenhängen u.v.m., also aus ganz anderen kognitiven Systemen. Fodor (1983) nennt dieses System das „zentrale System" im Kontrast zu schnell arbeitenden modularen Input-Systemen).

Damit will ich das Kapitel über die Wernicke-Aphasie endgültig abschließen. Im folgenden will ich mich wieder unserer eigentlichen Frage, der Klassifikation der Aphasien, zuwenden. Ich hoffe, mit diesen letzten Bemerkungen allerdings einen Eindruck davon vermittelt zu haben, wie vielfältig, komplex und diffizil die Probleme sind, die man sich einhandelt, wenn man über die Bedeutung und die Organisation unseres mentalen Lexikons nachdenkt.

---

26 Weiterreichende Informationen zu diesem Thema finden sich in Wettler (1980). Inwiefern man sich auch bei der Annahme von Netzwerken nicht etwa ähnliche methodologische und empirische Schwierigkeiten einhandelt, wie bei Merkmalsmodellen, ist m. E. eine offene und heikle Frage.

2.4 Die globale Aphasie

Zur Illustration der spontansprachlichen Charakteristika bei globaler Aphasie gebe ich im folgenden ein Beispiel (aus Stachowiak u. a., 1977):

(119) (i) Untersucher: Herr B., erzählen Sie mir bitte, wie das gekommen ist mit Ihrer Krankheit.

P: Ja mei
U: Wie war das?
P: des is ... na
U: Ja ... wie war das?
P: onte ... ant goggo ...
U: Ist das schon sehr lange her?
P: ja des is scheer lange
U: Und wie war das?
P: des is ... moment ... Montat Mittwoch ... des is ... des ... alles alles ... zusammen fa ... alles ... goggo ... goggo ... alles nicht ... goggo goggo ... nein ... poggo
U: Sind Sie hingefallen .. und wo war das?
P: d war am ... in der ...
U: In der Arbeit?
P: ja in der Arbeit ... und forworms ...
U: Da sind Sie plötzlich umgefallen?
P: ja des is ... alles miteinand ja is ... poggo goggo

(119) (ii) faßt die Leitsymptome der globalen Aphasie zusammen:

(119) (ii)
Sprachproduktion:	Spärlich bis Ø, auch Sprachautomatismen
Artikulation:	meist dysarthrisch
Prosodie (Sprach-melodie-rhythmus)	oft nivelliert, bei Automatismen meist gut erhalten
Satzbau:	nur Einzelwörter, Floskeln, Sprachautomatismen
Wortwahl:	äußerst begrenztes Vokabular, grob abweichende semantische Paraphasien
Lautstruktur:	sehr viele phonematische Paraphasien und Neologismen
Verstehen:	stark gestört

(Poeck, 1981, S. 98)

Erklärung einiger Begriffe:

Sprachautomatismus: Ständig wiederkehrende formstarre Äußerung, die aus neologistischen Silbenabfolgen, beliebigen Wörtern oder Phrasen besteht, die weder lexikalisch noch syntaktisch in den sprachlichen Kontext paßt und die der Patient gegen die vom Gesprächspartner erwartete Intention hervorbringt.

Redefloskel: Inhaltsleere Redewendung von unterschiedlicher Länge und unterschiedlichem Grad an Idiomatisierung (z. B. *mal so, mal so, das Dingsda, na Sie wissen schon, da hab' ich das gemacht, da liegt es schon mal drin, daß ich das schon mal hab'*). (Huber u. a., 1982, S. 80 ff.)

Für diesen Störungstyp, der — wie die anderen bereits behandelten Aphasietypen — nicht von allen Forschern als eigenständiges Syndrom behandelt wird[27], gibt es diverse Bezeichnungen, so z. B. totale Aphasie, besonders schwere Form der Broca-Aphasie, eine Kombination zwischen motorischer und sensorischer Aphasie u.v.a.m. „Wir verwenden den Begriff globale Aphasie, weil er die schwere Beeinträchtigung aller sprachlichen Modalitäten wiedergibt, ohne aber, wie der Begriff totale Aphasie, den völligen Verlust von sprachlichen Fähigkeiten zu implizieren." (Stachowiak u.a., 1977, S. 76). Aus (15) kann man ersehen, daß die der globalen Aphasie zugrundeliegende Läsion die gesamte Sprachregion von ihren frontalen bis hin zu den parietotemporalen Anteilen betrifft. Hauptsächliche Ursache sind Gefäßverschlüsse am Hauptstamm der Arteria cerebri media, die zu einer weitreichenden Unterversorgung der Verzweigungen dieser Arterie führen. Der Schweregrad der globalen Aphasie hängt davon ab, wie groß das geschädigte Gebiet ist. Die Rückbildung andererseits ist davon abhängig, wie schnell und ausgiebig „das Versorgungsgebiet der Arteria cerebri media von den Randgebieten kollateral wieder mit Blut versorgt wird, sowie davon, in welchem Maße die rechte Hemisphäre zu sprachlichen Leistungen aktiviert wird." (Stachowiak u. a., 1977, S. 82).

Zur Charakterisierung der sprachlichen Leistungen (vgl. (119) (i)):

Sprachproduktion

Die Sprachproduktion ist spärlich bis hin zu völligem Ausbleiben sprachlicher oder sprachähnlicher Äußerungen, und häufig besteht sie aus Sprachautomatismen. Dies gilt für die Spontansprache ebenso wie für dialogähnliche sprachliche Interaktionen. Weder helfen dem Patienten Anlautvorgabe, noch kann er Sätze, die der Untersucher anfängt, zu Ende führen.

Stereotypien oder Automatismen (die „recurring utterances" von Jackson (1932)) kommen sehr häufig vor, entweder in Form von
a) aneinandergereihten Einzelsilben (*poggo, goggo, dodo, tata* usw.)
oder von
b) beliebigen Wörtern oder Wortfolgen (*ja Lili, nein Lili; jeden Tag, guten Tag*). Daneben ist das Auftreten von Floskeln zu beobachten. Das Inventar von Floskeln ist meist sehr beschränkt und jeweils typisch für den einzelnen Patienten: *meine Güte, Donnerwetter, eh bien voilà*: „Floskeln können verschiedene sprachliche Formen haben, Begrüßungsformeln, Flüche, Tabuwörter, Interjektionen, Affirmations- (*ja, ja mei genau*) und Negationspartikel (*nein, nie*). Im Unterschied zu den Automatismen können Floskeln häufig der Sprechsituation angemessen eingesetzt werden." (Stachowiak u. a., 1977, S. 77).

Artikulation

Bei einigen Patienten ist Dysarthrie zu beobachten. Dysarthrie kommt jedoch auch bei anderen Aphasieformen vor und ist daher nicht allein typisch für die globale Aphasie.

---

27 Einen Überblick über die Forschungslage geben Stachowiak u. a. (1977).

Intonation
Die Intonation ist bei vielen Patienten recht gut erhalten und dient häufig dazu, Kommunikation aufrechtzuerhalten. Wie man aus (119) (i) ersehen kann, sind Perseverationen sehr häufig; dies gilt auch für Intonationskonturen.

Neben diesen allgemeinen Merkmalen der Spontansprache gibt es, je nach Überwiegen der jeweiligen spezifischeren Merkmale zwei Untertypen von globaler Aphasie:

Typ 1
In der Spontansprache kommen nur Automatismen vor. Ich gebe hier ein Beispiel aus Stachowiak u. a. (1977, S. 78):

(120) U: Können Sie mal erzählen, wie's Ihnen geht.   P:
     U: Was haben Sie denn für Beschwerden im Moment?   P:
     U: Ja, Sie können nicht so gut sprechen?   P:

● = starke Intensität
• = schwache Intensität
⸗ = gleitend absinkend

Dies soll auch ein Beleg dafür sein, daß trotz Fehlens lexikalischer und syntaktischer Ausdrucksmittel in gewisser Weise eine Art Kommunikation aufrechterhalten werden kann.

Wie ich 1.2.1, Teil I schon versucht habe anzudeuten, sind solche Beobachtungen über Intonation nicht notwendigerweise kritisch für Aussagen über die Sprachkenntnis, weil
1. nicht klar ist, ob es sich dabei nicht um Fähigkeiten handelt, die nicht zur Sprachkenntnis gehören (z. B. emotionale Faktoren); letztere aber auch von der rechten Hemisphäre verarbeitet werden können
und
2. nicht klar ist, ob es sich dabei überhaupt um eine humanspezifische Fähigkeit handelt.

Typ 2
Hier findet man Sprachäußerungen, die zusammengesetzt sind, wobei mehr Elemente vorkommen als im erstgenannten Typ. Der Satzbau und die Wortwahl sind allerdings stark eingeschränkt und durchsetzt mit grob abweichenden Paraphasien bis hin zu Neologismen.

Auch hier ein Beispiel aus Stachowiak u. a. (1977, S. 79); neben der zentralen Störung ist dieser Patient auch dysarthrisch:

(121) U: Frau O., erzählen Sie mal, wie geht's Ihnen denn?
     U: Frau O., erzählen Sie mal, wie geht's Ihnen denn?
     P: tjä.nt bán ... zámbem ... zie ... nténtschi ... jádi ... n ... e ... án ... zanbén. ántsch ... e ... tî ... bant ... ánden ... ing ... sînt n ... tón wúrde ... ké ... schón îmmer zú haúse
     U: Sie meinen, die anderen sind schon zu Hause, und Sie sind immer noch hier ... wie hat denn die Krankheit bei Ihnen angefangen?

P: ích ... bín ... gánz ... h.tsché ... die ... em ... sch ... tú ... lán ... haús gén gán dén.

Nachsprechen (PI-IR-PO)

(122)	*Ziel*	*Reaktion*
(i)	Unfug	untfu
(ii)	liebster	zidieter
(iii)	letzter	beenzkebern
(iv)	herrschte	fernstich

Das Nachsprechen ist auch dann, wenn der Untersucher mitspricht, phonematisch entstellt. Überhaupt ist das lautliche Inventar stark reduziert; so bestehen nicht immer paraphasische Beziehungen zwischen Zielwort und nachgesprochenem Wort, da sich auch die Silbenstruktur und Wortlänge verändert, wie man bei (ii) erkennen kann.

Die bevorzugte Silbenstruktur ist CVC (*ten*). Es gibt auch CC- (*tsam*) oder -CC (*baln*). Bestimmt Oppositionen (*Pein – Bein*) werden nicht ausgeschöpft.

Ein interessanter, in der Aphasieforschung leider kaum berücksichtigter Aspekt des phonologischen Systems von globalen Aphasikern betrifft die Beziehung zwischen lautlichem Fehlverhalten und Markiertheitstheorie. Klein (1982) hat anhand der Analyse lautlicher Substitutionen von Broca-, globalen oder Wernicke-Aphasikern (jeweils 100 Items) folgendes herausgefunden: Während der Vergleich von Ziel- und tatsächlich produziertem Segment bei Wernicke-Aphasikern keine Tendenz zur Reduktion des Markiertheitswerts ergab, zeigten die Substitutionen insbesondere bei globalen Aphasikern eine deutliche Tendenz zur Reduktion des Markiertheitswerts (z. B. *Kette* → [*t*] *ette* mit der Markiertheitsveränderung [m back] → [u back]; *Moped* → [*n*] *omer* mit der Markiertheitsreduktion [m son, m lab] → [m son]).

Klein legte bei ihrer Analyse die Markiertheitstheorie von Kloeke (1982) zugrunde. Sie interpretiert diese Verteilung wie folgt. Vielerlei Überlegungen scheinen dafür zu sprechen, daß Markiertheitsbeschränkungen im Sprachverhalten keine Rolle spielen, weil sie auf einer Ebene, der Ebene der abstrakten lexikalischen Repräsentation, gelten, die normalerweise vom Sprachprozessor nicht beachtet wird. Dies gilt auch für das lautliche Verhalten von Wernicke-Aphasikern, wie die Daten zeigen. Globale und Broca-Aphasiker andererseits sind, zumindest was den phonologischen Aspekt anbelangt, so schwer gestört, daß bereits auf einer frühen Ebene Vereinfachungen vorgenommen werden, mit der Folge, daß diese vereinfachten lexikalischen Repräsentationen dem Verarbeitungsmechanismus zur Verfügung stehen, „so daß die Berechnungen trotz der Sprachstörung durchführbar sind und es nicht zu einem Zusammenbruch der sprachlichen Leistungen kommt." (Klein, 1982, S. 106)

Benennen

Globale Aphasiker haben von allen vier Aphasie-Typen die schwersten Benennstörungen, die häufig in Null-Reaktionen oder in phonematisch bzw. semantisch grob abweichenden Reaktionen bestehen, mit Perseverationen über viele Aufgaben hinweg.

In unserem bereits erwähnten Benennungsexperiment (vgl. 2.3.4, Teil I) schnitten die globalen Aphasiker schlechter ab als alle anderen Aphasiegruppen:

(123)

N = 90	r	f
Wernicke	53	37
Amnestische	46	44
Broca	55	35
Globale	35	55

Auffällig ist insbesondere, daß sehr wenige Paraphasien verwendet werden:

(124)

	Wernicke	Amnestische	Broca	Globale
Paraphasien	27	27	20	10
Ø	10	17	15	45

Unter den 10 Paraphasien gab es keinen Oberbegriff, was recht eindrucksvoll die Schwere der Störung bei globaler Aphasie zeigt; insbesondere kann man vermuten, daß praktisch keine Organisationsprinzipien des Lexikons mehr intakt sind, bzw. daß sie nicht mehr verwendet werden können (vgl. Leuninger, 1987a).

Hier ein paar Beispiele:
Eule: Ø; *Frosch*; *bulla*, Perseveration von *Ball*, was vorher präsentiert worden war.
Ein Patient hatte besonders drastische Ergebnisse:

(125)

	Isoliert	Kontext
Zwiebel	/tsvi:tse/	Ø
Fabrik	Ø	Ø
Ball	Ball	Ball
Hai	Ø	Ø
Autobahn	Ø	Ø
Stiefmütterchen	Ø	Ø
Auto	Auto	Ø
Stiefel	/ši:fel/	Ø

Lediglich die Prototypiebeziehung scheint auch bei globaler Aphasie gelegentlich noch erhalten; d. h. diejenigen Items, die sich im Vortest als die typischen Exemplare einer Gattung herausgestellt haben, sind am besten erhalten, und umgekehrt werden die Items, die am wenigsten typisch sind, am schlechtesten beherrscht:

(126)

	Gesamtfehler	Fehlerrang[28]	Prototypierang
Auto	3	2	1
Ball	3	1	2
Stiefmütterchen	9	6	6
Hai	8	7	7

Wir schlossen daraus, daß Prototypen die am besten erhaltenen Items sind. Wie verhält sich dies bei globaler Aphasie (im Vergleich zur Wernicke-Aphasie, G/W):

---

28 Der Fehlerrang wurde über alle Aphasietypen berechnet.

(127)

		N = 10	Fehler: G	Prototypie/ Fehlerrang W
1	Auto	3	1/1	1/1
2	Fabrik	6	2/2 (3)	2/3
	Ball	3	2/1	2/2
3	Stiefel	6	3/2 (3)	3/2
4	Autobahn	8	4/3 (4)	4/4
5	Zwiebel	6	5/2 (3)	5/1
6	Eule	6	6/2 (3)	6/2
	Stiefmütterchen	9	6/4 (5)	6/5
7	Hai	8	7/3 (4)	7/6

Es zeigt sich also, daß — erstaunlicherweise — auch bei globaler Aphasie die Bezeichnungen für die prototypischen Exemplare am besten erhalten sind, da die Rangunterschiede sich nur bei *Ball, Zwiebel* und *Hai* um einen Punkt unterscheiden (was auch daran liegen kann, daß bei den Wernicke-Aphasikern ein Rang mehr angenommen wurde).

Satzbau
Man könnte vermuten, daß Floskeln, wie z. B. *wie sag ich's jetzt*, dafür sprechen, daß gewisse syntaktische Verknüpfungsregeln bei der globalen Aphasie noch vorhanden sind. Da sich aber solche Strukturen außer in den Floskeln nicht zeigen (es werden z. B. ansonsten keine Fragesätze gebildet), kann man davon ausgehen, daß diese Redewendungen als Ganze im Lexikon gespeichert sind und wie Einzelwörter abgerufen werden[29].

Schrift
Es gibt im Deutschen bestimmte Buchstabenfolgen, die zugelassen sind (z. B. *ck*) und solche, die nicht zugelassen sind: *kc* (jedenfalls gilt dies pro Worteinheit). Während schriftliche Fehlleistungen nur selten denselben Regularitäten unterliegen wie phonematische Paraphasien, gibt es Zusammensetzungen von Buchstaben, die im Deutschen nicht möglich sind:

(128)

Ziel	Nachsprechen	Schreiben
Frosch	fasi	WHMYT
Sicherheitsnadel	adefir	TIEUAUEABIE

(Stachowiak u. a., 1977, S. 85)

---

[29] Das ist so, wie hier formuliert, nicht ganz zutreffend, gilt jedoch für Sprachverhalten von globalen Aphasikern. Betrachtet man nämlich fehlerhaftes Sprachverhalten ansonsten nicht gestörter Sprecher, so zeigt sich, daß Redewendungen, idiomatische Ausdrücke u. a. offenkundig auch formal analysiert werden können: *das ist wirklich ein dickes Stück* oder *du machst mir immer den Mund so schmackhaft* sind Verschmelzungen von zwei idiomatischen Wendungen, die zu einem bestimmten Zeitpunkt der Sprachplanung aufgespalten worden sein müssen, obwohl die jeweils konkurrierenden Wendungen sicherlich als ganze Versatzstücke im Lexikon gespeichert sind (vgl. Bierwisch, 1970; Garrett, 1975; Leuninger, 1987c).

Geht man davon aus, daß Lautung und Verschriftung mithilfe von Regeln, über die ein Gesunder verfügt, aufeinander bezogen sind, so sieht man, daß bei globaler Aphasie „die graphematische Entsprechung von Phonemabfolge und Buchstabenfolge aufgehoben" ist. (Stachowiak u. a., 1977, S. 85)

Sprachverständnis
Das Sprachverständnis ist im alltäglichen Dialog besser erhalten als in sog. redundanzfreien Tests, wo isolierte Wörter oder Sätze geprüft werden. Auffällig und erstaunlich sei ohnehin, wie Stachowiak u. a. (1977, S. 86) abschließend bemerken, erstens, daß das Sprachverständnis trotz der Schwere der Schädigung noch relativ gut erhalten ist, und zweitens, daß es eine so deutliche Asymmetrie von Sprachverständnis und Sprachproduktion gibt. Wie läßt sich dies erklären? Zum einen spricht die Beobachtung, daß bei linksseitiger Hemisphärektomie ein „gewisses Maß" an Sprachverständnis noch erhalten ist, dafür, daß auch die rechte Hemisphäre beim Sprachverstehen beteiligt ist. Z. B. können ja, wie wir in Kap. 1.2.1, Teil I (Bradshaw/Nettleton, 1981) gesehen haben, Wörter, die konkrete und/oder häufig vorkommende Gegenstände bezeichnen, sowie floskelhafte Redewendungen, etwa Begrüßungsformeln, von der rechten Hemisphäre recht gut rezeptiv verarbeitet werden, was nicht in demselben Ausmaß für die produktive Seite der Sprachverarbeitung gilt. Nun findet man, so Stachowiak u. a. (1977), derlei Asymmetrien auch in nicht-pathologischen Sprachverarbeitungssituationen, so z. B. beim Erwerb von Mutter- oder Fremdsprachen: „Auch hier ist das Verstehen früher und differenzierter möglich als das Sprechen. Vermutlich liegen dem Sprachverständnis umfangreichere kognitive Prozesse zugrunde als der Sprachproduktion. Alle diese Argumente machen es verständlich, daß die Perzeption nicht in gleicher Weise wie die Produktion durch Störung der Sprachregion betroffen wird."

Hinter dieser Argumentation verbergen sich mehrere, z. T. m. E. nicht miteinander verträgliche Aspekte. Dies mag damit zusammenhängen, daß nicht klar unterschieden wird zwischen dem, was ich mit Chomsky (1981a) den „berechnenden" Aspekt von Sprache nennen möchte (vgl. Kap. 1.2.1, Teil I), einschließlich gewisser Aspekte von Sprachverarbeitungsprozessen einerseits, und andererseits Sprachgebrauchsfaktoren in einem weiten Sinne.

Kenntnis der Grammatik sowie Sprachwahrnehmungsmodelle garantieren die Zuordnung von Form und Bedeutung unter beliebigen kontextuellen Bedingungen, weil die Prozesse der Berechnung sprachlicher Strukturen unter der Grammatik und unter Echtzeitbeschränkungen operieren.

Diese Sprachverarbeitungskapazität ist eine Funktion der linken, sprachdominanten Hemisphäre. Zu den solchermaßen erschlossenen (Teil-)Strukturen von Perzepten gehören syntaktische Analysen, die Analyse der logischen Form und der segmentalen Beschaffenheit sowie der intonationalen Gliederung von Äußerungen, alles also perzeptuelle Eigenschaften, welche durch die Grammatik bestimmt sind.

Wenn es nun so ist, daß Patienten mit außerordentlichen Beeinträchtigungen der linken Hemisphäre dennoch sprachliche Äußerungen verstehen, so muß damit etwas anderes gemeint sein als die eben skizzierte Sprachwahrnehmung unter der Grammatik; also etwa, daß der Kontext so reich ist, daß er eine bestimmte vage Interpretation einer Äußerung im wesentlichen unabhängig von deren perzeptueller Struktur ermöglicht, oder daß die kommunikative Intonation von Äußerungen so beschaffen ist, daß der Äußerung bestimmte „illokutionäre Rollen" zugeschrieben werden können, ohne daß die starke Abhängigkeit der Intonation von der syntaktischen Struktur des Satzes berechnet werden muß, oder daß bestimmte sprachliche Gebilde holistisch verarbeitet werden, mithin ebenso unabhängig von den Beschränkungen der Grammatik sind. Daß solcherlei auch globalen Aphasikern in gewissem Ausmaß rezeptiv gelingt, ist dann aber keineswegs erstaunlich, weil dies Fähigkeiten verlangt, von denen noch nicht einmal klar ist, ob sie humanspezifische Fähigkeiten sind (für eine ähnliche Argumentation im Zusammenhang mit der Morphologie vgl. Fanselow, 1985). Wenn es weiterhin so ist, daß solche Fähigkeiten nur für die rezeptive Seite gelten, dann ist es um so klarer, daß wir es hier nicht mit genuin sprachlichen Fähigkeiten i. S. der o. a. Überlegungen zu tun haben. Es gibt also nicht wirklich eine Asymmetrie zwischen Produktion und Perzeption[30], sondern allerhöchstens eine Asymmetrie zwischen Kenntnis und Verarbeitung von grammatischen Strukturen einerseits und anderen, nicht sprachspezifischen Wissensbeständen andererseits. Auch das ist natürlich für die globale Aphasie nicht weiter erstaunlich, denke ich. Auch der Hinweis auf Spracherwerbsfakten, die eine ähnliche Asymmetrie belegen sollen, ist nicht sonderlich hilfreich. Die einschlägigen Daten zeigen m. E. bloß, daß Kinder aufgrund von kontextuellen, interaktionellen, emotionalen u. a. Bedingungen schon recht früh in der Lage sind, auf Äußerungen angemessen zu reagieren, ohne diese Äußerungen der Erwachsenen in der Zufälligkeit der Laut-Bedeutungszuordnung ausschließenden Weise analysiert zu haben. Auf die Spitze getrieben: Es ist durchaus vorstellbar, daß jemand, der nicht die geringste Ahnung von Japanisch hat, in einer hinreichend spezifischen Situation die folgende Äußerung „versteht" i. d. S., daß er sah, daß Mary den John bedrängte, ein Stück Kuchen zu essen.

(129) Mary-ga John-ni okashi-o tabe - sase - ta
                          (Kuchen)(essen) (verursachen)

Aber das ist dann vermutlich auch schon alles; ganz sicher wird er nicht verstehen, welche syntaktischen Funktionen -ga, -ni, -o haben, daß diese Partikel nämlich den Nominativ, Dativ resp. Akkusativ indizieren, welche Kasusverteilung durch das Kausativmorphem *sase* induziert wird, daß *ta* ein Präteritummorphem ist usw. Psycholinguistisch ausgedrückt: Der nichtkompetente Hörer dieses Satzes wird wahrscheinlich keines der Elemente verarbeiten, das zu der Menge der ‚closed class' Items gehört, jener Klasse von sprachlichen Elementen, die eine ausgezeichnete Funktion für die Zuordnung syntaktischer Struktur haben. In bezug auf *sase* wird der Hörer nicht in der Lage sein, eine nicht zufällige Assoziation zwischen kasusmarkierten NP's und thematischen Rollen vorzunehmen. Man muß sich bloß vorstellen, daß die außersprachliche Situation etwas unklarer ist, so daß auch *Mary* die thematische Rolle Agens zu *essen* und *John* die thematische Rolle *Agens* zu *verursachen* erhalten könnten. Was

---

30 Sieht man einmal von der offenkundigen Asymmetrie z. B. von aktivem und passivem Wortschatz ab, die jedoch eher mit gedächtnispsychologischen Faktoren zusammenzuhängen scheint. In Gedächtnisexperimenten zeigt sich ja generell, daß Wiedererkennung beliebiger Items leichter ist als freies Abrufen aus dem Gedächtnis.

folgt aus einer solchen Beobachtung? Im wesentlichen doch nichts mehr, als
daß wir Augen haben zu sehen, Ohren zu hören, bestimmte Schallereignisse
als zu Situationen dazugehörig und nicht mit ihnen identisch wahrnehmen usw.

Dies scheint jedoch für eine linguistische Analyse sprachlicher Defizite,
ebenso des Spracherwerbs, völlig ohne Belang zu sein.

2.5 Die amnestische Aphasie

Zur Illustration der sprachlichen Fähigkeiten bei amnestischer Aphasie hier
zunächst wieder ein Beispiel:

(130) (i) Untersucher: Frau J., können Sie mir mal sagen, wo Sie geboren
sind, wie Sie aufgewachsen sind, was der Vater von Beruf gemacht hat.
Patientin: Mein Vater ist . eh .. vermißt .. 1942 .. und meine Mutter ist. wir sind im Dorf aufgewachsen . in W .. sind.wir .. aufgewachsen ... ja sonst .. was soll man machen .. groß .. gr.drei
Kinder . sind wir ... und an und für sich . ganz gut aufgewachsen .. sehr gut .. trotz meinem Vater .. daß der .. mein Groß-
mutter war .. wir sind alle zusammengelebt.
U: Hatten Sie noch Geschwister?
P: Ja .. hatt ich.zwei.hatt ich doch gesagt.
U: Und was für 'ne Schule haben Sie dann besucht?
P: Ich bin nur die .. Volksschule be..eh..wie soll man sagen..
normale Volksschule.und dann bin ich.eh... (hustet) ...auf
gute Leistungen wie man das drüben sagt bei d' . eh bei der
DDR drüben..ja ich bin noch auf... (stöhnt) ... Institut für
Lehrerbildung.so jetzt weiß ich das...Lehrerbildung und nun
hab ich.nachher Kinder..eh Kindergarten gemacht.das heißt .
Kindergarten nicht.bis jetzt in.diesem Jahr . hab ich jetzt .
Volksschule..... Kindergarten hätt ich beinah gesagt (flüsternd)
nee nicht... (laut) nein Kindergarten . nicht.. Kinderheim . Kin-
derheim hab ich gemacht . ja . Kinderheim hab ich gemacht.
U: Was haben Sie denn da gemacht in dem Kinderheim?
P: Nur . Kinder . garten...eh.Kindergarten.wie soll ich sagen...
Kindergarten geleitet . also wie man sagt . Kindergarten nicht
. also Kinder . Kindergruppen geleitet.
U: Was ist denn der Unterschied, wie Sie meinen, zwischen Kinder-
heim und Kindergarten?
P: Kindergarten sind Kinder die im Kindergarten . also die von
ihren Eltern wieder abgeholt werden . und Kinderheim sind .eh.
Kinder . die im Kindergarten sind . das heißt Kinder sind auch
Kinder . sind auch Kinder...eh . wir sind ... Heiligenhafen...wir
sind . eh . Kinder mit...na ja . ich hab jetzt auch so'ne geistige
Störung . ich weiß das . jawohl ich weiß das . ja wir nennen
unsere Kinder . wie soll ich sagen . wenn wir Bettnässer haben .
und . eh . wenn wir ...geistig.... ich weiß nicht . man soll sowas
ja nicht sagen . wenn man zum Beispiel sagt debil und imbecil
und-eh..hier. (zeigt sich an die Stirn) . Idiotisch ne , ich möchte

       das jetzt nicht so sagen.. aber ich kann das nicht sagen...wir haben einen Zwergi gehabt . und . eh . wie soll ich sagen . der wird nicht größer.
U: Sagen Sie mal, worin Ihre Sprachstörung besteht.
P: Ich hab immer .angefangen..ich kann immer . eh . die...zum Beispiel ich kann jetzt ruhig auf die Uhr gucken .. jetzt vielleicht .. jetzt ist es zwölf ... aber wenn's vielleicht twölf Minuten nach zwölf ist.irgendwie komm ich dann.
U: Können Sie's nicht sagen?
P: Nee...zwölf Minuten nach zwölf ist es . jetzt ist es zwölf Minuten nach zwölf. aber manchmal kann ich's nicht sagen.
....

(130) (ii) faßt die Leitsymptome der amnestischen Aphasie zusammen:

Sprachproduktion	: meist flüssig
Artikulation	: meist nicht gestört
Prosodie (Sprachmelodie-rhythmus):	meist gut erhalten
Satzbau	: kaum gestört
Wortwahl	: Ersatzstrategien bei Wortfindungsstörungen, einige semantische Paraphasien
Lautstruktur	: einige phonematische Paraphasien
Verstehen	: leicht gestört

(Poeck 1981, S. 98)

Während die anderen drei großen Aphasieformen bestimmten einigermaßen gut umschriebenen Läsionen der linken Großhirnhälfte entsprechen, hat die amnestische Aphasie kein Korrelat in einem bestimmten Gefäßterritorium. Sie ist nach Poeck (1981) die häufigste aphasische Erscheinungsform bei Patienten, die nicht-umschriebene Durchblutungsstörungen haben (etwa 20 % der Patienten mit Aphasien). Auch ist der Status der amnestischen Aphasie sehr umstritten: Die Einschätzung reicht von der Position Bays (1957a—c; 1962), der die amnestische Aphasie als eigentliche Aphasie auffaßt, wohingegen die anderen Sprachstörungen durch Hinzutreten nicht-sprachlicher Symptome entstehen, bis hin zu der Annahme, daß es kein eigenständiges Syndrom „amnestische Aphasie" gebe, sondern man nur zwischen unterschiedlichen Schweregraden der Wernicke-Aphasie unterscheiden müsse (Mailänder Gruppe um de Renzi).

    Gibt es also Kriterien, nach denen wir die amnestische Aphasie isolieren können? Nach Meinung von Poeck u.a. (1974) soll dies der Fall sein.

Spontansprechen (IR-PO)
„Wir diagnostizieren bei einem sprachgestörten Patienten eine amnestische Aphasie, wenn die *spontane Sprachproduktion* gut artikuliert ist, wenn Sprachmelodie und Sprachrhythmus gut erhalten sind und der Patient in längeren Phrasen spricht, die syntaktisch, d.h. im Satzbau, und morphologisch, d.h. im System der Wortbildung, nur mäßig von der Standardsprache abweichen. Phonematische Paraphasien kommen selten, semantische etwas häufiger vor. ... Die Phrasen werden mit normaler Geschwindigkeit gesprochen, jedoch

häufig dann unterbrochen, wenn dem Patienten ein bestimmtes Wort gerade nicht zu Gebote steht." (Poeck u. a. 1974, S. 3). Hier soll sich eine gewisse Asymmetrie zwischen referentiellen und prädikativen Verwendungen zeigen; erstere fallen — wie übrigens auch bei Wernicke-Aphasikern — schwerer. Während das folgende Beispiel zeigt, daß ein Patient Farbadjektive „prädikativ" verwenden kann, war derselbe Patient zum referentiellen Gebrauch nicht in der Lage:

(131) U: Welche Farbe haben diese Äpfel?
P: Manche sind gelb, manche sind rot.

Die individuell variierenden Verhaltensweisen bei den Unterbrechungen sollen es nach Poeck u. a. (1974, S. 3) letztendlich ermöglichen, die amnestische Aphasie als eigenständiges Syndrom auszugliedern, und zwar unter Zugrundelegung folgender Aspekte:
— „Ausweichen in allgemeine Floskeln" z. B. *na, Sie wissen schon... da hab' ich das halt so gemacht*;
— „Stellvertreterworte", die „bedeutungslos" sind, wie *das Dings da*;
— Funktionale Beschreibungen z. B. anstatt *Uhr um die Zeit zu sehen*;
— „Ausweichen in Pantomime";
— „Perseveratorische Wiederholung" (vgl. 130 (i));
— „Abbrechen und Fortführen des Themas in abgeänderter Form";
— selten: Abbrechen der Äußerung.

Insgesamt fällt der geringe Informationsgehalt der Äußerungen auf, wie es das Textbeispiel belegen soll.

Kommen wir nun zu den einzelnen Sprachverarbeitungsmodalitäten.

Nachsprechen (PI-IR-PO)
Das Nachsprechen ist nur wenig gestört.

Benennen
Die o. e. Ersatzstrategien beim Spontansprechen zeigen sich angeblich auch beim Benennen. Ich werde an späterer Stelle nochmals darauf zurückkommen.

Das *Sprachverständnis* (PI-IR) ist in alltäglichen Gesprächssituationen wenig gestört; in Prüfsituationen allerdings zeigen sich doch Schwierigkeiten, die in dem Maße zunehmen, in dem die Aufgaben schwieriger werden.

Häufig ist die amnestische Aphasie mit einer buccofacialen Apraxie verbunden. Diese Form der Apraxie ist die häufigste Begleiterscheinung bei Aphasie, für deren Vorkommen bis heute noch keine hinreichende neurologische Erklärung existiert. Zur Feststellung einer solchen Störung wird z. B. folgendes geprüft (aus Poeck, 1982b, S. 109):

(132) Rümpfen Sie bitte die Nase
Fletschen Sie die Zähne
Strecken Sie die Zunge heraus
Lecken Sie die Lippen
Räuspern Sie sich
Blasen Sie die Backen auf

Diese Leistungen sollen imitatorisch und nach verbaler Aufforderung erbracht werden, und es zeigt sich, „daß amnestische Patienten relativ weit mehr Fehler

— etwa sechsmal so viele — bei verbaler als bei imitatorischer Aufgabenstellung machten." Typische Fälle von Bewegungsfehlern oder parapraktischer Ausführung der Bewegungen sind z.B. die folgenden (vgl. hierzu Kerschensteiner/Poeck, 1974):

(133) (i) Naserümpfen → wiederholtes Spitzen und Breitziehen des Mundes, begleitet von einem schmatzenden Geräusch
Parapraxie

Häufig sind die Parapraxien ein Komplex unterschiedlicher Reaktionen:

(ii) { 2. Unterlippen lecken } vorangehende Aufgaben
    { 1. Backen aufblasen }

Schmatzen → Parapraxie und Perseveration von 1:

bläst die Backen auf

Reden statt Handeln:

sagt dann: „matzen ... matzen"

fragmentarische Handlung:

öffnet und schließt mehrmals tonlos den Mund

Überschußbewegung mit Körperteilen und Perseveration von 2:

und zieht dabei mit der linken Hand an der Unterlippe

Poeck u.a. (1974, S. 6) leiten daraus ab, „daß amnestische Aphasische nicht nur bei der Realisation sprachlicher, sondern genauso auch bei der Realisation motorischer Konzepte beeinträchtigt sind, daß also bei amnestischer Aphasie eine neurophysiologische Störung des Ausdrucks vorliegt, die den engeren Bereich des Sprachlichen überschreitet."

Da jedoch auch die anderen Aphasieformen von Apraxien begleitet sind, kann man diesen exklusiven Schluß für die Amnestiker eigentlich nicht ziehen. Was man, wie Poeck es (1982b, S. 108) dann auch tut, allerhöchstens sagen kann, ist, „daß Sprache und Praxie als unabhängige Funktionen in derselben Hemisphäre organisiert sind."

Kommen wir nun zur linguistischen Beschreibung der amnestischen Sprachstörung: In Übereinstimmung mit einigen älteren Modellen der Aphasie, in denen auf die eine oder andere Weise die amnestische Aphasie als Verbindungsstörung aufgefaßt wurde (Verbindung von Begriff zu motorischen Fähigkeiten — z.B. bei Wernicke, 1874 — oder Verbindung zwischen „zentralem Wortschema" und „Bedeutungsschema" — Brain, 1965), gehen Poeck u.a. (1974) von einer Störung der Verbindung zwischen der semantischen und phonologischen Information im Lexikon (einer Kopplungsstörung) aus. Sie orientieren sich dabei an der generativen Grammatik und nehmen an, daß Wörter einer natürlichen Sprache im Lexikon durch folgende Informationen spezifiziert sind:
1) Merkmale der zugrundeliegenden phonologischen Struktur, die idiosynkratisch sind, d.h. nicht durch Regeln vorausgesagt werden können. Dem-

nach hätte Rad [R̄at] die lexikalische Repräsentation [R̄ad], und das oberflächliche [t] würde generell durch die Regel der Auslautverhärtung vorhergesagt, die z. B. auch das [k] in [t̄ak] aus [t̄ag] und das p in [l̄op] aus [l̄ob] ableitet.
2) Syntaktische Merkmale von Wörtern sowie deren Subkategorisierungen:
[t̄ag], [+N], [+zählbar], [+mask], ...
[gēben], [+V], [——NP$_{akk}$, NP$_{dat}$]
3) Semantische Merkmale von Wörtern zu deren Bedeutungsbestimmung oder deren begrifflicher Struktur:
[t̄ag], [+N], ZEITABSCHNITT
[gēben], [+V], (AGENS, THEMA, ZIEL)

Demgemäß könnte es verschiedene Störungen geben. Störungen von 1) liegen, wie wir gesehen haben, bei amnestischer Aphasie nicht vor; Störungen von 2) könnten z. B. zu Verwechslungen syntaktischer Kategorien führen, was bei amnestischer Aphasie ebenso nicht vorliegt. In bezug auf 3) läßt sich beobachten, daß intendiertes und hervorgebrachtes Wort relativ bedeutungsnah zueinander sind, mithin nur durch wenige Marker voneinander unterschieden sind: *Schwester* ← *Mutter*. Der Patient befindet sich zwar mit seiner Paraphasie im selben semantischen Feld (sagen wir *Verwandtschaft*, ja sogar *weibliche Verwandtschaft*), nur vertut er sich in der Relation *Eltern von* vs. *Geschwister von*. Poeck u. a. (1974) nennen solche Merkmale „Nebenmerkmale", die charakteristischerweise bei der amnestischen Aphasie betroffen sind. Genau vermag ich nicht zu sagen, was hier unter Nebenmerkmalen verstanden werden sollte, da eine Spezifikation dessen, was als Nebenmerkmal ausgewiesen werden soll, nicht gegeben wird.[31]

Weiterhin gehen Poeck u. a. (1974) davon aus, daß bei amnestischer Aphasie eine Kopplungsstörung zwischen dem phonologischen und semantischen Teil eines Lexikoneintrags vorliegt. Das ist das charakteristische Merkmal einer Wortfindungsstörung. Zwar sind sowohl bei Benennungen als auch z. B. in der Spontansprache phonologische und semantische Informationen vollständig vorhanden, aber die Verbindung zwischen ihnen kann nicht hergestellt werden. Hier kommt es daher zu Ersatzstrategien, z. B. zu Umschreibungen wie *Lupe → Mein Sohn hat so ein Ding zum Briefmarkensammeln*; diese Beschreibung spricht relativ eindeutig dafür, daß zumindest der Begriff vorhanden ist. Ob damit aber gezeigt ist, daß nicht doch der Zugang zur phonologischen Repräsentation gestört ist, hängt davon ab, wie man die unterschiedlichen Leistungen beim referierenden und prädikativen Gebrauch deutet (s. (131)).

Es könnte demnach auch sein, daß einmal der Zugang zum semantischen, einmal zum phonologischen Teil des Lexikons gestört ist. In der therapeutischen Situation hilft nämlich häufig die Vorgabe des Anlauts bei Wortfindungsschwierigkeiten: *Ameise*, das Wort wird leichter gefunden, wenn der Therapeut den Anfangslaut A vorgibt.

Jedoch: „Wortfindungsstörungen allein machen eine Sprachstörung noch nicht zur amnestischen Aphasie. Entscheidend sind vielmehr die Ersatzstrate-

---

31 Möglicherweise sind damit die „Distinguishers" aus Katz/Postal (1964), also die nicht systematisierbaren Informationen wie etwa für *bachelor*: [when without mate during breeding time] gemeint, vielleicht aber auch schon *young, seal*.

gien, mit denen ein Patient seine Kommunikationsabsicht zu verwirklichen sucht." (Poeck u. a., 1974, S. 14) Ob es einerseits zulässig ist, die Eigenständigkeit einer Aphasieform über Ersatzstrategien zu begründen, und ob dies andererseits sich als empirisch haltbar erweist, ist m. E. eine kritische Frage. Ersatzstrategien finden wir allenthalben in der Aphasie, insbesondere auch, wie Stachowiak (1979; 1982) überzeugend nachgewiesen hat, bei referentiellen Aufgaben; dies scheint also nicht allzu charakteristisch für die amnestische Aphasie zu sein, sondern, grosso modo, für bestimmte Leistungen über alle Aphasietypen hinweg. Empirisch müßten sich in Experimenten deutliche Unterschiede zwischen Amnestikern einerseits und den restlichen Aphasietypen andererseits, insbesondere den Wernicke-Aphasikern, herausstellen. In dem schon erwähnten Benennexperiment, in dem jeweils fünf Probanden der vier Aphasietypen Items benennen sollten, wurden u. a. die Fehlbenennungen dahingehend analysiert, wie oft die erforderlichen Wörter durch Oberbegriffe (*Fisch* für *Hai*), Kohyponyme (*Aal* für *Hai*), beschreibende Charakterisierungen (*Auto und ein grüner Streifen* für *Autobahn*) ersetzt werden. Die Prognose müßte lauten: Amnestische Aphasiker verwenden häufig Ersatzstrategien wie Umschreibungen o. ä. Dies hat sich jedoch nicht herausgestellt, wie (134) zeigt (vgl. Leuninger, 1987a):

(134)

Items, N = 90	Wernicke (N = 37)	Amnestiker (N = 44)
Klassifikatorische Paraphasien (Oberbegriffe, Kohyponyme)	24	22
Situativ-referentielle Paraphasien	3	5
Andere	10	17

Hier ein paar Beispiele:

(135)

Item	Amnestiker		Wernicke	
Uhu	Specht Amsel	Kohyponym	Auerhahn	Kohyponym
Hai	Kabeljau Fisch	Kohyponym Oberbegriff	Aal Walfisch Fisch	Kohyponym Oberbegriff
Stiefmütterchen	Blume Nelken Alpenveilchen	Oberbegriff Kohyponym	Blume Vergißmeinnicht	Oberbegriff Kohyponym

M. a. W., nach linguistischen Kriterien scheint es schwierig, die amnestische Aphasie von der Wernicke-Aphasie eindeutig zu unterscheiden; die Bezugnahme auf Ersatzstrategien scheint mir sowohl methodologisch als auch empirisch problematisch zu sein.

2.6 Andere Formen der Aphasie

Zum Abschluß möchte ich meiner Darstellung noch einige Bemerkungen über andere Formen der Aphasie hinzufügen.

2.6.1 Leitungsaphasie

Die Leitungsaphasie (engl. „conduction aphasia") wird auch als Nachsprechaphasie, zentrale Aphasie, afferent-motorische Aphasie bezeichnet.

Das Leitsymptom bei dieser Aphasie ist, neben vielen lautlichen Entstellungen der Spontansprache, eine extrem starke Beeinträchtigung des Nachsprechens, wobei die Schwierigkeit proportional zur Länge der Wörter und Sätze zunimmt. In schweren Fällen sind die Patienten überhaupt außerstande nachzusprechen. Inhaltliche Fehler werden weder beim Nachsprechen noch beim Benennen gemacht (vgl. Huber u. a., 1982).

2.6.2 Transkortikale Aphasie

Das Phänomen der sog. transkortikalen Aphasie ist zuerst von Wernicke (1885/86) systematisch beschrieben worden und von Lichtheim (1885) und in diesem Jahrhundert von Goldstein (1948) weiter ausgearbeitet worden. Allen aus Wernickes Vorstellungen ableitbaren Formen der transkortikalen Aphasien soll eine Dissoziation der Verbindungen zwischen dem sensorischen und motorischen System bzw. zum Begriffszentrum zugrundeliegen, eine Art ‚Isolation der Sprachregion'.

Transkortikale Aphasien sollen durch die folgenden Merkmale charakterisiert sein:
— kaum Spontansprache; diese selbst besteht fast ausschließlich aus Sprachautomatismen, kurzen repetitiven und bedeutungslosen Äußerungen und echolalischen Wiederholungen von Äußerungen der Gesprächspartner;
— geringes Sprachverstehen;
— schwache Benennstörungen;
— schwere Störungen der Schriftsprache;
— praktisch vollständig intakte Nachsprechfähigkeit.

Folgende Unterformen der transkortikalen Aphasie werden unterschieden:

Transkortikal-motorische Aphasie
Patienten mit der selten auftretenden transkortikal-motorischen Aphasie sprechen spontan nicht oder kaum, sprechen aber prompt nach, mit relativ gut erhaltener Syntax und Artikulation. Die Läsionen sollen in der Broca-Region liegen.

Transkortikal-sensorische Aphasie
Patienten mit transkortikal-sensorischer Aphasie sprechen spontan sehr wenig. Häufig werden Fragen des Untersuchers echolalisch wiederholt[32], ohne daß

---

[32] In Heuser (1987) wird anhand der Fallbeschreibung von vier transkortikalen Aphasikern und unter Zugrundelegung plausibler methodologischer Kriterien dafür argumentiert, das Konzept ‚transkortikale Aphasie' aufzugeben.

die Bedeutung der Äußerungen vollständig verstanden wird. Auch nachgesprochene Wörter werden nicht verstanden. Alles in allem haben die Patienten schwere Sprachverständnisstörungen, mit starken Benennstörungen bis hin zum völligen Ausbleiben von Reaktionen.

Lokalisation: Es soll sich um eine ausgedehnte Störung handeln, welche die Verbindung zwischen der Sprachregion und dem übrigen Gehirn betrifft (insbesondere der sensorischen Assoziationskortizes).

Gemischte transkortikale Aphasie
Bei dieser Unterform sind sowohl Spontansprache als auch Sprachverständnis stark beeinträchtigt.

Es gibt in der einschlägigen Literatur einige interessante Fallbeschreibungen; zwei davon möchte ich hier exemplarisch darstellen (vgl. hierzu de Bleser/Bayer, 1985/86; Heuser, 1987).

Geschwind u. a. (1968)
Hier handelt es sich um eine 21-jährige Frau, die nach einem aus einer Kohlenmonoxydvergiftung resultierenden 17-tägigen Koma außer Echolalien und gelegentlichen Ergänzungen von Redensarten praktisch sprachlos war. Ihre Spontansprache enthielt nur noch ein Stereotyp (*Hi, daddy*), und sie hatte kein Sprachverständnis mehr. Die nach ihrem Tod durchgeführte neuropathologische Analyse ergab die o. e. Isolation der ansonsten intakten Sprachregion vom begrifflichen Zentrum, also das anatomische Korrelat einer gemischten transkortikalen Aphasie.

Davis u. a. (1978)
Neben anderen Fällen transkortikaler Aphasie beschreiben Davis u. a. einen Fall gemischter transkortikaler Aphasie, mit den charakteristischen Störungen. Die Analyse des Nachsprechens ist für die Dissoziation von formalen (morphosyntaktischen) und semantischen Fähigkeiten recht aufschlußreich:
— Faktisch richtige und grammatische Sätze wurden zu 60 % korrekt nachgesprochen (*Russia is a big country*).
— Faktisch falsche und grammatisch richtige Sätze wurden zu 60 % korrekt nachgesprochen und bloß zu 5 % korrigiert (*Russia is a small country*).
— Semantisch abweichende Sätze wurden zu 60 % korrekt nachgesprochen und bloß zu 6,7 % korrigiert (*The milk drank the cat*).
— Geringfügig abweichende Sätze wurden zu 13,3 % korrekt nachgesprochen, aber zu 80 % korrigiert (*The cats drinks milk*).

Fälle wie diesen nehmen de Bleser/Bayer zum Anlaß, die unterschiedliche Störbarkeit von morphosyntaktischen bzw. semantischen Fähigkeiten bei transkortikaler Aphasie zu untersuchen. Die Autoren analysieren die entsprechenden Leistungen bei zwei Patienten mit gemischter transkortikaler Aphasie.

Hier einige Ergebnisse eines dieser Patienten, unter Zugrundelegung der Hypothese, daß das morphologische Lexikon intakt sein kann bei gleichzeitiger starker Beeinträchtigung der semantischen Informationen:

Lautlesen (VI-IR-PO)
Die gegebenen 50 Konkreta und 30 Abstrakta wurden praktisch vollständig korrekt laut gelesen (mit einigen phonemischen Entstellungen wie *Gsicht für Gesicht, Stiewel für Stiefel*).

Nachsprechen (PI-IR-PO)
Das Nachsprechen ist fehlerlos.

Semantische Aufgaben
Benennaufgaben für die 50 Konkreta und Satzbildungsaufgaben für die 30 Abstrakta können nicht gelöst werden, was auf ein schweres semantisches Defizit schließen läßt.

Syntaktische Aufgaben
Dem Patienten werden 15 Sätze der Form NP+V+P+NP auf 4 Karten gegeben, auf denen die entsprechenden Konstituenten stehen, z. B.

(136) [$_{NP_1}$ das Telegramm] [$_V$ kam [$_{PP}$ [$_P$ vor [$_{NP_2}$ einer Stunde]]

Durch Vertauschung von NP_1 und NP_2 entsteht ein ungrammatischer Satz, da dann die „Subjekt"-NP (*einer Stunde*) unzulässigerweise im Dativ und das Präpositionalkomplement im Nominativ steht. 10 von 15 Reaktionen des Patienten waren aber genau solche Vertauschungen. Diese und andere syntaktische Fehlreaktionen lassen auch auf ein schweres syntaktisches Defizit schließen.

Morphologische Aufgaben
Die Fähigkeit, den Plural zu bilden, wird durch Vorgabe von Sätzen der folgenden Form getestet:

(137) Das ist ein Zug. Das sind zwei ...

Von 47 Reaktionen waren 33 richtige Pluralbildungen (abweichend war z. B. *Käser* für *Käse*, *Zuge* für *Züge*).

Diese und ähnliche Ergebnisse bestätigen die Hypothese, daß bei gemischter transkortikaler Aphasie morphologische Fähigkeiten erhalten sind, während semantische und syntaktische Fähigkeiten fast vollkommen fehlen.

Die folgende Abbildung gibt abschließend einen zusammenfassenden Überblick über die Läsionsorte der besprochenen Aphasieformen:

(138)

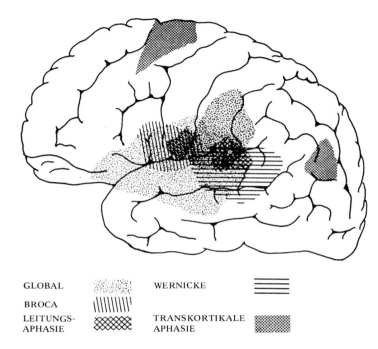

GLOBAL		WERNICKE	
BROCA			
LEITUNGS-APHASIE		TRANSKORTIKALE APHASIE	

Quelle: Kertesz (1979), S. 161

II Paradigmen

1 Die Deblockierungshypothese

1.1 Einleitende Bemerkungen

Wir kommen zu einem Erklärungsansatz in der Aphasieforschung, in dem m. W. zum ersten Mal konsequent versucht wurde, Grammatiktheorien und Neuropsychologie aufeinander unter verschiedenen Gesichtspunkten zu beziehen[1].

Die auf bestimmte Äußerungen bezogene Ausgangsbeobachtung, die schließlich zu der operationalisierten Deblockierungshypothese führte, war eine, die man häufig in der aphasiologischen Literatur findet, die jedoch nach Weigl (1961) selten in einen größeren erklärenden Zusammenhang gebracht wurde.

Zwei Typen von Äußerungen lassen sich hier unterscheiden:
1) Okkasionelle Äußerungen (Jackson, 1932: das sog. Prinzip von Baillarger-Jackson[2]). Sie zeigen sich im folgenden Beispiel (aus Weigl, 1961, S. 337f.): Ein aphasischer Patient, begleitet von seiner Tochter, wird aufgefordert, deren Namen zu sagen. Seine Reaktion ist: *Ah! ma pauvre petite Jacqueline, je ne sais même plus ton nom!* Eine andere Patientin, gefragt nach dem Namen ihres Sohnes, wendet sich verzweifelt an ihn und sagt: *Mais aide-moi donc, Raymond.*

D. h. unter gewissen komplexen Konstellationen gelingt es Patienten, die ansonsten „sprachlos" sind, Äußerungen hervorzubringen, die sie z. B. nach Aufforderung nicht hervorbringen können.

2) Pick bemerkte bereits 1909, daß Aphasiker unter formal definierten Bedingungen angemessene rezeptive und expressive Leistungen erbringen können, zu denen sie unter anderen Testbedingungen nicht in der Lage sind. Er fand heraus, daß Aphasiker mit Worttaubheit dann die Bedeutung von Wörtern verstehen, wenn sie ein vom Interviewer vorgesprochenes Wort korrekt nachgesprochen hatten; andere Patienten mit Sprachverständnisstörungen

---

[1] So ganz stimmt diese Einschätzung allerdings nicht. Bereits Pick (1913), aber z. B. auch Meringer/Mayer (1895) haben Ähnliches versucht. Daher sollte man vielleicht sagen: Es wird ein Bezug zwischen formalen, an den Standards der Naturwissenschaften orientierten Grammatiken und Neuropsychologie hergestellt.

[2] Bereits 1895 schloß der französische Arzt Baillarger aus Beobachtungen an aphasischen Patienten: „Il est bien évident qu'ici l'incitation motrice volontaire était abolie et que l'incitation motrice spontanée persistait." (aus Weigl, 1961, S. 337).
(Es ist ganz offensichtlich, daß hier die willkürliche motorische Erregung zerstört war, während die spontane motorische Erregung beibehalten war; meine Übersetzung)
Für eine experimentelle Problematisierung der Deblockierungshypothese vgl. Evers-Petry (1985).

verstehen die Bedeutung eines Wortes sofort, welches der Untersucher ihnen vorspricht, wenn der entsprechende Gegenstand gleichzeitig dargeboten wird.

Die systematische experimentelle Aufbereitung solcher Phänomene (Typ 2) und die Erklärung der diesen Phänomenen zugrundeliegenden neuropsychologischen Prozesse und grammatischen Strukturen ist die Deblockierungshypothese. Folgende Gesichtspunkte sollen dabei einer Klärung nähergebracht werden (Weigl/Bierwisch, 1970, S. 1 f.):

— Wie sind die linguistisch motivierten Ebenen der Repräsentation der Sprachstruktur und die Komponenten der Grammatik (Phonologie, Syntax, Semantik) vom Gesichtspunkt ihrer Zugänglichkeit unter pathologischen Bedingungen motiviert?
— In welchem Ausmaß sind sie auf die relativ autonomen Aspekte der Sprachverarbeitungsfunktionen (Produktions- und Perzeptionsfunktionen) bezogen?
— Welche Schlüsse bezüglich der psychologischen Realität der Sprachkompetenz lassen sich aus neuropsychologischen Beobachtungen ziehen?
— Ist es umgekehrt so, daß grammatische Charakterisierungen Erklärungen für bestimmte Typen von Sprachstörungen erlauben?

Wie konnte es überhaupt zu solchen Überlegungen kommen? Es liegt ja nicht auf der Hand, daß Linguistik, Psychologie und Neurowissenschaft gemeinsame Forschungsfragen entwickeln. Schließlich zeigt das Spektrum sprachwissenschaftlicher Betätigungsfelder auch solche Aspekte wie die Beziehung zwischen Gesellschaft und Sprache (Soziolinguistik), Sprache und Situation/Argumentation (Pragmatik, gelegentlich auch transzendental gewendet), oder Grammatik i. S. deskriptiver Verfahren zur Charakterisierung von gemeinsam geteilten Normen oder gruppenspezifischen Normen, oder Stilistik, Textwissenschaft u.v.a.m. Erst, wenn man sich ein wenig in anderen Teilgebieten der Linguistik umschaut, läßt sich unsere Frage vielleicht beantworten.

Zu den Vertretern der sog. Deblockierungshypothese gehört nämlich, neben Nicht-Linguisten wie Weigl, Kreindler, Böttcher auch und vor allem Manfred Bierwisch (gelegentlich auch der Phonologe Wurzel). M. Bierwisch arbeitete zumindest zu der Zeit, als die wichtigsten Arbeiten der Ostberliner Aphasieschule veröffentlicht wurden (also in den 70er Jahren) im Forschungsparadigma der generativen Transformationsgrammatik. Dieses Paradigma wurde 1957 mit N. Chomskys „Syntactic Structures" etabliert und erhielt seine wohl bekannteste Ausformulierung in den berühmten „Aspects of the Theory of Syntax" (1965).[3]

Was unterschied diese Art von Grammatik von anderen grammatischen

---

[3] Soweit ich das überschauen und einschätzen kann, sind die neueren und neuesten Entwicklungen (also von den ‚Conditions on Transformations' (1973) über ‚Lectures on Government and Binding' (1981b) bis hin zu ‚Knowledge of Language: Its nature, origin, and use' (1986) nicht in derart vielen Disziplinen einflußreich gewesen (in Pädagogik, Philosophie, Psychologie usw.) wie die ‚Aspects', obwohl vor allem die ‚Government-Binding'-Theorie vermutlich die erste Syntaxtheorie ist, welche die richtigen universalgrammatischen Eigenschaften hat; insbesondere ermöglicht sie, zwischen kerngrammatischen und an der grammatischen Peripherie sich befindenden sprachlichen Prinzipien zu unterscheiden, ein Konzept, welches den Übergang von einem ‚naiven' zu einem ‚radikalen' Falsifikationismus in der Linguistik markiert.

Ansätzen, und was machte sie so attraktiv, daß nicht nur ganze Scharen von damals noch sehr jungen Linguisten, sondern auch Psychologen und Neuropsychologen versuchten, mit Transformationsgrammatikern zusammenzuarbeiten?

Grammatiken sind, so sagt Chomsky, nur dann interessant, wenn sie uns Aufschlüsse geben über die implizite Sprachkenntnis der Sprecher/Hörer ('internalized language', nach Chomsky, 1986) und wenn sie abgeleitet werden können aus universell gültigen Prinzipien der Konstruktion von Einzelsprachgrammatiken. Kalküle, die zur Beschreibung verwendet werden (Phrasenstruktur- und Transformationsregeln mit dem für sie spezifischen formalen Vokabular) sind demnach nicht beliebige, nach in den Wissenschaften sonst üblichen Eleganzkriterien beurteilte formale Vorrichtungen, sondern psychologisch gedeutete und bewertete Symbol- und Berechnungssysteme. Die mit ihrer Hilfe ausgedrückten Regularitäten sollen ein Teil dessen charakterisieren, was wir in der Sprachverwendung an Äußerungen anderer wahrnehmen, bzw. dessen, was wir zur Produktion von Sätzen an formalen Aspekten benötigen. Transformationsgrammatiken sind also psychologisch real, und zwar in einem bestimmten Sinne: Sie definieren alle jene Eigenschaften von Sätzen, die im Prinzip dem Sprachteilnehmer zur Verfügung stehen. Methodisches Korrelat dazu ist die Papier-und-Bleistift-Situation. Zur Illustration wollen wir einen einfachen Fall betrachten:

(1) Der Mann, der den Pfahl, der auf der Brücke, die nach Worms führt, steht, umgestoßen hat, erhält eine Verwarnung.

Wenn wir uns, trotz der Möglichkeit, daß wir etwa beim akustischen Wahrnehmen dieses Satzes zunächst scheitern mögen, alle beliebigen Sprachverarbeitungssituationen und die von uns durchgeführten Berechnungen dieses Satzes vorstellen, kommen wir dazu, vom Zeitfaktor absehen zu können. Oder anders: Wie partiell auch immer unsere strukturelle Erfassung dieses Satzes pro Sprachverarbeitungssituation sein mag: Sie speist sich dennoch jeweils aus ein und demselben Kenntnissystem. In einer Sprachverarbeitungssituation könnten wir dem Satz z. B. folgende minimale syntaktische Struktur zuordnen:

(2) (i) [$_S$ der Mann [$_S$ der den Pfahl der auf der Brücke die nach Worms führt steht umgestoßen hat] erhält eine Verwarnung]

Es ist jedoch auch denkbar, daß (1) eine ausdrucksreichere Strukturierung erhält, in der die jeweiligen Einbettungsstrukturen zu Tage treten, die ja wesentlich die Interpretation des Satzes beeinflussen:

(2) (ii) [$_S$ [$_{NP}$ der Mann [$_S$ der [$_{NP}$ den Pfahl [$_S$ der [$_{PP}$ auf der Brücke [$_S$ die nach Worms führt] steht] umgestoßen hat] erhält eine Verwarnung]$_S$

Bei solchen strukturellen Zuordnungen verwenden wir rekursive Regeln, und dies in dem oben angegebenen gleichen Sinn:

(3) (i)   S → NP VP
    (ii) NP → Det N (S)
    (iii) VP → (NP) (PP) V   usw.

Zu dieser (völlig inexpliziten, aber für die hier anstehende Frage hinreichenden) Regelmenge gibt es diverse Derivationen:

(4) (i)   S
            NP   VP   — nach Anwendung von (i)
            Det N S   VP   — nach Anwendung von (ii)
            Det N S   NP V   — nach Anwendung von (iii)
            Det N_1 S   Det N_2 V   — nach Anwendung von (ii)

    (ii)   S
            NP   VP   — nach Anwendung von (i)
            NP_1 NP_2 V   — nach Anwendung von (iii)
            Det N_1 S NP_2 V   — nach Anwendung von (ii) auf NP_1
            Det N S   Det N V — nach Anwendung von (ii) auf NP_2

Schemata wie (4) (i) und (ii) sind „Derivationen", das, was allen Derivationen gemeinsam ist, ist ein Phrase-Marker (vgl. Chomsky, 1957).

Die Regeln (3) (i–iii) definieren eine strukturelle Beziehung zwischen den Zeilen, ohne daß damit behauptet sein muß, daß dies für Sprecher beim Hervorbringen von Sprache eine Vorgehensvorschrift sein muß bzw. die Hörer beim Wahrnehmen von Sprache so oder „von unten nach oben" vorgehen müssen (wenn auch in einem anderen Sinne „bottom-up"-Verarbeitung ein generell wohl gültiges Verfahren ist, weil wir ja beim Wahrnehmen von Schallwellen der Äußerung eine Interpretation nach Maßgabe der Grammatik zuordnen).

Analoge Überlegungen gelten für Transformationen. Transformationen sind Abbildungsbeziehungen zwischen zwei Ableitungszeilen. Nehmen wir ein einfaches Beispiel:

(5) (i)   Wen hast du gesehen?
    (ii) [$_\overline{S}$ [$_{COMP}$ e] [$_S$ du [$_{VP}$ [$_{NP}$ wen] [$_V$ gesehen hast]]]] -zugrundeliegende Struktur
         1   2   3   4   -Faktorisierung
        w-Bewegung (unter Absehung der Wortordnung von (120) (i) bewirkt)
    (iii) [$_\overline{S}$ [$_{COMP_i}$ wen [$_S$ du [$_{VP}$ [$_{NP_i}$ e] [gesehen hast]]]]
        d. h. *COMP* wird auf *wen* abgebildet und *wen* auf [$_{NP}$ e][4].

Im Grunde ist es gleichgültig, welche der beiden Ableitungszeilen „zuerst" hingeschrieben werden. Da w-Bewegung eine Funktion von *COMP* auf w-Elemente ist, gilt im Prinzip auch die Inverse, nämlich von *w*-Elementen auf *COMP*. M.a.W. auch hier ist die Beziehung zwischen zwei Zeilen nicht zeitlich, sondern rein formal zu verstehen[5].

---

4 So ganz korrekt ist (5) nicht, wenn man sich neuere Analysen zur Syntax des Deutschen ansieht. In diesen Analysen ist COMP die Position für flektierte Verben oder Complementizer.

5 Damit will ich nicht behaupten, daß es unter *allen* Kriterien gleichgültig ist, wie Beschreibungen in der Grammatik organisiert sind. Es könnte sich nämlich zeigen, daß unter dem Kriterium der Einfachheit von Grammatiken nur eine Art der Ableitung angemessen ist, weil z. B. unter der inversen Transformation die Ableitung unnötig kompliziert wird (vgl. Fodor, 1977, und Leuninger, 1979).

Im Grunde ist es dieser Formalismus mit seinen modalitätsneutralen Eigenschaften gewesen, der die Psycholinguisten der 60er Jahre so fasziniert haben muß. Aber es ist auch zu einigen Mißverständnissen gekommen. Zwar sind, wie wir gerade gesehen haben, Transformationsregeln geordnet, aber sie sind dies in einem formalen Sinne. Diese Ordnung ist gelegentlich als zeitliche Abfolge psycholinguistisch gedeutet worden. So sind die Vertreter der sog. Theorie der Ableitungskomplexität (vgl. dazu Leuninger u. a., 1972) davon ausgegangen, daß die Wahrnehmungskomplexität von Sätzen proportional zur Anzahl der Transformationen ist, die zur Ableitung der jeweiligen Sätze nötig sind. Betrachten wir z. B. (6):

(6) (i) Mary loves John.
    (ii) John was loved by Mary.
    (iii) Mary doesn't love John.
    (iv) Does Mary love John.
    (v) John was not loved by Mary.

Wahrnehmungskomplexität ermittelt sich aus der Anzahl der Transformationen i. d. Sinne, daß jede Transformation Zeit kostet. Beim Wahrnehmen der obigen Sätze muß der Hörer nämlich zurückrechnen bis zur Tiefenstruktur, d. h. Satzstrukturen Schritt für Schritt „detransformieren"; z. B. müßte (6) (v) wie folgt „detransformiert" werden (= De-):

(7) (i) De-Negation: John was loved by Mary.
    (ii) De-Passivierung: Mary loved John.

Einige Beobachtungen aus dem Spracherwerb und aus der Sprachwahrnehmung lassen jedoch Zweifel an solchen Modellen aufkommen. Betrachten wir z. B. folgende Sätze:

(8) (i) John was hit by someone.
    (ii) John was hit.

(9) (i) John runs faster than Bill runs.
    (ii) John runs faster than Bill.
    (iii) John runs faster than Bill does.

(8) (ii) ist unter der ‚Aspekte'-Theorie der Syntax durch eine Tilgung einer „semantisch" leeren by-Phrase auf (i) bezogen, müßte also wahrnehmungskomplexer sein, was unplausibel ist. (9) (ii) wird ebenfalls durch eine Tilgung (nämlich Tilgung der VP) aus (i) abgeleitet, und (iii) wird durch Tilgung von V unter Zurücklassen des Auxiliarknotens und Anwendung von *do*-Support aus (i) abgeleitet. Es hätte sich also in Komplexitätstests ein Unterschied zwischen (i) einerseits und (ii), (iii) andererseits zeigen müssen, und zwar so, daß z. B. Reaktionszeiten für (i) kürzer sind als für (ii), (iii). Das Umgekehrte hat sich jedoch herausgestellt: (i) benötigte längere Reaktionszeiten als (ii), (iii). Auch zwischen (ii) und (iii) müßte sich ein meßbarer Unterschied ergeben, (ii) und (iii) differierten jedoch nicht signifikant. Der Vergleich zwischen (8) (i) und (8) (ii) sowie zwischen (9) (ii) und (9) (iii) zeigt, daß die Theorie der Ableitungskomplexität inkonklusiv ist, der Vergleich der Reaktionszeiten von (9) (i) und (9) (ii), (iii) zeigt, daß die Theorie der Ableitungskomplexität, so wie sie formuliert ist, falsch ist, ganz abgesehen von der dieser Theorie zugrun-

deliegenden recht unplausiblen Prämisse, daß Sprachwahrnehmung ein rein serielles Abarbeiten des Inputs ist (vgl. hierzu auch Fodor u. a., 1974).

Dies führte zu der Anfang der 70er Jahre generell vertretenen Meinung: Transformationen sind psychologisch nicht real bzw. die Beziehung zwischen Grammatik als Kompetenztheorie und der Performanz ist abstrakt: Dies wurde besonders prägnant in der wichtigen und erkenntnisleitenden Arbeit von Fodor und Garrett, „Some Reflections on Competence and Performance", 1966, so formuliert:

„Es sollte hervorgehoben werden, daß, wenn gezeigt worden ist, daß eine prädizierte Komplexitätsordnung nicht besteht, man nicht gezeigt hat, daß die Grammatik falsifiziert ist. Eine Grammatik ist einfach eine axiomatische Repräsentation einer unendlichen Menge struktureller Beschreibungen; die interne Evidenz zugunsten der von modernen Grammatiken erzeugten Beschreibungen ist so stark, daß schwer vorstellbar ist, daß sie aufgrund irgendwelcher experimenteller Falsifikationen scheitert. Man sollte negative Daten eher dahingehend deuten, daß eine akzeptable Theorie über die Beziehung zwischen Kompetenz- und Performanzmodellen solche Beziehungen als abstrakt darstellen sollte, wobei der Abstraktheitsgrad proportional dazu ist, wie die Korrespondenz von formalen Merkmalen von Derivationen und Performanzvariablen scheitert." (Meine Übersetzung).

Dieses etwas ausführliche Zitat ist recht wichtig, und zwar wegen der Einschätzung von Grammatiken als axiomatische, formale Systeme. Dies wird nämlich zur Beurteilung des Deblockierungsansatzes von Bedeutung sein. Gegenwärtig jedoch denke ich, ist es angemessen, diese Passage so zu verstehen, wie ich es im vorangegangenen erläutert habe.

1.2 Die Deblockierungsmethode

Um eine Deblockierung handelt es sich nur dann, wenn sämtliche Verfahrensvorschriften genau beachtet werden, damit das Phänomen in seiner ‚reinsten' Form belegt werden kann (Weigl, 1961). So ist es unabdingbar, daß der Patient sowohl vom zu deblockierenden Gegenstand als auch vom deblockierenden Reiz nichts weiß, damit der Deblockierungsprozeß „automatisch" ablaufen kann. Das Verfahren sieht wie folgt aus:

Testmaterial
Zunächst wird in einem *Vortest* geklärt, welche Items in welcher Modalität nicht oder bloß defizitär zur Verfügung stehen und welche Modalität relativ intakt ist. Alle Sprachverarbeitungsmodalitäten können verwendet werden. Nach den Angaben in den einschlägigen Publikationen werden die Leistungen in den ungestörten Modalitäten mit 70—100 % beziffert, die Leistungen sollten 70 % korrekte Reaktionen nicht unterschreiten. Die Leistungen in den defizitären Modalitäten reichen von 0—60 % korrekte Reaktionen.

Weiter wird eine Menge von *Ablenkern* ermittelt, die ein Memorieren von Items verhindern sollen.

Testaufbau
Jedes Deblockierungsverfahren hat einen standardisierten *Aufbau*: Zunächst

werden die im Vortest ermittelten Items in der am besten erhaltenen Modalität präsentiert. Danach werden die Ablenker dargeboten. Im dritten Durchgang werden die Items in der gestörten Modalität gegeben.

Auswertung
Bei der Auswertung der Testergebnisse werden die nicht deblockierten mit den deblockierten Items verglichen und Leistungen vor und nach dem Deblockieren verglichen und bewertet. Es zeigt sich generell, daß man mit diesem Verfahren jedenfalls für eine gewisse Dauer ein „Wiederaufscheinen" von Items in einer ansonsten gestörten Modalität ohne Üben und explizite Instruktionen erreichen kann.

Einige Beispiele (Weigl, 1961)
FALL 1
Hier handelt es sich um einen 64-jährigen rumänischen Patienten, bei dem im Vortest festgestellt worden war, daß Nachsprechen die gestörte Modalität war (0 % korrekte Leistungen) und Lautlesen partiell intakt war (70 % korrekte Leistungen).
Im Vortest wurden 36 in der Nachsprechmodalität gestörte Items ermittelt, von denen 12 gemäß dem vorerwähnten Aufbau zunächst itemweise zum Nachsprechen und Lautlesen dargeboten wurden, wobei das Nachsprechen jeweils mißlang; dann wurden sie — nach Einschalten der Ablenker — erneut zum Nachsprechen dargeboten. Es zeigte sich, daß 10 von den 12 deblockierten Items korrekt nachgesprochen werden konnten, während keines der restlichen 24 nicht-deblockierten Items im Nachsprechen realisiert werden konnte. Hier einige Beispiele:

(10)	Nachsprechen ohne vorheriges Lautlesen:	Nachsprechen nach Lesen
cerb (Hirsch)	keine Reaktion	cerb
papuci (Hausschuhe)	keine Reaktion	papuci

FALL 2: Kettendeblockierung
Während man, so Weigl (1969, S. 94 f.), bei Gesunden die „Reaktion des Gesamtsystems der Sprachfunktionen auf einzelne oder kombinierte Verbalreize" wegen der praktisch „unübersehbaren" Komplexität des Phänomens relativ schlecht erforschen kann, läßt sich mithilfe der Anwendung eines Spezialfalls der Deblockierungsmethode diese „Dynamik" recht deutlich zeigen. Dieser Spezialfall, die Kettendeblockierung, bewirkt „polyfunktionale Irradiierungseffekte", also Deblockierungseffekte bei Items in nichtdeblockierten Modalitäten, und zwar auf folgende Weise: In der Kette „der zu deblockierenden Leistungen verschiedener gestörter Funktionen" (z. B. Benennen, Nachsprechen, Lautlesen) „bleiben einige Funktionen ausgespart ... Nach dem Gelingen der Deblockierungskette werden nun die entsprechenden Leistungen eben dieser nicht unmittelbar deblockierten Funktionen geprüft (...). Dabei stellt sich heraus, daß diese Leistungen ‚mitdeblockiert' wurden, mit anderen Worten, daß die von uns experimentell provozierten Stimulierungen das sprachfunktionale System *als Ganzes* betrafen." (Weigl, 1969, S. 95)
Hier nun ein Beispiel für eine solche Kettendeblockierung (Weigl, 1969, S. 93):

Bei einem Patienten mit motorischer Aphasie fand man folgendes klinisches Bild:

(11) <u>Voll intakte Funktionen</u>
— auditives Wortverständnis
— Nachsprechen
— lexisches Wortverständnis
— Abschreiben

(% = Ausmaß der Störung)

gestörte Funktionen
— Lautlesen (60 %)
— mündliches Benennen (80 %)
— schriftliches Benennen (100 %)
— Diktatschreiben (100 %)
— Lautlesen des Selbstgeschriebenen (100 %)

1. Inputreihe
— Abschreiben: *Lunge, Kuchen, Maurer* (korrekt)
— Lexisches Wortverständnis: Vorlage der Wörter *Bank, Wolf, Rosinen, Kuchen*. Der Patient ordnet *Kuchen* richtig *Rosinen* zu.

2. Inputreihe
Bei der Vorkontrolle beherrschte der Patient das Wort *Kuchen* in den gestörten Funktionen nicht. Die Deblockierung erbrachte folgende Ergebnisse:

Korrekt
{ Schriftliches Benennen der Abbildung.
Lautlesen *Kuchen*.
Mündliches Benennen der Abbildung *Kuchen*.
Lautlesen des selbstgeschriebenen Wortes *Kuchen*.

Hier scheint sich also die durch die erste Inputreihe erfolgte Vorerregung auf das Sprachsystem als Ganzes auszubreiten, sozusagen recht unabhängig von der „Verwandtschaft" einzelner Sprachverarbeitungsmodalitäten.

Was die Dauer des Deblockierungseffekts anbelangt, so erlischt er meistens unmittelbar nach dem Experiment (z. B. auch bei den im vorangegangenen skizzierten Fällen 1 und 2), d. h. die Verweildauer überschreitet im Normalfall 10 Minuten nicht. Gelegentlich ist sie auch länger (Weigl, 1969, erwähnt zwei Fälle, bei denen der Effekt 48 Stunden bzw. 2 Jahre andauerte; vgl. hierzu Evers-Petry, 1985).

Ich möchte nun die Deblockierungshypothese insbesondere anhand einer neueren Arbeit von Bierwisch/Weigl (1978) erörtern.

1.3 Deblockierung und syntaktische Struktur

Man kann Sätze natürlicher Sprachen aufgrund ihrer syntaktischen Beziehungen zueinander zu einer „Familie transformationell verwandter Sätze" gruppieren (FTV). Hier das Beispiel aus Bierwisch/Weigl (1978, S. 2):

(12) S_1 Der Arzt untersucht Gertrud.   Aktiver Matrixsatz
  S_2 Gertrud wird vom Arzt untersucht.   Passiver Matrixsatz
  S_3 Wer untersucht Gertrud?   W-Frage
  S_4 Wen untersucht der Arzt?   W-Frage
  S_5 Untersucht der Arzt Gertrud?   Entscheidungsfrage
  S_6 Ich weiß, daß Gertrud vom Arzt untersucht wird. Passiver Konstituentensatz

S₇ Weil der Arzt Gertrud untersucht.   Aktiver Konstituentensatz
S₈ Der Arzt will Gertrud untersuchen.   Modalergänzung

Die transformationelle Beziehung läßt sich durch Schema (13) darstellen (wobei S_2 der Deblockant war):

(13)
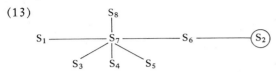

Diesem Experiment lagen drei Hypothesen zugrunde:

HYPOTHESE A
In einer gestörten Funktion gibt es einen Irradiierungseffekt in bezug auf Wörter, die semantisch aufeinander bezogen sind.

HYPOTHESE B
Es ist möglich, in einer gestörten Funktion aufeinander bezogene Sätze zu deblockieren.

HYPOTHESE C
In einer gestörten Funktion gibt es einen Irradiierungseffekt in bezug auf Sätze, die durch FTV aufeinander bezogen sind.

Es liegt auf der Hand, daß A und B Prämissen sind, die erfüllt sein müssen, damit C formuliert und überprüft werden kann.

Getestet wurden diese drei Hypothesen mit einer Broca-Patientin mit folgendem Leistungsmuster:

(14) intakte Funktionen   gestörte Funktionen
  – auditive Sprachwahrnehmung   alle anderen expressiven Funktionen
  – Koartikulation
  – Abschreiben
  – rezeptives Lesen

Koartikulation war nur möglich mit zusätzlichem Lippenlesen; rezeptives Lesen gelang nur bei isolierten Wörtern, Nachsprechen war relativ intakt bei isolierten Wörtern, jedoch für Sätze blockiert. Als deblockierende Funktionen wurden Abschreiben und Koartikulation gewählt.

HYPOTHESE A
Schon in vergangenen Deblockierungsexperimenten zeigte sich, daß nicht nur das jeweils zur Deblockierung ausgewählte Item, sondern häufig auch Items aus demselben semantischen Feld aktiviert werden konnten.
  Im hier diskutierten Experiment wurden demgemäß 42 Nomina aus dem Bereich Bekleidung zur Deblockierung verwendet. Mithilfe solcher Fragen wie *Was ziehen Männer an?, Was für Kleidungsstücke kennen Sie noch?* gelang es, zusätzlich 32 Items aus besagtem Feld zu deblockieren.

HYPOTHESE B
Hier gelang die Deblockierung solcher Sätze (NP-kauft-NP) wie *Die Mutter kauft den Hut, Die Tochter kauft Gemüse* usw. in den gestörten Modalitäten Nach-Diktat-Schreiben, Nachsprechen und Lautlesen.

Da sich also die beiden Prämissen erfüllten, konnten Bierwisch/Weigl zur Überprüfung von C übergehen.

HYPOTHESE C
Hierzu wurden 30 Satzfamilien konstruiert, insgesamt 160 Sätze enthaltend. Das Experiment war auch insofern sehr aufwendig, als pro Sitzung bloß 2–3 Satzfamilien getestet werden konnten, so daß mehrere Monate zur Durchführung benötigt wurden. Das Verfahren war wie folgt: Es wurde jeweils ein Satz aus einer Satzfamilie in den nicht-gestörten Modalitäten (Koartikulation und Abschreiben) präsentiert und dann zum Diktatschreiben, Nachsprechen und Lautlesen gegeben (Kettendeblockierung). Unmittelbar nach der Deblockierung dieses Satzes wurden die anderen Sätze aus derselben Satzfamilie in den gestörten Modalitäten präsentiert (vgl. (11) und (12)).

Ergebnisse:
Die Daten lassen sich drei Kategorien zuordnen:
— korrekt realisierte Sätze;
— nicht realisierte Sätze;
— defizitäre, aber syntaktisch realisierte Sätze.
Die Ergebnisse der ersten und dritten Kategorie wurden außerdem danach bewertet, ob die Patientin über Ersatzstrategien vorging, wobei jeweils der letzte korrekte Versuch zählte.
Dabei ergab sich folgende Verteilung:

(15)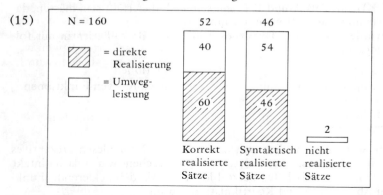

M.a.W. 52% bzw. 98% der Sätze wurden korrekt syntaktisch realisiert, bloß 2% waren nicht korrekt, ein in der Tat für solch eine gravierende Störung erstaunliches Ergebnis. Zur Illustration einige von Bierwisch/Weigl angegebene Beispiele (Diktat-Schreiben) mit *Der Mann zündet eine Zigarette an* als deblockiertem Satz:

(16)		Patientin	Analyse
(i)	Wer zündet eine Zigarette an?	*Wen* zündet eine Zigarette*n* an? *Wie* zündet eine Zigarette*n* an?	Kategorie 3
(ii)	Zündet der Mann eine Zigarette an?	Zündet der Mann *von* Zigaretten an?	Kategorie 3
(iii)	Was zündet der Mann an?	Was zündet der Mann an?	Kategorie 1
(iv)	Ich weiß, daß der Mann Zigaretten anzündet.	Ich weiß, daß der Mann *von* Zigaretten *zündet an*.	Kategorie 3
(v)	Eine Zigarette wird angezündet.	...Zigarette*n*...*der* Mann *anzündet*.	Kategorie 3

Man könnte, so führen Weigl/Bierwisch aus, gegen die vermutete Bestätigung der Irradiierung auf transformationell verwandte Sätze und der damit verbundenen Annahme, daß die den Irradiierungen zugrundeliegenden Transformationsregeln psychologisch real sind, nun folgendes einwenden: Es ist nicht Irradiierung, sondern ein viel schwächeres Phänomen nachgewiesen worden, und zwar folgendes: Wenn eine bestimmte Menge von Wörtern, die für einen Satz erforderlich sind, einmal deblockiert worden ist, dann kann automatisch jede andere Anordnung von Wörtern (einschließlich der in den transformationell verwandten Sätzen) in der fraglichen Sprachverarbeitungsfunktion produziert werden. Aufgrund eines solchen möglichen Einwands wurden zwei zusätzliche Experimente durchgeführt: Im ersten Experiment wurde der Frage nachgegangen, ob für die Patientin die Realisierung eines Satzes etwas anderes ist als der Zugang zu Einzelwörtern. Von drei nicht deblockierten Sätzen wurden die einzelnen Wörter jedes Satzes getrennt deblockiert; danach wurden die Sätze zum Schreiben diktiert; z. B.:

(17) *Hans, im Auto, Peter, wird kommen*

wurde deblockiert und dann zum Diktatschreiben präsentiert mit folgendem Ergebnis:

(18) *Hans wird Peter im Auto kommen*
 für: *Hans wird in Peters Auto kommen.*

Dies gilt als syntaktisch nicht realisiert, was für mein Verständnis eine erstaunliche Charakterisierung ist:

Vergleichen wir dies nochmals mit der Realisierung von *Zündet der Mann eine Zigarette an* als *Zündet der Mann von Zigaretten an* (16), was als defizient, aber syntaktisch realisiert gilt. Defizient, aber syntaktisch realisiert sind offenkundig solche Formen, bei denen

a) die Oberflächenwortordnung von Ziel- und Input-Satz dieselbe ist
und

b) es gelegentlich zu Verwechslungen („geringfügigen Irrtümern") bei „grammatischen Wörtern" wie Präpositionen, Konjugationen, Artikeln usw. kam.

Das heißt somit für den als nicht realisiert eingeschätzten Satz (18)

a) die Präposition *in/im* ist deplaziert;

b) *kommen* ist kein transitives Verb, mithin ist *wird Peter im Auto kommen*

(wie *Peter im Auto spazierenfahren* abweichend (übrigens wird dieses Kriterium der Subkategorisierung nicht diskutiert).
Andererseits aber gilt

(19) (i)   *Zigaretten ... der Mann anzündet*
    (ii) *Zigaretten anzündet der Mann*

als korrekte syntaktische Realisierung von *Eine Zigarette wird vom Mann angezündet*, wo ja die Reihenfolge nicht beibehalten wird.

M.a.W., die Kategorisierung der sprachlichen Hervorbringungen ist leider nicht hinreichend geklärt, so daß man nicht weiß, ob die Einschätzungen des Defekts und der Deblockierungseffekte richtig sind. In einem zweiten zusätzlichen Experiment wurden fünf Satzfamilien und dazu ungrammatische Ketten mit Zufallsanordnung der fraglichen Wörter getestet:

(20) (i)   Sie wird bald da sein.
    (ii)   Wird sie bald da sein?
    (iii) Bald wird sie da sein.
    (iv) *Da bald wird sein sie.
    (v)   *Wird sein bald da sie.

Die Leistungen bei den Zufallsketten waren drastisch schlechter als bei den korrekten Mitgliedern der Satzfamilie. Von den 60 wohlgeformten Sätzen waren 80 % korrekt und 20 % leicht defizient; von den 42 Formen mit zufälliger Wortordnung waren 17 % korrekt und 83 % nicht realisiert. Mithin ist der Einwand, daß es sich bei dem Hauptexperiment nicht um Irradiierung auf transformationell verwandte Sätze, sondern bloß um andere Anordnung von Wörtern handelt, entkräftet.

Noch eine Bemerkung zu dem hier zugrundegelegten Konzept von transformationeller Verwandtschaft sei eingefügt. Sowohl im vorliegenden Aufsatz als auch bereits in Weigl/Bierwisch (1970) wird behauptet, daß die fraglichen Satzfamilien durch eine Transformationsgrammatik des Aspekte-Typs erzeugt werden können. Dies wird auch durch das Schema (21) nahegelegt, wo vom aktiven Hauptsatz aus alle „Verwandten" entspringen:

(21)

Nehmen wir einmal die Beziehung der Formen 3—5 ((i) ist jeweils die Tiefenstruktur, (ii) die Transformation):

(22) (i)   ④   [+Q] wer untersucht Gertrud
    (ii) w-Bewegung: [wer] untersucht Gertrud

(23) (i)   ⑤   [+Q] der Arzt untersucht wen
    (ii) w-Bewegung: [wen] untersucht der Arzt

(24) (i)   ③   [−Q] der Arzt untersucht G. (aus irgendeinem
                                                        Grund = weil)
    (ii)   [weil] der Arzt G. untersucht

Man sieht also, daß ③ und ④/⑤ ganz unterschiedliche Tiefenstrukturen haben. Verwandtschaft (im Sinne der Aspekte-Theorie) kann jedoch nur heißen, daß es einen gemeinsamen Ursprung gibt, was hier nicht der Fall ist. Offenkundig handelt es sich um eine Variante der Transformationsgrammatik, die hier Satzfamilien definiert, nämlich die Version der „Syntactic Structures", wo in der Tat von einer rein „formalen" Beziehung von Satzstrukturen ausgegangen wurde und die Überlegung, in welcher Weise syntaktische Strukturen Bedeutungen festlegen, eine nur marginale Rolle spielte. Es wäre schön gewesen, wenn dies bei den Autoren klarer herausgekommen wäre[6].

1.4 Zusammenfassung

Fassen wir noch einmal die Annahmen und Ergebnisse mit den wichtigsten Begrifflichkeiten zusammen (Weigl (1969)):
— Unter bestimmten experimentellen Bedingungen können höhere, eigentlich gestörte kognitive Leistungen wie Verstehen und Hervorbringen von sprachlichen Einheiten (Laute, Wörter, Sätze) in „mehr oder minder großem Umfang und für kürzere oder längere Dauer aufgehoben, ‚deblockiert' werden." (Weigl, 1969, S. 90)
— „Es muß zu den gestörten Leistungen einer bestimmten Funktion wenigstens ein ... intakter Zugang gefunden werden."
— „Die Leistung der intakten Funktion muß der gestörten zeitlich vorangehen."
— Für die Eignung einer Funktion als Deblockant ist lediglich die totale oder weitgehende Intaktheit dieser Funktion entscheidend.
— Die Leistungen der intakten und gestörten Funktionen müssen in einem gewissen „Verwandtschaftsverhältnis" stehen: entweder Identität von Lesen und Benennen von z.B. *Tisch*; oder b) funktionale Beziehung (Irradiierung): Das korrekte Lesen der Wörter *scharf-Tränen-beißend-schneiden-braten* kann das sonst gestörte Benennen der Abbildung *Zwiebel* deblockieren; c) Antonymiebeziehung: *zuknöpfen* kann *aufknöpfen* deblockieren; d) Oberbegriff: *Möbel* kann *Stuhl* deblockieren; e) syntaktische Beziehungen: *Sie verteilt die Spaghetti* kann *Sie weiß, daß sie die Spaghetti verteilt* deblockieren.
— Durch die Leistungen einer oder mehrerer intakter Funktionen können nicht nur entsprechende Leistungen einer einzelnen gestörten Funktion, sondern einer ganzen Kette gestörter Funktionen deblockiert werden (Kettendeblockierung).
— Die Wirksamkeit des Deblockierungseffekts erreicht in optimalen Fällen nahezu 100 %. Die Stabilität des Deblockierungseffekts variiert von Erlöschen unmittelbar nach dem Experiment bis zu 2 Jahren.

---

6 In Chomsky (1981b) allerdings wird mithilfe der sog. Thetatheorie geklärt, daß z.B. w-Wörter bzw. die durch Bewegung dieser Wörter in Satzanfangsposition zurückgelassenen Spuren und „normale" Nominalphrasen interessante Eigenschaften teilen, die für die letztendliche Interpretation der Sätze von Belang ist.

1.5 Methodologische Überlegungen

Wie ich eingangs schon erwähnt habe, sollen die Deblockierungsexperimente sozusagen beidseitige Konsequenzen, nämlich in bezug auf Aphasieforschung einerseits und systematische Linguistik andererseits haben.

Weigl, Bierwisch und den anderen Ostberliner Aphasieforschern geht es nicht so sehr darum — etwa, wie wir es bei der Einteilung aphasischer Syndrome in vier große Aphasietypen kennengelernt haben —, generell gültige Störungsmuster bei der Aphasie auszugliedern, sondern darum, Aphasie als ein Blockierungsphänomen anzusehen. Bestimmte, sozusagen patientenspezifische blockierte Leistungen werden dann unter festgelegten, recht streng kontrollierten Testverfahren deblockiert.

„Von linguistischer Seite stellt sich nun die Frage, ob die Neuropsychologie in der Lage ist, zum Nachweis der psychologischen Realität der Unterscheidung zwischen Kompetenz und Performanz beizutragen." (Weigl, 1969, S. 99).

Aphasie soll aber, wie wir gesehen haben, eine modalitätsspezifische Zugangsstörung zu sprachlichen Informationen sein, die demnach in einer anderen Modalität ohne experimentellen Eingriff offenkundig vorhanden ist. Daraus schließen die Ostberliner, daß die Kompetenz des jeweiligen Patienten intakt ist und nur gewisse diskrete Aspekte der Performanz gestört sind. Daraus folgt weiterhin, daß das, was bei einer sprachlichen Rehabilitation geschieht, nicht Neulernen ist, sondern modalitätsspezifisches Wiederfinden verschütteter Informationen. Mithin ist Aphasie — sieht man einmal von totaler Verstummung ab, ein Fall von Aphasie, der keine Schlüsse zuläßt — kein Verlust von Sprachkenntnis, sondern eine Blockierung des Zugangs zur Sprachkenntnis. Dafür könnten, neben den experimentellen Ergebnissen, auch folgende Überlegungen sprechen:

„Der überraschendste gemeinsame Nenner der verschiedensten Formen von Aphasie sind die durchgängig zu findenden Anzeichen, daß der Patient die Sprache nicht wirklich ‚verloren' hat; d. h. er ist nicht auf eine Stufe ohne Sprache zurückgefallen, auf die Stufe eines Tieres oder auch jemandes, der alles vergessen hat, was er einmal in einer Fremdsprache wußte. Gewöhnlich können wir nachweisen, daß ein Aphasiker noch *manche* Sätze versteht, *manche* Wörter wiederkennt oder im Grunde weiß, wie Sprache funktioniert. Die wenigen Äußerungen, die der Patient noch hervorbringen kann, sind deutlich nach *einigen* Aspekten seiner Muttersprache strukturiert. Im buchstäblichen Sinne des Wortes sind die Sprachfertigkeiten des Patienten bloß überlagert (...); die Störungen betreffen ursächlich bestimmte Hirnfunktionen. Aus dem Bestand der Fertigkeiten werden weder einzelne Wörter noch einzelne grammatische Regeln säuberlich entfernt." (Lenneberg, 1972, S. 253).

Sprachkompetenz ist erhalten, selbst bei mehr oder minder umfassenden Störungen der Sprachverwendung. „Die ... spontane, ganz oder teilweise erfolgende Restitution der totalen Aphasie bei der Mehrzahl der Kranken zeigt, daß selbst während der ‚sprachlosen' Phase die Sprachkompenz weiter fortbesteht." (Weigl, 1969, S. 99).

Die häufig zu beobachtende Fluktuation von Leistungen sogar in ein und derselben Modalität (z. B. kann es vorkommen, daß ein Gegenstand an einem Tag benannt werden kann, an einem anderen Tag aber nicht) ist nur plausibel zu fassen, wenn man die Störung in der Performanz, nicht aber in der Kompetenz ansiedelt (Weigl/Bierwisch, 1970, S. 3 f.).

Im Prinzip müßte man gegen eine solche Vervielfachung von Kenntnissystemen vielleicht nichts einwenden, wenn auch schwer zu sehen ist, wie solche „Kompetenzen" als autonome Systeme bestimmt werden können. Insbesondere aber sprechen einige empirische Erwägungen gegen ein derartiges Unterfangen. Erinnern wir uns in diesem Zusammenhang nochmals an unseren zu Anfang dieses Kapitels angegebenen Satz (1), den ich der Einfachheit halber wiederhole:

(1) Der Mann, der den Pfahl, der auf der Brücke, die nach Worms führt, steht, umgestoßen hat, erhält eine Verwarnung.

Auch unter nicht pathologischen Bedingungen mag die sog. online Verarbeitung des Satzes mißlingen, wir würden aber doch nicht zögern zu sagen, daß Sprecher des Deutschen im Prinzip dazu in der Lage sind, den fraglichen Satz zu verarbeiten, etwa in der Papier- und Bleistift-Situation, bei der normale zeitliche Beschränkungen fast beliebig aufgehoben werden können. Auch hier wollen wir nicht sagen, daß das, was zu einer Strukturzuweisung führt, ihr zugrundeliegt, ein anderes Kenntnissystem ist; d. h. die Zuweisung von NP-, S-, VP-Knoten usw. speist sich aus unserer modalitätsunspezifischen Kenntnis der Grammatik. Whitaker (1971, S. 16) hat gegen die Dichotomie von Kompetenz und Performanz und gegen die Annahme, daß bei Aphasie nur die Performanz gestört ist, folgendes eingewendet: Da Aphasie eine Beeinträchtigung des Gehirns ist, Kompetenz aber nicht beeinträchtigt werden kann, ist Kompetenz keine Eigenschaft des Gehirns. Kompetenzforschung ist daher kein neuropsychologisch interessanter Forschungsbereich. Ist sie eine Eigenschaft des Gehirns, so ist sie störbar, aber dann ist die Unterscheidung zwischen Kompetenz und Performanz hinfällig.

In der Tat ist die ganze Angelegenheit aber problematischer, als beide Positionen es sehen. Whitaker nimmt, ungeachtet der Überlegungen zur psychologischen Realität von Kompetenztheorien, eine eher unreflektierte Position ein, gemäß der Faktoren des Sprachgebrauchs in einer im wesentlichen unspezifizierten Weise Strukturzuweisungen steuern. Dabei würden wir doch sagen wollen, daß das grammatische Vokabular (die Klammern, die grammatischen Kategorien usw.) ganz ungeachtet erstens der Tiefe der Verarbeitung und zweitens des Verarbeitungs- oder Lösungswegs bloß einmal definiert und empirisch motiviert ist.

Andererseits legen gewisse Überlegungen der Ostberliner Aphasieschule, aber auch die Ausführungen im Detail (z. B. die m. E. problematischen syntaktischen Analysen) Whitakers Verdacht nahe, daß Kompetenz unter der Annahme, daß sie nicht störbar ist, eine neuropsychologische Fiktion ist.

Versteht man, wie ich eingangs darzulegen versucht habe, unter Kompetenz das, was die Menge aller Ableitungen unter beliebigen Sprachverarbeitungssituationen definiert, so muß sich im Prinzip diese intensionale Charakterisierung in den Deblockierungsexperimenten einmal zeigen. Und dies in einem spezifischeren Sinne, als es sich in den Deblockierungsexperimenten gezeigt hat.

Was ist damit gemeint? Nehmen wir nochmals den Fall der „kleinen" Elemente wie Präpositionen, Artikel, Kasusendungen o. ä. Dazu gibt es zwei Äußerungen in Bierwisch/Weigl (1978):

1) Mögliche Ersetzungen behalten die syntaktische Kategorie bei und verändern „bloß" den lexikalischen Gehalt: *von* wird durch *mit* ersetzt o. ä.
2) Broca-Aphasiker haben ohnehin Schwierigkeiten mit solchen Wörtern, also ist es nicht erstaunlich, daß sie sich auch beim Deblockieren zeigen. Hier werden aber bei Ersetzungen auch die syntaktischen Kategoriezugehörigkeiten verändert.

Ist damit die gesamte Kompetenz erhalten, oder lassen solche Beobachtungen nicht ebensogut den Schluß zu, daß Teile der durch den Patienten erzeugten Repräsentationen doch defizitär sind? M.a.W. Erhaltensein der Kompetenz impliziert mehr, als die Deblockierungsexperimente zeigen. Um die These stark zu machen, daß auch die kleinen Wörter erhalten sind, hätte
a) gesagt werden müssen, wie diese kleinen Wörter in den intakten Funktionen verarbeitet wurden (das waren Abschreiben und Koartikulation)[7] und
b) getestet werden müssen, ob diese kleinen Wörter z. B. nicht doch so etwas wie syntaktische Repräsentationen oder etwa die phonologische/graphematische Repräsentation ausmachen.

Solange dies nicht klar ist, kann man über Erhaltensein der Kompetenz (mit all ihren Repräsentationsebenen und dem gesamten Vokabular) nichts einigermaßen Abgesichertes sagen.

Trotz all dieser Einwände ist gerade diese Hypothese der erste interessante und wichtige Fragen aufwerfende Ansatz in der Neurolinguistik gewesen. Ob allerdings ihre Testbarkeit aus prinzipiellen oder bloß kontingenten Gründen nicht möglich ist, scheint mir eine offene Frage zu sein[8].

---

7 Hier kommt noch ein weiteres Problem hinzu: Zwar sagen Bierwisch/Weigl (1978), daß bei der untersuchten Patientin Abschreiben keine sklavische Imitation war, aber bemerkenswert scheint doch, daß gerade zwei quasi imitatorische Leistungen wie Abschreiben und Koartikulation erhalten waren, die vielleicht ihre eigenen Gesetzmäßigkeiten haben. Die Isolation von modalitätsunspezifischen Leistungen und der Spezifität der Modalität ist ein schwieriges Unterfangen und läßt sich nur über präzise grammatische Analysen lösen. Sicherlich ist es in den Deblockierungsexperimenten gelungen, bestimmte Sprachverarbeitungsfunktionen auszugliedern, was sie als weitgehend autonome Komponenten der Sprachverarbeitung ausweist. Damit erhält eine Performanztheorie eine gewisse Struktur, die sie vorher nicht, oder nicht so deutlich hatte. Und sicher sollten wir davon ausgehen, daß die Beziehung zwischen Kompetenz und Performanz abstrakt ist in dem uns nun vertrauten Sinne: d. i. — im Extremfall — nicht in jeder Sprachverarbeitungsfunktion erhalten wir die „intensionale Charakterisierung" der Menge aller Ableitungen. Damit aber können wir aus den Leistungen einer Funktion nicht umgekehrt auf das Gesamtsystem schließen.

8 Bei meiner Argumentation habe ich die Frage nach der Beziehung zwischen modalitätsübergreifenden Störungen und Kompetenz bzw. Performanz außerachtgelassen. So ist dies z. B. nach Kean (1981a) eine zunächst offene Frage, denn eine supramodale Störung impliziert keineswegs, daß es sich dabei um eine Kompetenzstörung handelt. Denn dies würde seinerseits die Behauptung zur Folge haben, daß nur supramodale Aspekte der Performanz im strikten Sinne grammatisch sind. So kann es sein, daß sich in allen Sprachverarbeitungsmodalitäten lexikalische Störungen zeigen. Dies mag mit einem internen lexikalischen Defizit, also einer Kompetenzstörung, zusammenhängen, muß es aber nicht. Denn genausogut ist es vorstellbar, daß der Zugang zum Lexikon blockiert ist. Dann handelt es sich nur um eine supramodale Performanzstörung! Eine solche Beweisführung stellt die Grundannahme der Deblockierungshypothese (modalitätsspezifische Störung = Performanzstörung) prinzipiell in Frage.

2 Phonologische Repräsentationen und die Broca-Aphasie

2.1 Die Annahmen der Bostoner Schule

Eine der avanciertesten Analysen des Agrammatismus stammt von Goodglass und seinen Mitarbeitern. Einige der Faktoren, die für den Agrammatismus als typisch angenommen werden, möchte ich im folgenden vorstellen und mit der Analyse Keans konfrontieren.

Goodglass/Hunt (1958) testeten in einem Satzvervollständigungstest die Plural- und Possessivmorpheme (12 Items wie (25) mit 24 Aphasikern):

(25) Untersucher liest vor: *My sister lost her gloves* und stellt
 Frage 1: what did she loose? [glov*es*]
 Frage 2: whose gloves were they? [My sister'*s*]

Die Auswertung ergab zweimal mehr Auslassungen des Possessiv-*s* als des Plural-*s*. Dies galt für produktives Sprachverhalten, wie (25) illustriert. Dieses Ergebnis wurde für rezeptives Sprachverhalten in einem Diskriminierungsexperiment nachkontrolliert, bei dem 30 korrekte und inkorrekte Sätze zur Beurteilung präsentiert wurden:

(26) (i) The ship('s) anchor was lost in the storm.
 (ii) There were three book(s) on the table.
 (iii) The soldier write(s) home every week.

Dabei ergab sich folgende Hierarchie bezüglich der verschiedenen Morpheme:

(27) (i) Plural-*s* ist am besten erhalten.
 (ii) Im Vergleich zu (i) sind das Possessiv-*s* zweimal so schlecht und die 3. Person Singular Verbendung dreimal so schlecht.
 (iii) Der Unterschied zwischen Possessiv-*s* und Verbendungs-*s* ist nicht signifikant.

Goodglass/Berko (1960) konnten dieselbe Hierarchie in einem Satzvervollständigungstest feststellen.

Fluent und Broca-Aphasiker sollen sich nach Goodglass (1973) dahingehend unterscheiden, daß für Broca-Aphasiker eine silbische Flexion leichter ist, weil die phonologische Prominenz einer zusätzlichen Silbe die Verarbeitung erleichtert.

Die Morphemhierarchie wird von Goodglass (1973, S. 193) wie folgt erklärt: „Die Auslassung entweder des Possessiv-*s* oder des *s* der 3. Pers. Präs. Sing. verdunkelt die Funktion des Wortes nicht, aus dem das Morphem entfernt wurde, wohingegen die Auslassung eines Plural-*s* die Bedeutung entweder ändert oder unklarer macht." (Meine Übersetzung)

Intonation und Aphasie (Goodglass, 1973): Ausgangspunkt war die Beobachtung, daß die Anzahl von Auslassungen in Satzanfangsposition bei Broca-

Aphasikern für unbetonte Wörter viel größer ist als für betonte Wörter; weiterhin, daß die Äußerungslänge kaum vier Wörter überschreitet:

„Ein agrammatischer Patient muß einen hervorstechenden Punkt in seinen Äußerungen finden, gewöhnlich ein N oder V. Daher sind seine Redeeinheiten immer um ein hervorstechendes sprachliches Element gruppiert, mit meist nur einem unbetonten Element (sog. ‚Salience'-Hypothese). Daher wiederum ist die normale Satzmelodie zerstört." (Goodglass, 1973, S. 204, meine Übersetzung). So wiederholt z. B. ein Broca-Aphasiker einen Satz, der mit *he* beginnt, mit *This guy* ...

Konzeptueller Agrammatismus (Goodglass, 1973): Dieser Ausdruck soll folgende, auch auftretende Störung bezeichnen: Patienten verwechseln Präpositionen, Genera, Zeitflexionsformen. Dies wird so erklärt, daß solche sprachlichen Zeichen Schwierigkeiten machen, die kontrastierende Positionen in einer Dimension einnehmen (Zeit, Raum, Genus), wobei die Zeiten die größten Schwierigkeiten bereiten. Broca-Aphasiker akzeptieren z. B. die folgenden Formen trotz ihrer fehlerhaften Zeitflexion:

(28) (i) Tomorrow John is at home.
     (ii) Yesterday John is at home.

Derselbe Patient konnte auch die folgenden Präpositionen nicht auseinanderhalten:

(29) (i) on the box
     (ii) to the box
     (iii) in the box

Andererseits hat sich aber gezeigt, daß Broca-Aphasiker mediale unbetonte Wörter besser verarbeiten als initiale (‚Salience'-Hypothese). Haben wir es mit zwei Formen von *is* bzw. *Aux* zu tun oder mit zwei Formen der Broca-Aphasie?

Wenn man sich nun überlegt, von welcher Art die Elemente sind, die bei Broca-Aphasikern gestört sind, so erhält man etwas merkwürdige Elemente oder Klassen:
1) Plural-Morphem ist eine Klasse bestehend aus [s, z].
2) Plural-Morphem in seiner Form [əz] ist eine eigene Klasse.
1) und 2) lassen sich einerseits zusammenfassen unter dem erwähnten „semantischen" Gesichtspunkt; andererseits unterscheidet sich 2) von 1) durch das psychologische Merkmal „perzeptuelle Prominenz".
3) Poss-s und Verbendungen sind Morpheme, deren Wegfall die Funktion der Wörter nicht verändert.
4) Klasse der initialen nicht-betonten Wörter: Diese werden wegen ihrer mangelnden Prominenz sehr schlecht verarbeitet.
5) Klasse der medialen nicht betonten Wörter: Diese sind zwar phonologisch auch nicht besonders prominent, aber sie sind besser erhalten, weil sie nicht der Sprachanstrengung im gleichen Maße zum Opfer fallen wie 4).
6) Klasse der dimensionalen Ausdrücke wie Präpositionen, Genus- und Tempusmorpheme. Tempusmorpheme wie z. B. Auxiliarausdrücke in medialer Position fallen aus, was sie nach 5 eigentlich nicht dürften.

Mir scheint, daß eine solche Charakterisierung, die teilweise zu sich widersprechenden Klassenbildungen kommt, nicht besonders befriedigend ist, wenn man eine einigermaßen systematische Erklärung des Agrammatismus und nicht bloß eine beobachtende Beschreibung des Sprachverhaltens anstrebt. Denn: „Die minimale Anforderung an eine linguistische Analyse des Agrammatismus besteht darin, daß eine systematische Erklärung geliefert wird für eine relevante Partitionierung der Items einer Kette in eine Klasse von Items, die tendenziell erhalten ist, und eine Klasse, die tendenziell nicht ausgeschöpft wird." (Kean, 1981a, S. 189; meine Übersetzung). Schauen wir uns daher an, ob eine solche Aufteilung in sich gegenseitig ausschließende Klassen möglich ist.

2.2 Die Hypothese von Kean

Kean beschreibt ihr Vorhaben wie folgt:

„Eines der auffälligsten Merkmale der Sprache von Broca-Aphasikern ist der Agrammatismus — das Auslassen von ‚Funktions'wörtern und Flexionsmorphemen. Nach allgemeiner Auffassung soll der Agrammatismus ein syntaktisches Defizit sein. Im folgenden möchte ich dafür argumentieren, daß solch einer Einschätzung eine grammatische Systematik fehlt und daß die einzige uniforme und systematische Deutung dieses Symptoms nur unter Zugrundelegung einer Theorie der *phonologischen* Struktur geleistet werden kann. Dann kann man eine natürliche Klasse definieren, die aus ‚Funktions'wörtern und gewissen gebundenen Morphemen besteht, und zwar, indem man sich auf die Verteilung von Grenzen in Sätzen bezieht, die phonologische Wörter definiert. Genau diese Klasse von Elementen wird tendenziell in der agrammatischen Sprache ausgelassen. Das Ziel des vorliegenden Aufsatzes besteht darin, sowohl eine Hypothese bezüglich eines aphasischen Störungstyps zu formulieren, als auch darin, zu testen und zu zeigen, wie folgenreich der Beitrag substantieller Universalien der Grammatik für die Erklärung sprachlicher Defizite ist." (Kean, 1977, S. 9, meine Übersetzung)

Supramodalität
Gelegentlich, wenn Linguisten euphorischer Stimmung bezüglich der Tragweite der Linguistik sind, zitieren sie die Keansche Konzeption von Neurolinguistik, Psycholinguistik und Grammatiktheorie. Sie sagen z. B., daß es sich hierbei um den ersten, wirklich ernstzunehmenden Versuch handelt, die methodologischen Probleme anzugehen, die sich beim Unterfangen Neurolinguistik stellen; um den Versuch, eine auf die Grammatiktheorie bezogene Erklärung der typischen Störungen der Broca-Aphasie zu liefern, die falsifizierbar ist; um den Versuch mithin, mit vortheoretischen Analysen aufzuräumen, die lange Zeit die Aphasietheorien charakterisiert haben.

Um einen relativ detaillierten Eindruck von der m. E. wirklich brillianten Argumentation Keans zu vermitteln, gehe ich zunächst recht ausführlich auf Kean (1977) und (1978) ein.

Die typischen Defizite von Broca-Aphasikern zeigen sich supramodal; d. h. ihr Nichtbeachten von Funktionswörtern zeigt sich u. a. beim Verstehen, beim Lesen, Schreiben, auch bei sog. metasprachlichen Urteilen, also im Prinzip in allen produktiven und rezeptiven Modalitäten (vgl. hierzu auch Kap. 3.2, Teil III).

Eine solche Beobachtung spricht dafür, daß die einzelnen Sprachverarbeitungskomponenten selbst nichts zum Charakter des Störungstyps beitragen, sondern daß wir die Erklärung in grammatischen Strukturen und Regularitäten suchen müssen.

Kontextualität

Die phonologische Komponente der Grammatik enthält Regeln, die Segmente (Laute, Phoneme) in Abhängigkeit von der segmentalen Umgebung verändern, d. h. kontextsensitiv sind.

Betrachten wir dazu folgende Realisierungen des 's (aus *is*) (wobei [z]: stimmhaftes s, [s]: stimmloses s):

(30) (i)   Tom's cooking dinner   [z]
    (ii) Lea's on vacation   [z]
    (iii) Pat's intelligent   [s]
    (iv) Bruce's out to lunch   [ə z]

Diese Anpassungen sind im Englischen offenkundig ganz regulär und mit kontextsensitiven Regeln zu beschreiben, die informell so aussehen:

Nach normalen scharfen Segmenten wie [s], [z] und [dž] wird das Morphem „s" als [ə z] realisiert; nach allen anderen stimmlosen Konsonanten als [s]; nach Vokalen, Liquiden und Nasalen als [z].

Zwischen den kontrahierten Formen in (30) und den ausbuchstabierten (vollen) Formen besteht offensichtlich bloß ein minimaler Unterschied. Wie lassen sich nun über die informelle Beschreibung hinaus technisch genau die Formen in (30) ableiten?

Die phonologische Repräsentation der vollen Form für (30) (i) ist

(31) $[_S \# [_{NP} \# [_N \# \text{Tom} \#_N] \#]_{NP} [_{Aux} \text{ is }_{Aux}] [_{VP} \# \text{cooking dinner} \#_{VP}] \#_S]$

(32) ist die nicht kontrahierte Form von (31):

(32) $[_S \# [_{NP} \# [_N \# \text{Tom} \#_N] \text{is} \#]_{NP} [_{Aux}] [_{VP} \# \text{cooking dinner} \#_{VP}] \#]_S$

Den Prozeß, der (32) aus (31) ableitet, nennt man *Klitisierung*. Wieso kann ein Auxiliar wie *is* Teil des Nomens werden, wie läßt sich dies begründen? Kean führt dafür folgende Beobachtungen an:

(33) (i)   two hams   [z]
    (ii) the seven seas   [z]
    (iii) too many cooks   [s]
    (iv) hanging judges   [ə z]

(34) (i)   Basil's church   [z]
    (ii) the bee's knees   [z]
    (iii) the cat's meow   [s]
    (iv) Morris's beard   [ə z]

(35) (i)   he robs   [z]
    (ii) he sees   [z]
    (iii) he rats   [s]
    (iv) he closes   [ə z]

Die obigen Beispiele belegen recht deutlich, daß innerhalb der fraglichen Wörter reguläre phonologische Anpassungen der jeweiligen Morpheme stattfinden. Dies gilt jedoch nicht über die folgenden Wortgrenzen hinweg:

(36) Usric: [əz]ric
    (i)   the boss said that we should can Usric
          *the boss said we should can [z]ric
          (keine Anpassung nach stimmhaftem *n* wie etwa bei runs: run[z])
    (ii)   it's not easy to survive with a name like Usric
          *it's not easy to survive with a name like [s]ric
          (keine Anpassung nach stimmlosem Konsonanten wie bei walks: walk[s]).

Notationskonventionen
Die Repräsentationen (31) und (32) enthalten verschiedene formale Symbole, Notationen, die für die phonologische Charakterisierung von Ketten eingeführt wurden (neben den Symbolen für syntaktische Kategorien und den Klammern; zur syntaktischen Entstehung solcher ‚etikettierter Klammerungen' vgl. das folgende). Dabei handelt es sich insbesondere um die Symbole „#" und „+", welche die folgende systematische Verwendung haben:

Das Wortgrenzsymbol #
Mithilfe der Wortgrenzsymbole werden die lexikalischen Hauptkategorien Nomen (N), Adjektiv (A) und Verb (V) definiert: $[_\alpha \# $ phonologische Kette $\#]_\alpha$ (wobei α = N, A, V); hier müssen die Ketten links und rechts durch „#" eingeschlossen werden. Für Artikel und ähnliche Determinatoren sowie für Präpositionen gilt dies nicht[9]:

(37) (i) $[_N \#boy\#_N]$ (iv) $[_A \#soft\#_A]$
      (ii) $[_{Det}$ the $_{Det}]$ (v) $[_P$ up $_P]$
      (iii) $[_V \#run\#_V]$

Flexionssuffixe werden nach Maßgabe ihrer Zugehörigkeit zu den lexikalischen Hauptkategorien wie folgt repräsentiert:

(38) (i) $[_N \# [_N \#boy\#_N] s \#_N]$ (boys, boy's)
      (ii) $[_V \# [_V \#run\#_V] s \#_V]$ (runs)

Kontrahiertes *is* in Analogie zu (38):
(39) $[_N \# [_N \#boy\#_N] is \#_N]$ (boy's z. B. in *the boy's late for school*)

Weil die Flexionsmorpheme die Position von Wortgrenzsymbolen einnehmen, nennt Kean (1977) sie *Wortgrenzmorpheme* und das *is* in (39) *abgeleitetes Wortgrenzmorphem*.

„Die Affixe, die von Broca-Aphasikern am häufigsten ausgelassen werden, sind gerade jene phonologischen Wortgrenzmorpheme." (Kean, 1977, S. 21; meine Übersetzung).

Das Formativgrenzsymbol +
Nicht alle Affixe sind Wortgrenzmorpheme:
(40) (i)   permit, submit
      (ii) reject, subject

---

9 Für Einschränkungen hierzu vgl. die folgenden Ausführungen.

Ungleich z. B. dem Plural-s werden die Vorsilben in (40) nicht an Wörter affigiert (ungleich *re-wind*, wo *re* die Bedeutung „erneut" hat, hat *re-* in *remit* synchron diese Bedeutung nicht), *-mit* und *-ject* sind vergleichbar den Stämmen, die keine lexikalischen Hauptkategorien sind. Daher können die mit ihnen verbundenen Grenzsymbole keine Wortgrenzsymbole sein, es sind vielmehr „Formativgrenzen" +. *Submit* z. B. wird wie folgt repräsentiert:

(41) [$_V$ #sub + mit# $_V$]

Bei Broca-Aphasie werden solche Nicht-Wortgrenzmorpheme typischerweise nicht ausgelassen.

Akzentzuweisung
Vergleichen wir die Akzentverteilung in folgenden Wörtern:

(42) (i) définite   (ii) définiteness
(43) (i) définite   (ii) definitive

Während die Suffigierung von *-ness* die Akzentstruktur der Basisform *definite* nicht verändert, verschiebt sich der Akzent bei Suffigierung von *-ive*. Wie läßt sich dies erklären? Hier spielen Wortgrenzsymbole eine wichtige Rolle. Ketten, die durch „#" eingeschlossen sind, sind phonologische Wörter (was nicht in allen Fällen identisch mit unserem intuitiven Verständnis von „Wort" ist).

Ein phonologisches Wort ist also die Kette von Segmenten, die durch Wortgrenzen markiert ist, die z. B. keine Rolle bei der Akzentzuweisung (im Englischen) spielt. Oder m.a.W., die Akzentzuweisung erfaßt nur Ketten der Form [# ... #], in denen keine weiteren # vorkommen (Kean, 1978, S. 87). Keine phonologischen Wörter sind somit solche, die nicht in diese Grenzen eingeschlossen sind.

(42) (ii) und (43) (ii) werden daher wie folgt analysiert:

(42) (ii)′ [$_N$ # [$_A$ #définite# $_A$] ness#$_N$]
(43) (ii)′ [$_A$ # [$_A$ #définite$_A$] ive#$_A$]

Aus (42) (ii) bzw. (ii′) folgt, daß *-ness* sich unter dem Gesichtspunkt der Akzentzuweisung genauso wie das Plural-*s*, das Genitiv-*s*, das Verbindungs-*s* verhält, aber auch wie Präpositionen und Artikel:

        2   3   1
(44) (i)   Boys climb trees.
           2   3   1
   (ii) The boys climb up trees.

D. h. die Einfügung von Präpositionen und Artikeln verändert den Satzakzent nicht[10].

Natürliche Klassen und Agrammatismus
Es liegt auf der Hand, daß diese ganzen Elemente nur auf der Ebene der phonologischen Repräsentation mehr als eine Liste von Wörtern sind. Die an-

---

10 „1" markiert den Hauptakzent; die höheren Ziffern drücken entsprechend schwächere Akzente aus. Für die Akzentzuweisung vgl. Chomsky/Halle (1968).

sonsten von der Grammatik des Englischen bereitgestellten Komponenten mit ihrem spezifischen Vokabular und ihrer Wirkungsweise sind nicht in der Lage, besagte Elemente in zwei sich ausschließende Klassen einzuteilen. Was die Möglichkeit anbelangt, sie nach Maßgabe der syntaktischen Komponente zusammenzuordnen, so braucht man z. B. bloß Präpositionen und Artikel zu vergleichen, Elemente also, die man am ehesten als syntaktisch wichtige Elemente auffassen könnte.

Es gibt nämlich keine syntaktische Regel, welche auf diese Elemente zugleich Anwendung findet, und dies aus gutem Grund: Präpositionen sind ‚Heads' syntaktischer Kategorien, Artikel nicht. Präpositionen weisen Kasus den von ihnen ‚regierten' Kategorien zu, Artikel nicht. Dies läßt sich beliebig verlängern, woraus klar wird, daß die fraglichen Elemente syntaktisch disparat sind. Morphologisch haben sie eine Vielzahl von Ableitungsgeschichten (so z. B. sind es Wortbildungssuffixe wie *-ness, -ive*, aber auch Flexionsformen wie *-es, -s* usw.). Wortgrenzmorpheme jedoch bilden eine solche erwünschte Klasse, eine sog. natürliche Klasse nur aufgrund der phonologischen Eigenschaften der jeweiligen Sprache.

Aus dieser Analyse leitet Kean ihre erste Hypothese zur Charakterisierung des Agrammatismus ab:

I. Elemente, die keine phonologischen Wörter sind, werden tendenziell von Broca-Aphasikern ausgelassen.

D. h. für unsere aus *definite* abgeleiteten Formen ergibt sich folgende Prognose („→": wird verändert zu; „↛": wird nicht verändert zu):

(45) (i)   définiteness →   définite
     (ii) definitive   ↛   définite
     (iii) object   ↛   ject

Prognose (ii) ist empirisch falsch. (ii) und (iii)/linke Seite unterscheiden sich jedoch wie folgt voneinander (vgl. hierzu Aronoff, 1976):

Morphologische Regeln beziehen *definitive* auf *définite* (auch ist die Bedeutung von *définite* in der abgeleiteten Form erhalten), es gibt jedoch keine Regeln, die *ob* oder *ject* auf ein bestehendes Wort beziehen[11].

Somit unterscheiden sich *definitive* und *object* in Bezug auf die Struktur des Lexikons des Englischen. Kean revidiert daher ihre Hypothese I wie folgt:

II. Broca-Aphasiker tendieren dazu, die Struktur von Sätzen auf die minimale Kette von Elementen zu reduzieren, welche die Lexikoneinträge ihrer Sprache auf die phonologischen Wörter abbilden können (‚lexical construal')

Définite ist ein solcher Eintrag, auf den *definitive* bezogen werden kann (da es zwischen beiden Formen reguläre grammatische Beziehungen gibt), *ject* ist, obwohl einfacher, kein solcher Eintrag. II sagt also auch voraus, daß die grammatisch-morphologische Struktur des Lexikons von Broca-Aphasikern nicht defizitär ist (wenn es auch zu phonologischen Irrtümern kommen mag). Ebenso sind die syntaktischen Repräsentationen erhalten. Das, was wie ein syntakti-

---

11 Aronoffs Konzeption besteht im wesentlichen darin, daß Wortbildungsregeln nur vorkommende Wörter aufeinander beziehen, also nicht: *ject* als einen Pseudostamm kombinieren mit Präfixen wie *ob, re, sub, pro* usw. aber z. B. *object* mit *objection*.

sches Defizit aussieht, ist, aufgrund der grammatikorientierten, methodologischen und empirischen Erwägungen in Wirklichkeit ein Defizit, was sich aus der Reduktion der phonologischen Struktur von Sätzen ergibt.

Wir wollen hier einen Augenblick innehalten und uns etwas genauer das Erklärungsmuster, das diesen Analysen zugrundeliegt, anschauen:

Die Rolle von Sprachverhaltensdaten

Man muß sich bei jeder Art von Sprachverhaltensdaten immer darüber im klaren sein, daß sie nicht von vornherein reine, kritische Daten für die zu testende Hypothese sind. Im aktuellen Sprachgebrauch spielen viele Faktoren eine Rolle, die möglicherweise nicht alle, und auch nicht alle systematisch erfaßt werden können. Selbst Sprecherurteile über die Wohlgeformtheit, die Ambiguität oder andere Eigenschaften von Sätzen mögen nicht immer von der klaren Natur sein, die der Linguist gerne hätte. Ein paar Beispiele mögen dies illustrieren:

a) Schon in Chomsky (1965, S. 21/36) wird auf diese Frage hingewiesen:

„Wenn ein Satz wie ‚flying planes can be dangerous' in einem geeignet aufgebauten Kontext erscheint[12], wird ihn der Hörer sofort eindeutig interpretieren und seine Ambiguität gar nicht erst entdecken. Ja, er wird sogar die zweite Interpretation, wenn man sie ihm vorlegt, als gewollt oder unnatürlich zurückweisen (unabhängig davon, welche Interpretation er ursprünglich unter dem Eindruck des Kontexts gewählt hat). Dennoch ist seine intuitive Sprachkenntnis klarerweise so beschaffen, daß dem Satz *beide* Interpretationen (...) durch die Grammatik, die der Sprecher auf irgendeine Art und Weise intus hat, zugeschrieben werden."

b) *The horse raced past the barn fell* wird normalerweise von Sprechern des Englischen so verstanden, daß der Satz nach *barn* abgeschlossen ist (solche Sätze werden in der Psycholinguistik als „garden path sentences" bezeichnet). Er ist wahrnehmungskomplex i.d.S., daß dem gesamten Satz, wenn er überhaupt akzeptiert wird, zunächst keine Struktur, mithin keine Bedeutung zugeordnet werden kann. Bei Präsentation eines geeigneten, strukturell parallelen, aber semantisch eindeutigen Satzes, wie etwa *flowers watered at night don't grow* fällt es den Testpersonen dann ganz leicht, auch dem ersten Satz eine vollständige Strukturbeschreibung zuzuordnen. Auch dies sind Sprachverhaltensdaten, die den Linguisten in die Irre führen können, weil Sprecher nicht eigentlich bewußte Kenntnis der Grammatik und der psycholinguistischen Prozesse, die ihrem Sprachverhalten zugrundeliegen, haben. D. h. ein Sprecher weiß nicht, was an der Strukturbeschreibung die Grammatik festlegt und was durch Prozeßfaktoren bestimmt ist wie Echtzeitbeschränkungen, Strategien usw. Dies erfahren wir nur über Annahmen erklärungsstarker Theorien.

c) Versprecher sind m. E. ein schönes Beispiel dafür, daß man aus methodologischen Gründen eine Unterscheidung zwischen Sprachgebrauch und Performanztheorie machen sollte. Betrachten wir dazu die folgenden Beispiele:

12 (i) Flying birds can be a nuisance,
 but flying planes can be dangerous.
 (ii) Everyone says that driving a car is easy,
 but flying planes (really) can be dangerous.
 können etwa solche Kontexte sein.

(46) (i) du kannst das Eis ja auf die Toilette stellen
← Mülltonne (situativer Kontext: Angesprochener will auf Toilette gehen)
(ii) ach, ich möchte mich lieber etwas umsitzen
← umsehen (situativer Kontext: Kauf eines zweisitzigen Sofas)
(iii) ich bin z. B. jetzt an dem Typ angelangt
← Punkt (situativer Kontext: Rede vom Freund)
(iv) er macht 'ne Einführung in die Psycholinguistik, er liest, glaub' ich den Quark ← Clark
(v) genau, wie ich es nicht anders befürchtet habe
← erwartet habe
(vi) Weißblech ← Weißgold
(vii) Systöm ← System

Zwar lassen sich alle obigen Versprecher als Substitutionen klassifizieren, doch ist die Beziehung zwischen Ziel- und tatsächlich produziertem Item in diesen Versprechern unterschiedlicher Natur: Wenn überhaupt, so gibt es bei (i)–(iv) höchstens formale Beziehungen; bei allen wird die grammatische Kategorie beibehalten, und für (ii) gibt es sogar eine Ähnlichkeit der Morphemstruktur, nämlich $\left[\text{um} \left\{ \begin{array}{c} \text{sitzen} \\ \text{sehen} \end{array} \right\} \right]$. Alle weiterreichenden Beziehungen sind kontextueller, biographischer oder evaluierender Art und jeweils nur für den jeweiligen Sprecher bzw. nur für die jeweilige Situation typisch. Erstere Faktoren sind Performanzfaktoren, die eng mit der Struktur unseres inneren Lexikons zu tun haben, letztere sind Sprachgebrauchsfaktoren, die nicht auf eine allgemeine Erklärung bezogen werden können. Die Versprecher (v)–(vii) lassen sich allein mit performanztheoretischen Annahmen charakterisieren. So z. B. in (v) entweder als Verschmelzung zweier Äußerungspläne (*nicht anders erwartet* und *befürchtet*) oder b) als Antizipation eines Negationselements, das zur konzeptuellen Struktur von *befürchten* gehört (vgl. Leuninger, in 1987b); in (vi) spielen vermutlich Organisationsprinzipien unseres mentalen Lexikons eine Rolle, die auf irgendeine Weise *Blech* und *Gold* zusammengruppieren; in (vii) schließlich führt wahrscheinlich die Merkmalsstruktur von [ü] dazu, daß das [e] [+rund] und damit zu [ö] wird.

Wir sehen also, daß Sprachverhaltensdaten immer ein Konglomerat von grammatischen Aspekten, Performanzfaktoren und anderen, linguistischen Erklärungen nicht zugänglichen Faktoren sind. Nur die beiden ersten Komponenten sind Teile der menschlichen Sprachfähigkeit (vgl. Chomsky, 1981b; Kean, 1981a).

d) Haben wir einmal von den Sprachverhaltensdaten jene vorerwähnten Aspekte ausgegliedert, so ist auch dann immer noch nicht klar,
— was an ihnen grammatisch bestimmt ist, oder
— was mit Sprachverarbeitungsfaktoren (mit dem Prozessor) zusammenhängt.

In der Kean'schen Konzeption ist diese Frage wie folgt gelöst: Hypothese I, gemäß der nicht-phonologischen Wörter ausgelassen werden, ist eine Hypothese, die sich allein aus grammatischen Prinzipien speist. Sie ist offenkundig falsch, was sie als besonders gute Hypothese auszeichnet. Sie ist auch deshalb von besonderer Güte, weil das Ausdrucksvokabular, das sie verwendet, von geringem Umfang und über grammatische Regularitäten wohl begründet, die Reichweite ihrer Erklärung jedoch sehr groß ist (man erinnere sich, welche Elemente ausfallen, wie disparat sie auf den ersten Blick sind usw.). Mit ihr gelingt in der Tat eine angemessene Partitionierung der sprachlichen Elemente in zwei sich ausschließende Klassen, die phonologischen Wörter und die phonologischen Nicht-Wörter, d. h. eine Klasse zu isolieren, die Kean als natürliche Klasse bezeichnet. Natürliche Klassen sind solche, die sich unter Regeln gleich verhalten, die mit genau einem Formalismus notierbar sind und die sich auf die eine oder andere Weise im Sprachverhalten zeigen, also in gewisser Weise psychologisch real sind.

Würden wir nun sagen, daß, weil I eine falsche Prognose macht (*definitive* wird ja nicht zu *définite*), es die natürliche Klasse der phonologischen Wörter nicht gibt? Mithin, daß grammatikorientierte Charakterisierungen nicht der angemessene Weg zur Erklärung des Defizits sind? Dies wäre naiver Falsifikationismus und würde auch das Postulat verletzen, daß wissenschaftliche Theorien in einem gewissen Sinne konservativ sein müssen, d. h. beziehbar auf bereits bestehende Theorien (hier: der Phonologie). Da nun aber Sprachverhaltensdaten (in ihrer bereinigten Form) Ausdruck unserer Sprachfähigkeit sind (also aus einem Zusammenspiel von Grammatik und Prozessor resultieren), könnte ein Teil der Erklärung mit psycholinguistischen Verarbeitungsstrategien abgedeckt werden. Ein solches Konzept ist ‚lexical construal' (vgl. II), eine Art Vergleichsoperation, die bei verschiedenen Stufen der sprachlichen Planung Zugang zu den tatsächlichen Lexikoneinträgen hat:

„… *definitive* könnte mithilfe eines nicht-grammatischen und nicht-phonologischen Prozesses des ‚lexical construal' als die morphologisch einfachere, lexikalisch verwandte Form *définite* realisiert werden; …" (Kean, 1979, S. 78, Anm. 17; meine Übersetzung).

‚Lexical construal' spielt auch bei der Charakterisierung anderer Sprachverhaltensdaten, nämlich von Versprechern, eine interessante Rolle. Betrachten wir folgendes, von Kean (1977; 1978) diskutierte Beispiel:

(47) my shoulders are frozen → my frozers are shoulden

shoulders hat die lexikalische Struktur [# [#shoulder#] s#]. Die Form des Versprechers spricht dafür, daß es die folgende Struktur hat:

(48) [# [# [#should#] er#] s#]

D. h. *er* wird vom Sprecher (fälschlicherweise) als Wortgrenzmorphem analysiert; dies ist möglich, weil es ein *er*-Morphem (vgl. z. B. *dealer*) gibt, welches den Akzent der Basisform nicht verändert. Wenn eine solche Analyse vom Sprecher vorgenommen wird, dann wird das Nicht-Wort (*should* aus *shoulder*) wie ein Wort [#should#] analysiert, so daß die Struktur eines möglichen Wortes entsteht. D. h. wenn ein Element eines Wortes als ein Wortgrenzmorphem analysiert wird, dann muß der Rest des Wortes so sein, daß er ein phonologisches Wort ist. Daraus läßt sich dann die Prognose ableiten, daß z. B.

(49) (i) they choring sals ← they sing chorals

kein möglicher Versprecher ist, weil nämlich

   (ii) *sing* so analysiert werden müßte:
       [# [#s#] ing#]   (analog zu z. B. [#*want*#] ing#])

(iii) und *choral* als [# [# [#chor#] al#] s#] (analog zu
[#arrive#] al#] s#])

Sing kann aber so nicht analysiert werden, weil *s* kein mögliches phonologisches Wort ist. *Choral* kann so nicht analysiert werden, weil der Akzent auf *al* liegt; *al* kann also kein Wortgrenzmorphem sein.

‚Lexical construal' scheint darüber hinaus auch bei folgenden Versprechern beteiligt zu sein:

(50) (i)   nen kleinen Stinkspruch ← Trinkspruch
    (ii) Schattenspieler ← Plattenspieler
    (iii) Ost-West-Bewegungen ← Begegnungen

Die meisten lautlichen Versprecher sind nach meiner Einschätzung progressive oder regressive Planungsfehler, i.d.S., daß das fehlerhaft produzierte Segment durch die lautliche Umgebung hervorgerufen wird. Die oben aufgeführten Formen sind sämtlich von diesem Typ. Sie sind also keine lautlichen Substitutionen, aber auch keine lexikalischen Substitutionen, weil hier weder Strukturprinzipien des Lexikons, noch kontextuell-biographische Faktoren beteiligt waren. (50) (i) ist eine Antizipation des [š], was eigentlich zu *Strinkspruch* hätte führen müssen, also zu einer phonologisch zulässigen Form; die darauffolgende oder damit einhergehende Tilgung des [R] hängt m.E. mit ‚lexical construal' zusammen, welches zu der vorkommenden Form *Stink* als einem Bestandteil eines als komplexes Wort nicht vorkommenden Kompositums führt. Analoges gilt für (50) (ii), eine Antizipation des [š]. Die so entstehende Form *Schlattenspieler* würde gleichermaßen zu einer phonologisch zulässigen Form führen; diese mögliche Form passiert aber offenkundig den Filter nicht, so daß nur *Schattenspieler* als in Ordnung bewertet wird. (50) (iii) ist eine Reiteration des in gleicher Silbenposition stehenden [v], was *Bewegnungen* ergeben hätte. Die Tilgung des [n] folgt aus ‚lexical construal': ‚Lexical construal' scheint also ein psycholinguistischer Prozeß zu sein, der unabhängig von aphasiologischen Daten motiviert ist, insofern ein plausibler Kandidat für einen erklärungsstarken Prozeßmechanismus.

e) Unterschiedliche Anfälligkeit der Wortgrenzmorpheme: Mithilfe der bislang gegebenen Charakterisierung der Broca-Aphasie kann allerdings nicht die von Goodglass u.a. festgestellte unterschiedliche Fehleranfälligkeit der *s*-Endungen erfaßt werden (Plural-Verb-Genitiv). Nach Kean (1977) spiegelt diese Variation in der Fehleranfälligkeit aber keinen sprachsystematischen, sondern einen Sprachverarbeitungsaspekt wider. Gewisse Morpheme[13] sind enger mit ihren Basen verknüpft (‚epoxied') als andere, was sich an anderen Sprachverhaltensdaten, nämlich an Versprechern gezeigt haben soll. Z.B. werden das Plural-*s* und Adjektive bildende *ed*-Endungen am wenigsten affiziert. Die unterschiedlich starke Verbundenheit von Morphemen mit ihrer Basis zeigt sich in folgender Verteilung: Die Form *drunk* hat im Englischen zwei Bedeutungen: 1)

---

13 Kean (1977) nennt sowohl das Plural *s* als auch das Adjektive bildende *-ed* Derivationsmorpheme, eine etwas unglückliche Bezeichnung für den ersten Fall, da es sich dabei um ein Flexionsmorphem handelt, wie Kolk (1978) und Klosek (1979) zu Recht einwenden. In späteren Arbeiten unterscheidet dann Kean auch verschiedene Morphemtypen.

Partizip Perfekt des Verbs *to drink*; 2) „betrunken" als Adjektiv. Im modernen Englisch werden produktiv die Perfektpartizipien nur noch durch Hinzufügen von *-ed* gebildet.

Betrachten wir nun folgende Versprecher:

(51) (i)   I don't have to get *drinked* to be silly
           ← drunk (Adjektiv)
    (ii) You're the first virginian I've met who's (who has) never drinked bourbon
           ← drunk (Partizip Perfekt)

(i) und (ii) zeigen, daß intern Adjektive (und ihre Nominalisierungen) und Verben die phonologisch relevante Struktur von Perfektpartizipien haben:

(52) (i') $[_{A/N} [_V \text{drink}] [\text{ed}]]$
    (ii') $[_V [_V \text{drink}] [\text{ed}]]$

Aus der unterschiedlichen Adhäsion von kategorienverändernden Ableitungsmorphemen und Flexionssuffixen ergibt sich für Versprecher die folgende Prognose:

(53) (i)   *The scoundrel stole the money-ed's drink
           ← drunk's money (= Ableitungsmorphem *drunk* = N)
           (Der Schuft stahl das Geld des Betrunkenen)
    (ii)   The scoundrel stole the money's drunk
           ← drunk's money
    (iii) Uncle Fred had martini-ed a drink
           ← drunk a Martini (drunk = V)

In (i) wird ein Derivationsmorphem von *drink* entfernt, in (ii) werden zwei Nomina vertauscht und das Flexionsmorphem (*s*) wird „gestrandet"[14]. In (iii) wird das Flexionsmorphem *-ed* gestrandet. Das gestrandete Material gehört nicht zu den Adhäsiva. Der Grad der Abtrennbarkeit zeigt auch folgende Verteilung:

(54) (i)   I'm not in the read for mood-ing.
    (ii)   *I'm not in the reading for mood.

Der Grad der Abtrennbarkeit bemißt sich nach Maßgabe verschiedener Kriterien: Zunächst einmal ist entscheidend, ob das entsprechende Morphem ein Flexions- oder ein Ableitungsmorphem ist[15]; weiter, ob die morphologischen Bildungsregeln produktiv sind. Das führt zu folgender Adhäsionshierarchie:

---

14 Stranding ist der Fall von Versprechern, bei dem zwar die „Inhaltswörter" vertauscht werden, die jeweiligen Affixe jedoch zurückgelassen werden (vgl. Garrett, 1975). Hier ein Beispiel aus dem Deutschen: (i) gemonatete Arbeiten ← gearbeitete Monate. Gestrandet wird hier offenbar ein relativ abstraktes Pluralmorphem, das erst nach der Vertauschung phonologisch an das entsprechende Wort angepaßt wird (Akkomodation). Es kommt also nicht etwa zu (ii) *gemonatete Arbeite ← gearbeitete Monate (vgl. 2.3).

15 Auch hier diskutiert Kean (1977) das Pluralmorphem als Ableitungssuffix, was die Angelegenheit ein wenig verdunkelt.

−Adhäsiva	Neutral	+Adhäsiva
produktive Flexionsmorpheme: +abtrennbar +Stranding	produktives Pluralmorphem: ±abtrennbar ±Stranding produktive Ableitungsmorpheme	unproduktive Flexionsmorpheme

Daß das Pluralmorphem *s* abgetrennt werden kann oder nicht, zeigen folgende Formen, die beide mögliche Versprecher sind:

(55) (i)   the unicorns and the butterfly
        ← the butterflies and the unicorn
   (ii) the unicorn and the butterflies
        ← the butterflies and the unicorn

Da bei Broca-Aphasikern alle Komponenten der Sprachfähigkeit erhalten sind bis auf eine, die phonologische (mit dem charakteristischen Defizit der Minimierung von Ketten auf phonologische Wörter), muß jede andere Erscheinung bezogen werden auf nichtphonologische Aspekte der normalen Sprachfähigkeit. D.h., das was unter der Goodglass'schen Hypothese ein für die Broca-Aphasie charakteristisches grammatisches Defizit ist, ist
— entweder ein wirkliches Defizit oder
— Teil der normalen Sprachverarbeitungsfähigkeit, wie es die Versprecherdaten belegen.

‚Open class' Items, ‚closed class' Items und ihre syntaktische Funktion
Ich habe bereits mehrere Male darüber gesprochen, daß eine erklärungsstarke Theorie sich auf „natürliche Klassen" beziehen sollte und — wenn möglich — auch durch Evidenz bestätigt sein sollte, die aus von der fraglichen Datenklasse unabhängigen empirischen Ansätzen herstammt. Kean (1981a) diskutiert mehrere empirische Untersuchungen, die für ihre Unterscheidung von phonologischen Wörtern (Nonklitiks) und phonologischen Nicht-Wörter (Klitiks) von Bedeutung sind, u.a. auch jene von Bradley (1983).

Sicherlich ist der auffälligste und erstaunlichste Aspekt normalen Sprachverhaltens die außerordentliche Effizienz der Verarbeitung angesichts der Komplexität dessen, was berechnet werden muß, und angesichts der Schnelligkeit der Signalpräsentation. (Man bedenke: Bei normaler Sprechgeschwindigkeit werden bis zu 150 Wörter pro Minute produziert!) (Bradley, 1983, S. 1).

Hervorbringen und Wahrnehmen von Äußerungen basieren auf vielerlei Informationen: Informationen über die grammatischen und logischen Beziehungen zwischen den Konstituenten des Satzes, über morphologische und phonologische Eigenschaften dieser Konstituenten sowie Informationen über deren Bedeutung und Referenz. Konstituenten müssen hinsichtlich ihrer Kategorienzugehörigkeit spezifiziert werden können, darüber hinaus hinsichtlich ihrer weiteren lexikalischen Eigenschaften: *geben* z.B. muß wie *kommen* als Verb kategorisiert werden, *geben* muß aber im Gegensatz zu *kommen* als 3-stelliges Verb spezifiziert werden, damit z.B. in

(56) Was glaubt Fritz, hat Petra dem Jungen gegeben

was bezogen werden kann auf den abhängigen Satz, in dem das 3-stellige Verb *geben* vorkommt, aber offenkundig nur eine Stelle (nämlich *dem Jungen*) lexikalisiert ist.

Bradley (1983) unterscheidet zunächst zwei minimale Komponenten der rezeptiven Sprachverarbeitung:
1) Zugriff auf das Lexikon
2) Parsing (= syntaktische Analyse)
Parsing ist normalerweise dem lexikalischen Zugriff nachgeordnet, denn es macht Gebrauch von den durch 1) gelieferten Informationen, um den Signalen eine Struktur zuordnen zu können und dies nach Maßgabe der syntaktischen Regularitäten der betroffenen Sprache. In unserem Beispiel zeigt sich dies ganz schön: Parsing ohne lexikalische Informationen über die Stelligkeit oder ‚Argumentstruktur' von *geben* würde nicht zum Erfolg führen.

Gelegentlich sind nicht alle Informationen in einer Äußerung lexikalisch überprüfbar:

(57) [hansfantgesteǝnaenvaRpsǝl]
    Hans fand gestern ein Warbsel

(58) [hansvaRpsǝltǝzo: foɐ dembetheRum]
    Hans warbselte so vor dem Bett herum

Hier können wir offenbar eine syntaktische Analyse nur deswegen vornehmen, weil wir aus den Äußerungen bestimmte Informationen extrahieren können, so z. B. kommt in (57) *Warbsel* zusammen mit einem unbestimmten Artikel vor, so daß wir *Warbsel* als Nomen klassifizieren können. In (58) andererseits identifizieren wir *warbselte* z. B. deswegen als Verb, weil wir *-te* als Präteritummorphem, mithin als Verbendung verstehen (*te* ist ja die produktive Präteritumendung[16]). Bradley (1983, S. 2) bemerkt anläßlich der Diskussion eines analogen Beispiels aus dem Englischen, daß solche Beispiele nur scheinbar künstliche Beispiele sind, denn wir können zurecht davon ausgehen, daß schon bei zwei Sprechern zwei unterschiedliche Lexika vorliegen, so daß manchmal nur die formalen Eigenschaften von Ausdrücken analysiert werden können. Nun sind aber *ein* und *te* vermutlich Elemente der phonologischen Nicht-Wörter oder Klitiks, unterstellt einmal, auch im Deutschen sei Akzent ein Parameter zur Identifikation dieser Elemente. Sie spielen offenkundig eine zentrale Rolle bei der Verarbeitung, denn sie sind wichtige erste Hinweise auf die syntaktische Struktur:

„Es gibt eine Teilmenge (der Menge der Wörter einer Sprache; meine Ergänzung), die geschlossene Klasse, die eine privilegierte Funktion beim Erschließen der syntaktischen Struktur hat." (Bradley, 1983, S. 7; meine Übersetzung).

Ebenso argumentiert Kean (1981a, S. 192): Zu welchem Zeitpunkt, so überlegt sie, hat die Unterscheidung zwischen Klitiks und phonologischen Wörtern eine Funktion für die Berechnung? Sicherlich nicht bei der phonologischen Verarbeitung des akustischen Signals, denn Klitiks haben ja keine besonderen physikalischen Eigenschaften, die sie von phonologischen Wör-

---

16 H.-D. Schlosser machte mich darauf aufmerksam, daß man z. B. bei der Präteritumbildung von *schwören* immer häufiger die nicht normgerechte produktive Form *schwörte* findet.

tern unterscheiden — so ist im Englischen eine unbetonte Silbe z. B. unter physikalischen Gesichtspunkten mit einem Klitik äquivalent. Es ist jedoch vorstellbar, daß die Unterscheidung zwischen beiden Typen zum Zeitpunkt des lexikalischen Zugriffs ins Spiel kommt, weil diese Unterscheidung möglicherweise zwei unterschiedlichen Wortklassen entspricht. Und schließlich ist es recht plausibel anzunehmen, daß Klitiks diskrete Hinweise auf die syntaktische Struktur liefern, somit eine wichtige Rolle beim Parsing spielen.

Zwei Wortklassen
Die vorangegangenen Überlegungen legen die Vermutung nahe, daß es zwei Typen von Wörtern gibt:

Klasse 1: lexikalische Hauptkategorien (N, V, A)
= offene Klasse
Klasse 2: andere lexikalische Kategorien (Det, Aux, P, Quantoren usw.)
= geschlossene Klasse[17]

Die folgenden Kriterien unterscheiden offene und geschlossene Klasse voneinander:
1) Umfang: Ein akademisch gebildeter Sprecher des Englischen beherrscht ca. 75.000 Wörter der offenen Klasse. Offen ist diese Klasse, weil man im wesentlichen unbegrenzt neue Elemente hinzufügen kann. Dagegen gibt es nur 200 Formen der geschlossenen Klasse im Englischen; Veränderungen in diesem Bereich gehen, falls sie überhaupt stattfinden, zumindest sehr langsam vor sich.
2) Länge und Häufigkeit: Innerhalb der offenen Klasse variieren diese Parameter sehr stark, während die Elemente der geschlossenen Klasse tendenziell kurz und von hoher Frequenz sind.
3) Ambiguität im kategorialen Status: Die Elemente der offenen Klasse variieren sehr stark bezüglich ihrer Kategorienzugehörigkeit, während eine solche Ambiguität für die Elemente der geschlossenen Klasse weniger häufig ist.

Neben diesen sicher bloß annäherungsweise und möglicherweise auch bloß sprachspezifisch geltenden „linguistischen" Erwägungen soll folgende Evidenz die ‚psychologische Realität' dieser Unterscheidung belegen.

Wahrnehmungsexperimente
Generell zeigt sich bei psycholinguistischen Experimenten, daß syntaktisch strukturierte Ketten besser behalten und verstanden werden als Listen von Wörtern, sogar dann, wenn erstere nur Nonsense-Wörter enthalten (Bradley, 1983, S. 5). Z. B. werden Nonsense-Tripletten im Englischen besser behalten, wenn sie Wörter der geschlossenen Klasse enthalten (*TAH of ZUM*), als wenn sie Wörter der offenen Klasse enthalten (*YIG food SEB*). Dies gilt nur insoweit, als Wörter der geschlossenen Klasse eine syntaktische Struktur induzieren: So wird (*YIG who SEB*) nicht besser behalten als (*MEF think JAT*). Bradley

---

[17] ‚Quantoren' soll hier ganz vortheoretisch verstanden werden, denn unter einer genauen grammatischen Analyse muß man ja zwischen syntaktischen und logischen Eigenschaften sprachlicher Ausdrücke unterscheiden; in
(i) Alle lieben Boris
ist *alle* syntaktisch ein Nomen (eine Nominalphrase) und logisch ein Quantor.

(1983, S. 5) begründet diese erstaunliche Tatsache wie folgt: „Für sich genommen unterstützen Elemente der geschlossenen Klasse die Erinnerungsleistungen nicht; sie tun dies nur dann, wenn sie syntaktische Struktur vermitteln." (meine Übersetzung).

Dies ist eine wichtige Bemerkung, die schon auf die Frage, ob es ein spezielles Sublexikon für die Elemente der geschlossenen Klasse gibt oder nicht, hinweist (s. dazu die Darstellung der Experimente im folgenden).

Produktion
Dazu haben wir im Zusammenhang mit den im vorangegangenen diskutierten Versprechern schon Beispiele diskutiert (vgl. Bsp. (46) und Kap. 2.3, Teil II).

Spracherwerb
Resultate aus Spracherwerbsuntersuchungen lassen sich möglicherweise, zumindest was den Verkettungs- oder kombinatorischen Aspekt von Sprache anbelangt, angemessener charakterisieren, wenn man eine Unterscheidung zwischen Klitiks und phonologischen Wörtern zugrundelegt.

Wanner/Gleitman (1983, S. 18 f.) diskutieren hierzu einige Beispiele. Legt man den Akzent als Diagnostikum für die Unterscheidung zwischen phonologischen Wörtern und Klitiks zugrunde, so müßte man prognostizieren, daß Kinder nicht betonte Silben und Klitiks in ihrer Verarbeitung (z. B. beim Imitieren von Äußerungen) zunächst gleich behandeln, was die vorher skizzierten Überlegungen von Kean (1981) stützen würde. In der Tat scheint dies so zu sein. Kinder produzieren zunächst nur die betonten Teile von Wörtern:

(59) (i)   giráffe → raff
     (ii) elephánt → efant

Wenn Kinder anfangen, unbetonte Silben zu verarbeiten, tun sie dies in einer „generalisierten" Form, nämlich in Form des schwa-e in allen Fällen:

(60) (i)   report card → əport card
     (ii) tape recorder → tape-ə-corder

Und sie analysieren Klitiks nicht richtig. Klitiks werden nämlich so analysiert, als ob sie unbetonte Silben der jeweils vorangehenden Wörter seien:

(61) (i)   *read-it* in Äußerungen wie: read it a book Mommy
     (ii) *have-it* in Äußerungen wie: have it a cookie

Eine für den hier erörterten Zusammenhang besonders interessante Beobachtung kommt aus Slobins Untersuchungen über den Erwerb relationaler Beziehungen im Türkischen und Serbokroatischen (Slobin, 1983). Die untersuchten türkischen Kinder erwarben nämlich die entsprechenden Flexionshinweise auf Relationen früher als die serbokroatischen Kinder.

So antworten bereits 2-jährige türkische Kinder z. B. auf Fragen, in denen ein Patiens erfragt wird, mit der entsprechenden Akkusativmarkierung (Slobin, 1983, S. 151):

(62) (i)   Frage: Kimi gördün — wen sahst du?
     (ii) Antwort: Ahmedi   — i = Akkusativ-Endung[18]

---

18 -i: Vokalharmonisch mit *i* aus *kim* „wer".

Kasusflexionen im Türkischen haben die folgenden Eigenschaften:
Sie sind u. a.   1) postponiert,
2) silbisch,
3) akzentuiert, d. h. sie werden nie klitisiert und nie abgeschwächt.

Im Serbokroatischen andererseits sind die Kasusflexionen u. a.
1) zwar postponiert, aber
2) nichtsilbisch,
3) ohne Akzent und phonetisch veränderbar aufgrund der lautlichen Umgebung.

Z. B. gibt es eine Menge Wörter, bei denen die Kasusflexion mit dem Wort verschmolzen ist, ohne daß also ein Wortstamm isoliert werden kann (Slobin, 1983, S. 156, denn žen kommt nicht vor):

(63) (i)   žena „Frau", Nominativ
(ii) ženu „Frau", Akkusativ

Die unterschiedliche Beherrschung der jeweiligen Kasusflexionen läßt sich recht gut mit der allgemeinen Unterscheidung zwischen Klitiks und phonologischen Wörtern erklären, so daß — wie erwartet — diejenigen Elemente, die relativ eigenständig und immun gegen Veränderungen sind, eher erworben und verarbeitet werden können, somit von den Kindern relativ früh als Hinweise auf die syntaktische Struktur von Sätzen verstanden werden können.

Bradleys Experimente
Die vorangegangenen Beobachtungen lassen daher vermuten, daß eine Teilmenge der Wörter einer natürlichen Sprache eine privilegierte Funktion für die Erschließung der syntaktischen Struktur von Sätzen hat. Folglich scheinen dann auch das Lexikon und seine Struktur eine kritische Rolle bei der Syntaxverarbeitung zu spielen. Dies wiederum könnte nahelegen, daß Worterkennungsexperimente nicht nur für Fragen nach den Organisationsprinzipien im Lexikon, sondern allgemein für Fragen nach dem Parsing von Sätzen von Belang sind.

Die im folgenden dargestellten Experimente überprüfen sprachliche Leistungen nach Maßgabe von zwei Kriterien, die in der einschlägigen Forschungsliteratur für Wörter der offenen Klasse (OK) angegeben wurden:
1) Die Reaktionszeit (RZ) bei der Klassifikation von OK-Formen ist abhängig von deren Häufigkeit.
2) Lexikalische Entscheidungen sind abhängig vom Wortstatus der Anfangsteile von Nichtwortformen.

Experiment 1
20 nicht sprachgestörte Testpersonen sollten in einem lexikalischen Entscheidungstest verschiedene Items beurteilen. Die Items wurden visuell präsentiert, und es wurde gefragt, ob das jeweilige Item ein Wort des Englischen ist oder nicht. Gemessen wurde die RZ von der Darbietung des Reizes an. Gewertet wurden nur die richtigen Antworten. Items, die eine Fehlerquote von mehr als 20 % hatten, wurden nicht gewertet. Insgesamt wurden 180 Items getestet; alle waren einsilbig und 2—5 Buchstaben lang. Die präsentierten Items gehörten einer der drei folgenden Klassen an:

1) 40 Wörter der geschlossenen Klasse (GK) (Häufigkeit: 2.2—4.5 = 158.5—31 623)[19]
2) 60 Wörter der offenen Klasse (OK) (Häufigkeit: 1.0—3.5 = 10—3162.3)
3) 80 phonologisch zulässige Nicht-Wörter (NW)

Hier ein paar Beispiele:

(64) (i) OK: farm , 2.2 (158.5)
             drink , 2.32 (208.9)
             say   , 3.44 (2754.2)
     (ii) GK: else , 2.25 (177.8)
              since , 2.80 (630.9)
              all   , 3.48 (3019.9)

Abbildung (65) stellt die Ergebnisse dar:

(65)
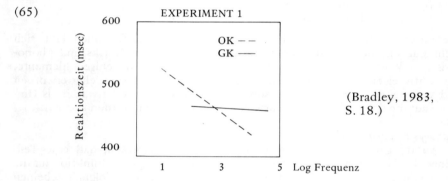

(Bradley, 1983, S. 18.)

Aus Abbildung (65) ist deutlich zu ersehen, daß die Vorkommenshäufigkeit von Items bei der Entscheidung, ob OK-Wörter Wörter des Englischen sind, eine signifikante Rolle spielt, während dieser Effekt bei GK-Wörtern nur gering ist.

Schlußfolgerung
Offenkundig ist der Mechanismus, der GK-Wörter aus dem Lexikon abruft, ein anderer als der, der OK-Wörter abruft (wohlgemerkt: Im wesentlichen sind in den Wortabrufexperimenten, in denen sich die Häufigkeit immer als kritischer Faktor herausstellte, OK-Wörter getestet worden).

Experiment 1'
In diesem Experiment wurde dasselbe Testmaterial verwendet wie in Experiment 1, diesmal jedoch wurden 5 Broca-Aphasiker und 5 hospitalisierte Kontrollpersonen getestet. Abbildung (66) zeigt die Ergebnisse für beide Gruppen (Bradley, 1983, S. 44):

---

[19] Alle Häufigkeiten werden bei Bradley (1983) logarithmisch (zur Basis 10) berechnet, ich vermute, der Übersichtlichkeit halber. Im folgenden gebe ich zur Illustration jeweils auch die absoluten Werte an. Sie bedeuten, daß ein Item x-mal in einem Corpus von 1 Mio. Items vorkommt.

(66)

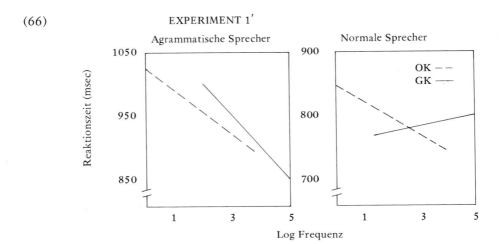

Wie man klar sehen kann, unterscheiden sich bei Agrammatikern die Abrufleistungen für die beiden Wortklassen nicht. Beide sind gegenüber Häufigkeit sensitiv. Es gibt also in beiden Fällen eine Korrelation von RZ zu Häufigkeit.

Es ist jedoch nicht so gewesen, daß die aphasischen Probanden die GK-Wörter nicht identifizieren konnten (obwohl sie sie ja, wie wir bereits wissen, selten äußern und bei Verstehensleistungen vernachlässigen). Die Prozentzahl für Klassifikationsirrtümer bei GK-Wörtern betrug 8%, im Vergleich zu 5% bei OK-Wörtern. (Bei Gesunden wurden 2.1% der OK-Wörter und 1.6% der GK-Wörter falsch beurteilt)

Schlußfolgerung
Aufgrund der niedrigen Irrtumsrate bei GK-Wörtern kann man die Leistungen der Broca-Aphasiker als ‚retrieval failure' (= Defizite beim Abrufen der Items) ansehen, nicht als absolute Unfähigkeit, für diese Wörter mentale Repräsentationen herzustellen. Mithin sind Agrammatiker nicht in der Lage, die mentale Repräsentationen von GK-Wörtern auf die Weise aufzufinden, auf die es nicht sprachgestörte Sprecher tun, d. h. mit einem frequenzunabhängigen Mechanismus.

Experiment 2
Jedes Wahrnehmen von Äußerungen, so scheint es, arbeitet mit Routinen; nicht alle Informationen, die in einer Äußerung stecken, müssen sofort herausgefunden werden; es muß bloß hinreichend viele Hinweise geben, so daß der Prozessor eine mentale Repräsentation herstellen kann, die dem Stimulus angemessen ist.

Es scheint in der Tat zuzutreffen, daß beim lexikalischen Zugriff einige Informationen der Wortform wichtiger sind als andere: Anfänge von Wörtern werden wichtiger genommen als mediale oder finale Teile. Wenn dies so ist, muß der Prozessor zwei Routinen enthalten: eine sofortige Routine und eine, die nach dem Zugriff operiert, damit mögliche Irrtümer, die durch das erste, partiell zufällige, Auffinden von lexikalischen Einheiten entstehen können, korrigiert werden können.

Taft/Forster (1975) haben z. B. folgendes herausgefunden: Nichtwörter, die erste Silben von Wörtern sind (*ath* aus *athlete,* *chim* aus *chimney*), brauchen in lexikalischen Entscheidungsaufgaben länger als Nichtwörter, die nicht erste Silben sind. Auch benötigen Nichtwörter, deren erste Teile Wörter des Englischen sind (*strandlan* — *strand*) länger als Nichtwörter, deren erste Bestandteile keine Wörter des Englischen sind (*spoardlan*). Psycholinguistisch kann man sich den Prozeß so vorstellen: Der erste Erkennungsprozeß erfaßt nicht den gesamten Input, sondern bloß möglicherweise (vermeintlich) relevante Teile desselben. Diese so entstandenen Vermutungen werden dann mit der gesamten Inputform verglichen, so daß der Prozessor vorübergehend sich im ‚Irrtum befinden' kann. Z. B. *padlato* könnte zunächst als *pad+* analysiert und akzeptiert werden. Diese Repräsentation muß in der postlexikalischen Prozedur verworfen werden, was einen gewissen Zeitaufwand benötigt, womit man die längere RZ erklären könnte.

Wenn nun aber GK-Wörter anders aufgefunden werden als OK-Wörter und damit dieses Vokabular für eine partielle Analyse nicht zur Verfügung steht oder in irgendeiner Weise markiert ist, dann müßten sich OK-Wörter und GK-Wörter in Hinsicht auf Nichtworteffekte voneinander unterscheiden. Dies wird im folgenden Experiment getestet.

Testmaterial:
1) 64 NW
2) 80 Wörter

1) und 2) wurden visuell präsentiert. Die erste Gruppe enthielt vier Untergruppen:
a) ‚Baseline Nonwords': die jeweilige Anfangsportion kann nicht als Wort gedeutet werden: *nacherty*
b) GK-Nichtwörter: das jeweilige Anfangssegment kann als GK-Wort konstruiert werden: *sucherty* ← *such/erty*
c) OK-Nichtwörter, hochfrequent: die jeweilige Anfangsportion ist OK-Wort mit hoher Frequenz (2.32/209): *worderty* ← *word/erty, lostner* ← *lost/ner*
d) OK-Nichtwörter, niederfrequent: die jeweilige Anfangsportion ist OK-Wort mit niedriger Frequenz (0.82/7): *casterty* ← *cast/erty, vowald* ← *vow/ald*

Die Länge war kontrolliert, und die Häufigkeit war am höchsten bei GK-Wörtern (3.24/1738).

Die Hypothese lautete: Interferenzeffekte nehmen bei höherer Frequenz zu, so daß GK-Wörter die meisten Interferenzeffekte haben. Interferenz bedeutet hier, daß mehr Fehler gemacht werden, wenn die Anfangsportionen der NW Wörter des Englischen sind.

Tabelle (67) gibt einen Überblick der RZ und Irrtumsraten (in %) aufgeschlüsselt nach den einzelnen Kategorien:

(67)	NW-Typen	Beispiel	RZ	%E
	‚Baseline'	vostner	588	1.3
	GK	mostner	595	1.3
	OK (hochfrequent)	lostner	629	4.4
	OK (niederfrequent)	mistler	618	7.8

(Durchschnittliche RZ (in Millisekunden) und Irrtumsraten (%E) bezogen auf die NW-Typen. Bradley, 1983, S. 30)

GK-Nichtwörter benötigten nicht länger als ‚Baseline'-Nichtwörter; hochfrequente OK-Nichtwörter unterschieden sich kaum von niederfrequenten OK-Nichtwörtern, auf jeden Fall benötigten sie nicht weniger Zeit. D. h.: Kommen GK-Wörter als Anfangsportionen von NW vor, so induzieren sie keine — ansonsten sehr robusten — Interferenzeffekte auf die RZ für die Klassifikation von NW.

Experiment 2'
Testaufbau und Testmaterial waren wie in Experiment 2, allerdings nahmen an diesem Experiment 5 Broca-Aphasiker und 5 hospitalisierte, nicht-sprachgestörte Kontrollpersonen teil. Tabelle (68) zeigt die Ergebnisse für die Kontrollgruppe:

(68)

NW-Typen	Beispiel	RZ	%E
‚Baseline'	dititude	953	0.0
GK	getitude	953	0.8
OK (hochfrequent)	setitude	1024	1.7
OK (niederfrequent)	petitude	1024	1.7

(Hospitalisierte Kontrollgruppe: durchschnittliche RZ (in Millisekunden) und Irrtumsraten (%E) bezogen auf die NW-Typen (s. Tabelle (69)) (Bradley, 1983, S. 46)

Ein abschließendes Gesamtbild geben die folgenden Abbildungen:

(69)

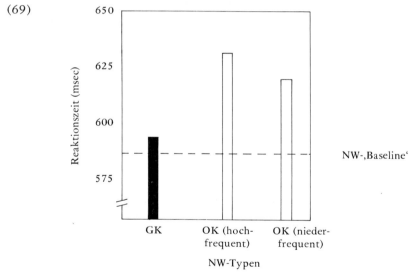

(Bradley, 1983, S. 31)

(70)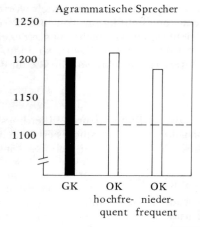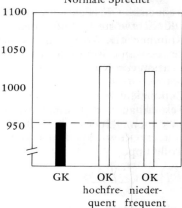

(Bradley, 1983, S. 48)

Vergleicht man (67) mit (68) sieht man denselben Effekt: ‚Baseline'-Nichtwörter und GK-Nichtwörter einerseits und die OK-Nichtwörter andererseits bilden die beiden kritischen Gruppen.

Im Gegensatz dazu ergibt sich aus Tabelle (71) ein recht anderes Bild. Neben den viel höheren Irrtumsraten, die kaum erklärbar sind, hatten alle Nichtwörter, sowohl GK als auch OK, längere RZ als ‚Baseline'-Nichtwörter:

(71)
NW-Typen	Beispiel	RZ	%E
‚Baseline'	thiddace	1112	12.3
GK	thattice	1203	16.3
OK (hochfrequent)	shuttice	1206	16.3
OK (niederfrequent)	chattice	1193	23.8

(Broca-Aphasiker: Durchschnittliche RZ (in Millisekunden) und Irrtumsraten (%/E) bezogen auf die NW-Typen.)

Schlußfolgerung
Es gibt eine systematisch-linguistische Eigenschaft, die GK- von OK-Wörtern unterscheidet und eine Differenzierung der Wörter des Englischen rechtfertigt: GK-Wörter sind an produktiven Wortbildungsprozessen nicht beteiligt, wohingegen OK-Wörter dies sind. Insbesondere scheinen GK-Wörter nicht an Derivationen beteiligt zu sein i.d.S., daß durch Hinzufügung von Derivationsmorphemen Wörter entstehen, die einer durch das Morphem induzierten neuen syntaktischen Kategorie angehören.

(Vgl. $[definite]_A \rightarrow [_N [_A definite] ness]_N$
vs. $[_P of] \nrightarrow [_N [_P of] ness]_N$).

Aber auch Komposition ist nicht produktiv, es gibt nur einige wenige fossilisierte Formen wie *nevertheless, somewhere*, nicht aber *somewhy* (vgl. dazu auch Kap. 3.2, Teil III).

Wie anfangs schon bemerkt, spielen Wortbildungsregularitäten eine erhebliche Rolle beim ersten Analysieren von Inputdaten, also beim Versuch, so schnell wie möglich Anfangsstücke von Wörtern auf mentale lexikalische Repräsentationen zu beziehen. Dies wurde ja von Taft/Forster (1975) in eindrucksvoller Weise experimentell belegt. Dabei hing die RZ davon ab, ob Anfangsstücke von legalen Nichtwörtern existierende Wörter des Englischen waren (*strandlan* im Vergleich zu *spoardlan*), und — bei Wörtern — ob das Anfangsstück ein sehr häufig vorkommendes Wort des Englischen ist und fälschlicherweise als eigenständiges Morphem des Inputitems bewertet wird (*big* in *bigot*). Taft/Forster verwendeten in ihrem Experiment nur OK-Wörter, wie bereits zu Anfang bemerkt. Wenn ihre Analyse bezüglich der Konstruktion mentaler Repräsentationen zutrifft und wenn außerdem Bradleys Hypothese des unterschiedlichen Zugangs zu lexikalischen Repräsentationen von OK-Wörtern im Kontrast zu GK-Wörtern stimmt, so scheint in solchen Fällen, in denen die Anfangsportionen GK-Wörter sind, einfach kein Zugangsmechanismus zur Verfügung zu stehen, das ganze Item wird beurteilt, und man benötigt keine zusätzliche korrigierende Operation, das Verfahren ist also kostensparender.

Bei Broca-Aphasikern gibt es offenbar keine Kontrolle der Klasseninformation bzw. keine spezielle Zugangsroutine zu den GK-Wörtern. Man könnte vermuten, daß ihnen die Information fehlt, was angesichts der geringen Irrtumsrate in Experiment 1' und anderer Ergebnisse unplausibel erscheint. Eher ist auch hier anzunehmen, daß es sich um ein „retrieval failure" handelt. Da eine spezielle Routine für GK-Wörter fehlt, verhalten sich die GK-Wörter so, als ob sie OK-Wörter wären.

Zusammenfassung
Die Unterscheidung zwischen OK- und GK-Wörtern wird über den variierenden lexikalischen Zugang psycholinguistisch motiviert. GK-Wörter haben für die sofortige (gelegentlich vorläufige) syntaktische Analyse eine ausgezeichnete Funktion insofern, als sie z.B. dazu dienen, Phrasensequenzen zu indizieren. Im Erwerb und unter der Bedingung agrammatischer Sprachstörungen erweisen sich GK-Wörter als besonders diffizil bzw. störanfällig.

2.3 Agrammatismus und Sprachplanung

Wenn sich der Agrammatismus in allen Sprachverarbeitungsmodalitäten zeigt, so muß nicht nur überlegt werden, wie Broca-Aphasiker Klitiks rezeptiv verarbeiten, sondern auch, wie sich ihr Defizit auf die produktive Seite, also die Planung von Äußerungen, auswirkt.

In den vorangegangenen Abschnitten habe ich bereits versucht, dafür zu argumentieren, daß aus methodologischen *und* empirischen Gründen alle Sprachverarbeitungsdaten Aufschlüsse über Struktur und Gebrauch von Sprache geben können, und in diesem Zusammenhang gelegentlich eine hierfür vielleicht einschlägige Datenklasse erwähnt, nämlich Versprecher. Im folgenden möchte ich dies aufgreifen und im Kontext von Überlegungen zu einem formalen Satzproduktionsmodell ein wenig detaillierter und systematischer betrachten.

Die Datenklasse Versprecher
Die Analyse spontaner sprachlicher Fehlleistungen (die keine hirnpathologischen Ursachen haben) bietet gegenüber experimentell induzierten psycholinguistischen Daten den Vorteil, daß sie nicht aus Verarbeitungsaufgaben stammt, die von alltäglichen Kommunikationssituationen sehr entfernt sind. Andererseits kann solche Evidenz auch die Gefahr in sich bergen, statistisch ohne Aussagekraft zu sein. Dies gilt sowohl für die Seite der Produktion, was u. a. daran liegt, daß es jenseits der Laute und Wortformen praktisch keine verläßlichen Vorkommensschätzungen bezüglich „abstrakterer" Einheiten gibt (vgl. Garrett, 1975). Es gilt aber auch für die Seite derjenigen, die Versprecher aufzeichnen, denn je nach Berichterstatter kann der eine Versprechertyp perzeptuell auffälliger sein und daher eher aufgezeichnet werden als der andere Typ. Auch mag die Auffälligkeit und damit die höhere Chance des jeweiligen Versprechers, notiert zu werden, an der für den Berichterstatter gerade virulenten Hypothese liegen.

Da jedoch im Prinzip für alle psycho- und neurolinguistischen Datentypen die Frage nach ihrer ökologischen Validität nicht ohne Vorbehalte positiv beantwortet werden kann, stehen Versprecher auch in dieser Hinsicht gleichberechtigt neben anderen Daten (vgl. Leuninger, 1987b).

Die Ausgangsfrage: Zwei Vokabulartypen
Die uns hier interessierende Frage könnte wie folgt formuliert werden: Gibt es für die linguistisch und neurolinguistisch ermittelten Klassen von phonologischen Wörtern und Klitiks unabhängige Evidenz aus der normalen Sprachverarbeitung, und, wenn ja, wie und wann werden diese Einheiten bei der Sprachproduktion berechnet?

Der Versuch einer Antwort
Betrachten wir die folgenden Beispiele (alle englischen Beispiele sind aus Garrett, 1975; 1984; alle deutschen Beispiele stammen wie gewohnt aus dem Frankfurter Versprechercorpus):

(72) Wortersetzungen
- (i) He rode his bike to school tomorrow ← He rode his bike to school yesterday.
- (ii) Wir waren Pilze fangen ← Wir waren Pilze sammeln.
- (iii) a slip which considered ← a slip which consisted.
- (iv) Er macht ne Einführung in die Psycholinguistik, er liest den Quark (vgl. Kap. 2.2).

Bei (i) und (ii) handelt es sich um semantisch, bei (iii) und (iv) um formal bedingte Versprecher (wenn auch bei (iv) darüber hinaus ein bewertender Faktor eine Rolle gespielt haben mag). Vertauschungen sind im Gegensatz zu den paradigmatischen Ersetzungen syntagmatische Versprecher, bei denen jeweils zwei Items in der Äußerung ihren Platz wechseln:

(73) Wortvertauschungen
- (i) You're not allowed to put use to knowledge ← You're not allowed to put knowledge to use.
- (ii) Eine Theorie ist eine Grammatik des Wissens ← Eine Grammatik ist eine Theorie des Wissens.

(74) Lautvertauschungen
- (i) a disorder of speech, spictly streaking ← a disorder of speech, strictly speaking
- (ii) Schlingschweifer ← Schwingschleifer
- (iii) Metz die Wesser ← Wetz die Messer

Bei den folgenden Versprechern handelt es sich auch um Vertauschungen, allerdings wird hier nicht das komplette Wort, sondern so etwas wie die Wurzel vertauscht, während die Endung an ihrem Platz zurückbleibt; wegen letzterer Eigentümlichkeit nennt Garrett sie „Stranding"-Irrtümer:

(75) Stranding
- (i) They are turking talkish ← They are talking Turkish
- (ii) das gemeinste kleinsame ← das kleinste Gemeinsame

Wie kommen solche Versprecher zustande? Oder anders formuliert: Wie berechnen wir Äußerungen, wenn wir sie planen, wenn wir von der Mitteilungsabsicht zu den Instruktionen an den Artikulationsapparat gelangen wollen?

Betrachtet man die Versprecher (73) bis (75) etwas genauer, so stellt sich heraus, daß sie nicht einem Typ, nämlich Vertauschungen, sondern verschiedenen Typen angehören. Es gibt nämlich, so Garrett, diverse diagnostische Variablen, unter denen die jeweiligen grammatischen und Planungseigenschaften analysiert werden können.

(76) (i) Phrasale Beschränkung:
Die an Versprechern beteiligten Items kommen in gemeinsamen maximalen Projektionen (NP; PP etc.) unterhalb der Satzgrenze vor:

Lautvertauschungen: 87 %
Stranding: 70 %
Wortvertauschungen: 19 %

(ii) Grammatische Kategorie:
Die Irrtümer weisen dieselbe grammatische Kategorie wie die intendierten Items auf:

Wortvertauschungen: 85 %
Lautvertauschungen: 39 %
Stranding: 43 %

(iii) Fehlerspanne:
Die Distanz zwischen den beteiligten Items ist zwei oder mehr Wörter lang:

Wortvertauschungen: 28 %
Lautvertauschungen/
Stranding: praktisch immer nur 1 Item Distanz; wenn mehr als 1 Item vorkommt, so handelt es sich meist um Funktionswörter/Klitiks.

Diese u. a. hier nicht näher erläuterten diagnostischen Variablen sprechen dafür, unterschiedliche Satzplanungsebenen anzunehmen, die durch unterschiedliche grammatische Informationen und unterschiedliche psychologische Verarbeitungsbeschränkungen definiert sind.

(77) FUNKTIONALE EBENE

    Beschränkung: konstante grammatische Kategorie
grammatische Information: Lexikon, insbes. die mit lexikalischen Eigenschaften verbundenen semantischen Informationen
Versprechertyp: semantisch bedingte WORTERSETZUNGEN und
                      WORTVERTAUSCHUNGEN
Repräsentationstyp: prädikative Struktur von Äußerungen (thematische Eigenschaften, grammatische Funktionen etc.)

(78) POSITIONALE EBENE

    Beschränkungen: phrasal gebunden
                    kleine Irrtumsspanne; on-line-Berechnungen
grammatische Informationen: Konstituentenstruktur und die head-Relation; Konstituentengrenzen; grammatische Formative (abstrakte Flexion); formale Informationen aus dem phonologischen Lexikon
Versprechertyp; LAUTVERTAUSCHUNGEN/STRANDING; formal bedingte WORTVERTAUSCHUNGEN
Repräsentationstyp: phonologisch interpretierte syntaktische Oberflächenstrukturen (vgl. (21), Kap. 2.2.4, Teil I).

Trotz der echtzeitlichen Beschränkungen dieser Ebene ist der auf ihr ausbuchstabierte syntaktische Rahmen noch relativ abstrakt, wie es die folgenden Beispiele belegen:

(79) Wortvertauschung:

    give the [ðə] nipple an [ən] infant ← give the [ðiy] infant a [ə] nipple
    nicht aber: *give the [ðiy] nipple a [ə] infant

(80) Stranding:

    gemonatete Arbeiten ← gearbeitete Monate
    nicht aber: *gemonatete Arbeite

Hierbei handelt es sich um Anpassungen (Akkomodationen), die *nach* der Vertauschung und Stranding, bzw. allen anderen Versprechertypen, vorgenommen werden. D. h. erst nach der Wortvertauschung wird in (79) der Artikel in Übereinstimmung mit den phonologischen Regeln des Englischen nach Maßgabe des folgenden Lautes ausbuchstabiert; nach Stranding wird in (80) das zurückgelassene abstrakte Pluralmorphem ausbuchstabiert.

    Satzproduktion ist daher zu verstehen als ein Übersetzungsprozeß von der Mitteilungsabsicht über die funktionale und positionale Ebene mit den darauffolgenden Akkomodationen zu den Instruktionen an den Artikulationsapparat. Die Ebenen sind streng nacheinander geordnet, d. h. es kann nicht sein, daß die Satzproduktion z. B. von der positionalen zur funktionalen Ebene zurückgeht; Garretts Modell ist also ein strenges top-down-Modell. Für den gegenwärtigen Zusammenhang ist diese top-down-Ordnung jedoch nicht von Belang, die von einigen Autoren auch in Zweifel gezogen wird (vgl. z. B. Butterworth, 1982; Dell/Reich, 1981). Wichtig ist nur, daß es die unterschiedlichen Satzplanungsebenen mit ihren unterschiedlichen Aufgaben gibt.

Betrachten wir nun den folgenden Versprecher:

(81) Now listen — when I come down in the morning, I don't want to find clothes lyin' in the floor on a heap ← ... lying on the floor in a heap (Garrett, 1976, S. 240)

Es handelt sich hier offenkundig um eine Wortvertauschung, bei der Präpositionen erfaßt werden. Andererseits aber sollen Präpositionen von Lautvertauschungen nicht betroffen sein, weil Präpositionen bei der Festlegung syntaktischer Rahmen auf der positionalen Ebene eine ausgezeichnete Rolle spielen. Dies ist jedoch nur ein scheinbarer Widerspruch:
a) Präpositionen gehören zu den lexikalischen Kategorien.
b) Präpositionen sind, grosso modo, Klitiks und gehören *nicht* zur Klasse der lexikalischen Kategorien.

Denn: Nicht die eine Wortart Präposition kann in der Satzverarbeitung unterschiedliche Funktionen haben:
a) Head auf der funktionalen Ebene.
b) Grenzmarkierer auf der positionalen Ebene.

Aus diesen Funktionen läßt sich prognostizieren, daß Präpositionen zwar an Wortvertauschungen, nicht aber an Lautvertauschungen beteiligt sind. Werden Kategorien auf diese Weise charakterisiert, dann ist dies eine funktionale Identifikation einer Klasse (vgl. Garrett, 1984; Leuninger, 1986b). So erhält man nun auch eine psycholinguistische Interpretation der Kean'schen Hypothese. Wenn nämlich die positionale Ebene eine — noch relativ abstrakte — Übersetzung der funktionalen Ebene in eine systematisch phonologische Repräsentation ist, dann kann der Agrammatismus keine genuin syntaktische Störung sein (vgl. Kean, 1982). Agrammatismus ist vielmehr ein Defizit in der Übersetzung von der funktionalen in die positionale Ebene, weil bestimmte Vokabularien, welche eine solche Übersetzung u.a. ermöglichen, nicht mehr zur Verfügung stehen. Daraus folgt, daß im Agrammatismus die positionale Ebene defizitär ist.

2.4 Einwände gegen die Hypothese von Kean

Gegen Keans Analyse sind von vielen Autoren kritische Einwände vorgebracht worden. Ich diskutiere hier zunächst die von Kolk (1978) und Klosek (1979), weil sie sich besonders detailliert mit der Hypothese von Kean auseinandersetzen. Die Kritik umfaßt im wesentlichen folgende Punkte, zu denen ich jeweils unmittelbar die Repliken aus Kean (1979) anfüge:
— Phonologische Wörter;
— Klitiks und syntaktische Struktur;
— Lexical Construal.

Phonologische Wörter

Klosek (1979) argumentiert, daß phonologische Wörter nichts weiter als „sekundäre Korrelate der lexikalischen Hauptkategorien" sind. „Das Konzept ,phonologisches Wort' erklärt nichts, ja es verdunkelt vielmehr die wahre Natur der Broca-Aphasie." (Klosek, 1979, S. 64; meine Übersetzung).

Für phonologische Wörter werden in Kean (1977) drei Kriterien angegeben:
1) Wenn ein Wort ein N, V, Adj oder Adv ist, weise auf beiden Seiten # zu.
2) Weise Einheiten, die durch # eingeschlossen sind, Akzent zu.
3) Ein phonologisches Wort ist die Domäne, auf der die Akzentzuweisungsregeln operieren.

Nach Klosek sind in 1)–3) vier Konzepte involviert, die er wie folgt veranschaulicht:

(82) (i)

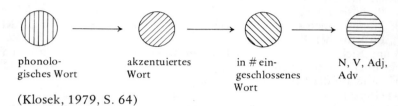

phonolo-gisches Wort → akzentuiertes Wort → in # eingeschlossenes Wort → N, V, Adj, Adv

(Klosek, 1979, S. 64)

Alle vier Konzepte definieren ein und dieselbe Klasse von Ketten, da es kein phonologisches Wort gibt, das nicht gleichzeitig Akzent erhält, von # eingeschlossen ist und ein Element der Menge der lexikalischen Hauptkategorien ist.

Somit fällt (82) (i) in (ii) zusammen, weil die einzelnen, in (i) aufgeführten Konzepte koextensiv sind:

(82) (ii)

Das Konzept phonologisches Wort ist also ein triviales Konzept und, aufgrund der in (i) angegebenen Reduktion, bloß ein „*mnemonic device*" für lexikalische Kategorien. Dadurch, daß gewisse Mitglieder der lexikalischen Hauptkategorien bloß durch den Ausdruck „phonologische Wörter" umbenannt werden, kann nicht stichhaltig gezeigt werden, daß die Broca-Aphasie ein phonologisches Defizit ist.

Man könnte daher genausogut behaupten, daß in der Broca-Aphasie syntaktische oder semantische Wörter erhalten sind, denn da es die lexikalischen Hauptkategorien sind, die erhalten bleiben, ist das Lexikon beteiligt, und dieses vermerkt für lexikalische Hauptkategorien auch syntaktische und semantische Informationen.

Ein syntaktisches Wort könnte man als eine minimale Kette definieren, die zur Klasse der lexikalischen Hauptkategorien gehört und selbst keine Hauptkategorien enthält (Klosek, 1979, S. 66):

(83) (i)   [$_N$ Haus]/ [$_N$ [Haus] es]   (= eine lexikalische Hauptkategorie)
    (ii) [$_N$ [$_N$ Haus] [$_N$ boot]]   (= zwei lexikalische Hauptkategorien)

Ein semantisches Wort ist ein solches, das semantisch stärker „geladen" ist als semantische Nichtwörter. Diese Überlegung ließe sich durch die Beob-

achtung stützen, daß Broca-Aphasiker tendenziell mehr referierende Ausdrücke verwenden. Unter einer solchen Charakterisierung wäre die Broca-Aphasie eine semantische Störung. Diese beiden alternativen Erklärungen seien, so Klosek, genauso weit hergeholt wie die Keansche Analyse. Kean (1979) geht auf Kloseks Einwände wie folgt ein:
Die Regeln der phonologischen Komponente einer Grammatik müssen eine Unterscheidung zwischen phonologischen Wörtern und phonologischen Grenzmorphemen treffen (Non-Klitiks und Klitiks). Der grammatische Mechanismus dazu sieht ungefähr so aus: Es wird eine universelle Konvention angenommen, die auf syntaktischen Oberflächenstrukturen (einschließlich der grammatischen Formative) operiert, und zwar automatisch. Nach Maßgabe dieser Konventionen werden „#" links und rechts neben jede lexikalische Kategorie und die sie dominierenden Kategorien plaziert. Aufgrund einer sprachspezifischen Anpassungsregel des Englischen werden „#" bei einsilbigen Präpositionen getilgt.

Nehmen wir zur Illustration nochmal unser Beispiel: *Tom is cooking dinner on Tuesday*. Die syntaktische Oberflächenstruktur dazu ist (84) (ii):

(84) (i)   [$_S$ [$_{NP}$ [$_N$ Tom] [$_{Aux}$ $^{+Präs}_{+Cont}$] [$_{VP}$ [$_V$ cook] [$_{NP}$ [$_N$ dinner]]]
         [$_{PP}$ [$_p$ on] [$_{NP}$ [$_N$ Tuesday]]]

Nach Ausbuchstabierung des Auxiliarkomplexes sowie ‚Affix-Hopping' (Bewegung von *-ing* an *cook*) sowie der eben erwähnten universellen Konvention erhalten wir (84) (ii)[20]:

(84) (ii)   [$_S$ # [$_{NP}$ # [$_N$ #Tom#$_N$] #]$_{NP}$ [$_{Aux}$ is $_{Aux}$] [$_{VP}$ # [$_V$ # [$_V$ #cook#]
         ing#]$_V$ [$_{NP}$ # [$_N$ #dinner# $_N$] #$_{NP}$] #]$_{VP}$ [$_{PP}$ # [$_p$ #on#]
         [$_{NP}$ # [$_N$ #Tuesday# $_N$] # $_{NP}$] #]$_{PP}$ #] #]$_S$

Die sprachspezifische Anpassung reduziert die Grenzsymbole der Präpositionalphrase, die ja ein einsilbiges Head hat, so daß sich für die PP aus (84) (i) folgendes ergibt:

(84) (iii)   ... [$_{PP}$ #on [$_{NP}$ # [$_N$ #Tuesday# $_N$] #$_{NP}$] #$_{PP}$]

In Deklarativsätzen sind Klitiks nicht an der Akzentzuweisung beteiligt, dies ist *ein* Diagnostikum dafür, daß eine Kette ein Klitik ist (vgl. Kean, 1978). Während die Klitik — Non-Klitik- — Unterscheidung universell ist, sind die Weisen, in denen sie sich zeigt, sprachspezifisch. Im Englischen zeigt sie sich z. B. am Akzent; das muß aber nicht so sein. Kean (1979, S. 79) diskutiert hierzu ein Beispiel aus einer indianischen Sprache, dem Klamath. In Klamath gibt es phonologische Regeln, die auf dieser Unterscheidung basieren, aber nichts mit Akzent zu tun haben. Hier lösen Proklitiks (klitische Präfixe) eine Vokal*tilgung* aus, wenn das folgende Item die Form CVCV hat, und Vokal-

---

20 Diese Charakterisierung ist streng genommen linguistisch sehr ungenau, weil der Eindruck entstehen kann, daß es sich um Regeln desselben Typs handelt. In Wirklichkeit aber wurde im Rahmen der Standardtheorie ‚Affix-Hopping' als eine syntaktische Transformation aufgefaßt, welche die Ketten so aufbereitete, daß morphologische Regeln angewendet werden können.

reduktion, wenn das folgende Item die Form CVCC hat, reguläre Präfixe andererseits lösen keine der beiden Regeln aus (Kean, 1979, S. 79):

(85) (i)   *paga* (er raucht) + Proklitik *sna* (Kausativ) → *snapga*
          CVCV   Vokaltilgung
aber:(ii) *paga* + Intensivierungsmorphem *pag* → *pagpaga*
(iii) *bonwa* (er trinkt) + Proklitik *hos* (Kausativ) → *hosbənwa*
          CVCC   Vokalreduktion
aber:(iv) *bonwa* + Intensivierungsmorphem *bon* → *bonbonwa*

Da phonologische Alternationen nur innerhalb von phonologischen Wörtern stattfinden, müssen die Inputs für die Tilgungs- bzw. Reduktionsregeln eine entsprechende Form haben:

(85) (i') [$_{VP}$ # [$_V$ #sna [paga#] #]
aber:(ii') [$_{VP}$ # [$_{V'}$ #pag# [$_V$ #paga#] #] #]
(iii') [$_{VP}$ # [$_V$ #hos [bonwa#] #] #]
aber:(iv') [$_{VP}$ # [$_{V'}$ #bon# [$_V$ bonwa#] #] #]

M.a.W., es gibt *eine* Ebene, auf der die Unterscheidung zwischen dem, was in der Broca-Aphasie erhalten ist, und dem, was in der Broca-Aphasie gestört ist, systematisch getroffen werden kann, und dies ist die Ebene der phonologischen Repräsentation. Nur auf dieser Ebene ist es möglich, für den fraglichen Erklärungszusammenhang natürliche Klassen zu definieren. Die Unterscheidung beider Klassen ist universell, wie sie allerdings instantiiert ist, ist sprachspezifisch.

Kean (1979, S. 76, FN 9) wendet, m. E. zurecht und so, wie wir es bisher auch getan haben, gegen den Begriff der „größeren *semantischen Ladung*" ein, daß unklar ist, welches Maß z. B. bei der semantischen Unterscheidung zwischen lexikalischen Hauptkategorien und Präpositionen zugrundegelegt werden sollte. Ohnehin, so möchte ich noch hinzufügen, verstrickt sich Klosek (1979) selbst in einen Widerspruch: Wieso erklärt das — zugestandenermaßen „weit hergeholte" — Konzept der unterschiedlichen semantischen Ladung die Präferenz von Broca-Aphasikern für referierende Ausdrücke? Wieso ist, um es auf die Spitze zu treiben, *hinken* weniger semantisch geladen als *Ding*? Eine Erklärung mithilfe semantischer Kategorien ist mithin nicht genauso weit hergeholt wie der Keansche Vorschlag, sondern sie kann gar nicht funktionieren. Ohnehin könnte es sein, daß solch ein Faktor nicht direkt mit unserem Sprachvermögen zusammenhängt, sondern eher der pragmatischen Kompetenz zuzurechnen ist:

(86) (i)   Wen glaubst du, wird die deutsche Fußballmannschaft besiegen.
     (ii)   Was behauptet Erna, sagte Fritz, hat Olga sich wieder mal erlaubt.
     (iii) Was zischte Erna, sagte Fritz, hat Olga sich wieder mal erlaubt.

Während die meisten Sprecher, die (i) akzeptieren, auch (ii) akzeptieren (vielleicht mit bedenklichem Stirnrunzeln), gibt es für (iii) eine größere Variabilität im Urteil, und die scheint sich darauf zu beziehen, daß das Matrixverb in (iii) ein semantisch stärker angereichertes Verb des Sagens, Meinens, Glaubens (epistemische Verben) ist als die in (i) und (ii). Sie verlieren diese größere „Ladung" jedoch, wenn z. B. bekannt ist, daß Erna gewohnheitsmäßig eine „Zischerin" ist.

Sollte es einen Akzeptabilitätsunterschied zwischen (i) und (ii) geben, so läßt sich der allein mit der strukturellen Überbelastung des formalen Sprachverarbeitungssystems erklären (vgl. Bayer, 1983/84). Dies funktioniert allerdings nicht, vergleicht man (i) und (iii). Hier handelt es sich nicht um eine zu starke Belastung der Berechnungskapazität, sondern um Faktoren, die mit semantischen Eigenschaften des epistemischen Verbs zu tun haben, wenn diese nicht durch pragmatische oder verwandte Informationen neutralisiert werden.

Ernsthaftere Ansätze der Semantiktheorie lassen aber auch keine Möglichkeit erkennen, die fraglichen Items voneinander so zu unterscheiden, daß man zu einer sinnvollen Partitionierung der sprachlichen Einheiten gelangen kann.

Klitiks und die syntaktische Struktur
Auch die Analogie von Non-Klitiks zu syntaktischen Wörtern ist mißlungen. Auf welche Ebene syntaktischer Repräsentation wir uns auch immer begeben mögen, wir gelangen zu keiner der phonologischen Analyse vergleichbaren Aufteilung der fraglichen Kategorien: Sie teilen z. B. nicht die Eigenschaft, Head zu sein. Denn: Zwar ist in unserer Struktur (84) ein Großteil der Heads diejenigen Kategorien, die erhalten sind, dies gilt jedoch für einsilbige, also nie akzentuierte Präpositionen, nicht. Die sind aber auch Heads von Präpositionalphrasen. Darüber hinaus werden sie wie alle anderen Heads aus dem Lexikon inseriert. Syntaktisch betrachtet fallen Präpositionen in dieselbe Klasse wie Nomina, Verben, Adjektive, wie bereits bemerkt. Viel krauser wird es für die anderen Kategorien, wollten wir sie in (84) zu Klassen zusammenfassen. Mit beiden von Klosek (1979) formulierten Alternativen gelangt man also offenbar zu keiner eleganten Lösung (vgl. auch Kean, 1980). Man könnte natürlich anstreben, den Agrammatismus nicht mithilfe der Eigenschaften *einer* Repräsentationsebene, sondern mithilfe des Zusammenspiels mehrerer Ebenen zu charakterisieren. Das könnte dann vielleicht wie folgt aussehen. Die syntaktische Ebene würde zunächst eine Unterscheidung liefern zwischen phrasenstrukturellen Kategorien und reinen grammatischen Flexionsformativen. So läßt sich mithilfe der ‚Head'-Relation in (84) eine Unterscheidung zwischen N, V, P einerseits und Aux andererseits treffen[21]. P fällt dann aus der ersten Gruppe aufgrund seiner lexikalisch-morphologischen Beschaffenheit heraus, da Präpositionen keinen morphologischen Derivationsregeln unterliegen[22], was ja nicht ohne weiteres stimmen kann, denn *upper, inner, outer* z. B. sind — historisch betrachtet — Adjektivableitungen aus den jeweiligen Präpositionen

---

21 Unter der ‚Government-Binding'-Theorie könnte sogar Aux (= INFL) ein Head sein, nämlich das Head von S, was die Angelegenheit noch verschlimmern würde.

22 Morphologische Derivation ist der Prozeß, der unter bestimmten syntaktischen Beschränkungen im Deutschen z. B. aus transitiven Verben plus *-bar* Adjektive macht, deren Bedeutung kompositionell errechnet werden kann. Im Gegensatz dazu verhalten sich — nach heute wohl gängiger Meinung — Komposita in bezug auf semantische Berechenbarkeit nach Maßgabe einer den Komposita zugrundeliegenden syntaktischen Struktur drastisch anders (Fanselow, 1985; vgl. aber Höhle, 1982, der nachzuweisen versucht, daß es keine hinreichenden Belege für eine strikte Trennung von Derivation und Komposition gibt). Präpositionen haben also, so Kean (1979, S. 75 f., Anm. 8) in allen relevanten Hinsichten dieselben Eigenschaften wie die anderen Kategorien.

up, in, out; gleichermaßen findet man das aus der Präposition *behind* abgeleitete Nomen *behind* usw.

Lapointe (1983, S. 19) bemerkt hierzu aber folgendes: Präpositionen spielen insofern keine Rolle bei Derivationen, als sie nicht Basen für kategorienverändernde Ableitungen sind. Zwar gibt es so etwas wie $[_V sing_V]$ zu $[_N [_V sing_V] er_N]$, aber nicht $[_N [_P behind_P] er_N]$. Auch Keans Bemerkung, daß z. B. die Ableitung $[_P behind_P]$ zu $[_N behind_N]$ analog sein soll zu $[_V permit_V]/[_N permit_N]$, trifft seiner Meinung nach nicht zu, weil solche Prozesse zu der Zeit, als sie möglicherweise noch produktiv waren, Kompositionsbildungen im Sinne von Ø-Morphem-Komposition waren. Wie zwischen beiden Analysen entscheiden? Die Evidenz für die Lapointe'sche Vermutung scheint mir recht schwach zu sein, ja die Vermutung durch solche Formen wie $[_N [_P about_P] ness_N]$ zumindest äußerst problematisch.

Aber auch wenn die Behauptung zutreffen sollte, daß Präpositionen nicht Gegenstand von morphologischen Derivationsregeln sind, mithin die erhaltenen Elemente solche sind, die von Derivationsregeln erfaßt werden, wäre diese Charakterisierung nach Kean (1980, S. 247) methodologisch nicht zulässig: Die relevanten Unterscheidungen müssen ja, wie schon mehrmals betont, repräsentational getroffen werden, denn nur Repräsentationen sind psychologisch real und werden somit bei der Sprachverarbeitung berechnet. Eine Charakterisierung einer Klasse mithilfe von morphologischen Prozessen macht Gebrauch von transderivationalen Beschränkungen, die psycholinguistisch reichlich unplausibel sind, weil mit ihnen die Behauptung verbunden wäre, daß beim Sprachgebrauch die Menge möglicher Ableitungen einer Sprache in Betracht gezogen werden müßte.

Außerdem ist natürlich, auch wenn eine Mehrebenencharakterisierung existieren würde, eine ausdrucksärmere Erklärung wie die von Kean schon aus Einfachheitsüberlegungen vorzuziehen.

Klosek (1979, S. 67) wendet weiterhin gegen die Kean'sche Analyse ein, daß mit ihr folgendes nicht erklärt werden kann:

Obwohl Funktionswörter an der Akzentzuweisung nicht beteiligt sein sollen (man beachte den Ausdruck ‚Funktionswort'), gibt es Strukturen, die akzentuierte Funktionswörter enthalten, die von Broca-Aphasikern verarbeitet werden können. Betrachten wir z. B. (87):

(87) *Can't* he dance?

Schon Goodglass (s. auch Kap. 2.1 in diesem Teil) weist darauf hin, daß in Sätzen wie (87) *can't* verarbeitet wird. *Can't* ist also hier kein Klitik. Um dies zu erklären, reicht es natürlich nicht aus zu sagen, daß die in Kean (1977; 1978) erarbeiteten repräsentationalen Unterscheidungen nur für Deklarativsätze gelten. Möglicherweise hängt dieses Phänomen mit der folgenden strukturellen Erwägung zusammen (vgl. auch Selkirk, 1981):

In englischen Sätzen gibt es Positionen an der linken und rechten Peripherie von Sätzen, wo Kategorien erscheinen können, die nicht unbedingt zu den notwendigen Bestandteilen von Sätzen gehören, wie in (88) (i) und (iv) (vgl. hierzu auch Teil III, 3.3) im Gegensatz zu (ii) und (iii), wo die vorangestellten Elemente notwendige Objekte zu dem Verb *like* sind.

(88) (i)   *Yesterday* John went to school.
    (ii) *John*, Mary doesn't like.
    (iii) *Him*, I don't like.
    (iv) *Slowly*, he walked to the station.

Nennen wir diese Position einmal die TOP-Position. Der relevante Ausschnitt einer phonologischen Repräsentation für (88) könnte wie folgt aussehen:

(89)
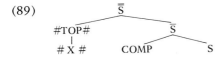

Meine Vermutung ist, daß Kategorien, die von TOP unmittelbar dominiert werden, immer in Wortgrenzen eingeschlossen sind, so daß ihnen stets Akzent zugewiesen werden muß. Insofern ist es auch gleichgültig, von welcher „Wortart" diese Kategorien sind, so daß die Prognose über ihre Berechenbarkeit wirklich allein von strukturellen Faktoren abhängig ist. Die Gleichbehandlung der von TOP, also einer S̄-externen Position, dominierten Kategorien spricht auch dafür, daß syntaktische Strukturen berechnet werden und daß, wie Bradley bereits bemerkte, GK-Wörter per se nicht schwierig oder leicht sind, sondern nur insofern von Belang sind, als sie eine syntaktische Strukturierung vermitteln.

Ich glaube auch, daß eine solche Analyse in gewisser Weise die von Kerschensteiner, u.a. (1978) getroffene Beobachtung, daß Broca-Aphasiker die funktionale Organisation von Äußerungen (die sog. Thema-Rhema-Struktur) in ihren Reproduktionen beibehalten, sowie das eher dubiose Konzept von ‚Saliency' (Goodglass, 1973) grammatiktheoretisch rekonstruieren hilft. Und — wie aus meinen Ausführungen wohl durchgängig klar wird — ziehe ich eine solche Charakterisierung auch aus methodologischen Gründen vor.

Analog müßte es sich bei *can't* verhalten. In

(90) he can dance

befindet sich *can* in der von Aux (bzw. INFL) dominierten Position; Aux ist aus den bekannten Gründen nicht in Grenzen eingeschlossen, was z. B. zur Vokalreduktion führt:

(91) He kən dance

In *can't he dance* befindet sich *can't* in einer TOP vergleichbaren Position, der COMP-Position, die durch *can* und *not* besetzt ist.

(92)
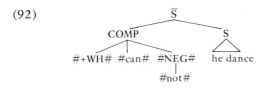

Während das # links von *not* getilgt wird (*not* wird an *can* adjungiert), werden die den komplexen COMP-Ausdruck umgebenden Klammern nicht getilgt. (89)

und (92) teilen also die Eigenschaft, daß die auch von Broca-Aphasikern verarbeiteten Elemente S-extern sind. Insofern scheint mir der Einwand von Klosek (1979) gegenstandslos zu sein; Klosek hat ja gänzlich übersehen, daß „Klitik" eine strukturelle Eigenschaft bezeichnet, so daß nicht alle Elemente der GK unter jeder Bedingung Klitiks sind.

‚Lexical construal'
Kolk (1978, S. 353) moniert am Konzept des ‚lexical construal', daß es in der Keanschen Analyse nicht hinreichend expliziert ist. Klosek (1979, S. 67) bemerkt, daß dieses Konzept nicht falsifizierbar ist und auf Versprecherdaten basiere, einer Datenklasse also, die ganz anderer Natur sei als neuropathologische Daten. Soweit ich sehe, ist von Kean nie bestritten worden, daß die Daten ‚verschieden' sind, was immer das meinen mag. Allerdings ist gezeigt worden, daß Versprecher ebenfalls einen Hinweis auf Sprachverarbeitungsprozesse geben, die offenkundig für Broca-Aphasiker und Gesunde vergleichbar sind.

M. E. haben Klosek und Kolk übersehen, daß Kean eine modulare Erklärung komplexen Sprachverhaltens anstrebt und skizziert: Eine vernünftige linguistische Analyse jeder systematischen Sprachstörung muß aus zwei Teilen bestehen:
a) aus einer Charakterisierung der Komponente des Sprachvermögens, die gestört ist; und
b) einer Charakterisierung des beobachteten Verhaltens unter Zugrundelegung der Annahme, daß die gestörte Komponente mit den intakt gebliebenen Komponenten des Sprachvermögens zusammenspielt.

Daß es sich so verhält, ist eine Angelegenheit logischer Notwendigkeit, denn für jede komplexe Funktion, die als partiell geordnete Menge von Komponenten verstanden wird, gilt, daß eine Störung einer Komponente dieses Systems dazu führen kann, daß die normalen Realisierungen der intakt gebliebenen Komponenten ebenfalls betroffen werden. (Kean, 1979, S. 69)

Kean expliziert dieses Zusammenspiel wie folgt (Kean, 1981a, S. 186). Gegeben seien z. B. System (93)

(93)
$$A \longrightarrow C \longrightarrow E$$
$$B \nearrow \quad D \searrow$$

und eine Funktion F, die dieses System realisiert. Tritt nun z. B. eine Störung in C auf, so erscheinen A und B, da Input für C, ebenfalls gestört, da ihr Beitrag zur normalen Realisierung von F aufgrund der Störung in C verschleiert wird. Ebenso muß E als defizitär erscheinen, da es das gestörte C als Input hat; genauso aber auch D, weil es Input für E ist. Übertragen auf den hier diskutierten Fall des Agrammatismus, heißt das in etwa folgendes:
Nehmen wir einmal an: A = syntaktische Komponente.
B = Lexikon und morphologische Komponente.
C = phonologische Komponente.
E = phonetischer Output.
D = Sprachprozessor.

E, der Output, hat die uns bekannten Eigenschaften: Fehlen von Funktionswörtern, Flexionsendungen, aber graduell abgestuft (Plural-, Tempus-, Genitiv-s). Oberflächlich müßten wir annehmen, daß alle Komponenten gestört sind, weil die unterschiedlich ausfallenden Elemente auf den ersten Blick typisches Vokabular der jeweiligen Komponenten sind. In der Tat aber liefert uns nur C die angemessene Einteilung in gestörte und nicht gestörte Items. A scheint intakt zu sein, wie z. B. unsere Überlegungen zu topikalisierten Strukturen zeigen. Die Defizienz von E ist offenkundig eine Folge der Defizienz von C. B scheint intakt zu sein, wie die Überlegungen zur lexikalischen Bezogenheit von *definite* — *definitive* und ‚lexical construal' zeigen. D scheint auch intakt zu sein, weil die aus den Versprecheranalysen bekannten Prozesse von Stranding und ‚lexical construal' auch für die Broca-Aphasie gelten. Wir sehen also, daß ein Sprachverhaltensdatum nur unter einer erklärungsstarken Theorie interessant und bedeutsam ist. Genau diese modulare Auffassung von der menschlichen Sprachfähigkeit und der durch sie erzeugten komplexen Sprachverhaltensdaten ist auch von Kolk und Klosek nicht kritisiert worden. Hiermit möchte ich den zweiten Abschnitt „Paradigmen" beschließen. Im nächsten Abschnitt werde ich neben einigen methodologischen Überlegungen auf offene Probleme der Neurolinguistik hinweisen und einige Betrachtungen zu neueren linguistischen Grammatikmodellen und ihren möglichen Konsequenzen für die Neurolinguistik anstellen.

III Perspektiven

1 Zur Beziehung zwischen Gehirn, Sprache und Verhalten

1.1 Einleitung

Im vorangegangenen hoffe ich gezeigt zu haben, daß erst die Orientierung der Aphasieforschung an grammatikbezogenen Überlegungen zu präziseren und falsifizierbaren Hypothesen über Art und Struktur von Sprachstörungen führte. Solche Hypothesen und die ihnen zugrundeliegenden Theorien sollten die uns nun bereits bekannten Eigenschaften haben, insbesondere sollten sie universell, modular und unabhängig motiviert sein.

Im folgenden hoffe ich zeigen zu können, wie einflußreich tatsächlich eine Konzeption wie die von Kean für die Neurolinguistik gewesen ist; dabei werde ich zunächst, und eigentlich, so könnte man einwenden, viel zu spät im Verlauf dieser Argumentation, einmal die uns interessierende methodologische Frage von einem etwas anderen Blickwinkel betrachten, einem eher wissenschafts- oder erkenntnistheoretischen.

Im letzten Abschnitt werde ich noch ein wenig über die Entwicklung moderner Syntaxtheorie und alternativer Erklärungen des Agrammatismus berichten. Im Grunde hat dieser letzte Teil vor allem die Funktion, vergangene Betrachtungen in neuem Lichte erscheinen zu lassen und die daraus resultierenden Perspektiven zu erläutern.

1.2 Die Rolle der Linguistik

Was tun wir eigentlich, wenn wir Neurolinguistik betreiben? Ja, was tun wir, wenn wir Linguistik betreiben? Was behaupten oder unterstellen wir, wenn wir sagen, daß es z. B. bei Läsionen in den Brodman-Arealen 44 und 45 zu den typischen sprachlichen Störungserscheinungen kommt, die wir als Broca-Aphasie bezeichnen. Wir stellen dabei offensichtlich eine irgendwie geartete Beziehung zwischen Gehirnteilen und sprachlichen Einheiten, Regeln u. ä. her. Methodologisch interessant sind nur solche Theorien, in denen von natürlichen Klassen oder natürlichen Art-Prädikaten die Rede ist. Im allgemeinen verstehen sich Theorien im Rahmen der generativen Transformationsgrammatik als mentalistische Theorien; das sind solche Theorien, deren Prädikate auf abstrakte Weise eine physische Realität charakterisieren:

„Mentalistische Linguistik heißt nichts weiter als theoretische Linguistik, die Daten aus der Sprachverwendung (neben anderen Daten, z. B. solchen aus der Introspektion) benutzt, um die Sprachkompetenz zu bestimmen (wobei letztere als der primäre Untersuchungsgegenstand zu verstehen ist). Ein Vertreter des Mentalismus — in diesem traditionellen Sinn — benötigt keinerlei Annahmen über die mögliche physiologische Basis der mentalen Realität, die er untersucht. Insbesondere braucht er die Existenz einer solchen Basis gar nicht abzustreiten. So ist man geneigt anzunehmen, daß es gerade die mentalistischen Studien sind, die letztlich den größten Wert für die Erforschung neurophysiologischer Mechanismen besitzen, weil nur sie sich um die abstrakte Bestimmung der Eigenschaften bemühen, die solche Mechanismen aufweisen, und um die Funktion, die sie ausüben müssen." (Chomsky, 1965, S. 241, Anm. 1)

Die von Chomsky hier vertretene Position zur Beziehung zwischen Körper und Geist ist in der psychologischen und erkenntnistheoretischen Literatur oft durch die sog. Computermetapher ausgedrückt und als Funktionalismus oder auch „token"-Physikalismus bezeichnet worden. Mit dieser Metapher ist ungefähr folgendes gemeint: Zwei Maschinen sehr unterschiedlicher physikalischer Beschaffenheit können dieselben Rechenmöglichkeiten und dieselbe Art des Informationsflusses haben. Auf die Spitze getrieben: Ob eine Maschine aus Quark oder Metall ist, ist für die Art des Vokabulars, mit dem wir ihr Programm formulieren, nicht von Belang; sondern bloß, daß ihr Programm eine materielle Grundlage hat (vgl. z. B. Fodor u. a., 1974).

Die Beziehung zwischen Materie, Geist und Verhalten hat eine lange philosophische Tradition, die ich hier aus offenkundigen Gründen nicht darstelle.[1] Im wesentlichen haben sich aber drei Grundpositionen herauskristallisiert.

1.3 Dualismus

Eine traditionsreiche Vorstellung ist die des Dualismus (Descartes); gemäß ihr gibt es ein Auseinanderfallen von Prädikaten, die sich auf Materie, und solche, die sich auf den Geist beziehen. Für unseren Zusammenhang, in dem wir ja sprachliche Fähigkeiten als geistige Fähigkeiten betrachten, die zur Erklärung des Sprachverhaltens herangezogen werden, hieße eine dualistische Position die Bejahung der Frage: „Gibt es Regeln, die der Sprachverwendung zugrundeliegen und durch ein nicht-materielles Medium repräsentiert werden?" (Chomsky, 1965, S. 241, Anm. 1b). Es erübrigt sich fast zu sagen, daß eine solche Position unter unserer Vorstellung von wissenschaftlichen Erklärungen heute nicht mehr vertreten werden sollte.

1.4 Behaviorismus

Es gibt nach Fodor (1968, S. 51) viele Varianten des Behaviorismus, sehr strenge, eher methodologische und weniger strenge Varianten. Alle aber würden, gefragt, wie sie die Beziehung zwischen Geist und Körper sehen, der folgenden Charakterisierung ihres Vorgehens wohl zustimmen: „Für jedes mentale Prädikat, das in einer psychologischen Erklärung verwendet werden kann, muß es zumindest eine Verhaltensbeschreibung geben, auf die es logisch bezogen ist." (Fodor, 1968, S. 51; meine Übersetzung) Um beurteilen zu können, welche Positionen wir als Wissenschaftler bezüglich der fraglichen Beziehung mit guten Gründen vertreten sollten, müssen wir uns jetzt ein wenig genauer diese Beziehung ansehen.

---

1 Einen kompakten Überblick aus empirischer Sicht geben die Arbeiten von Fodor (1968; 1975), auf die ich mich hier auch beziehe.

1.5 Physikalismus und die Einzelwissenschaften

Es liegt auf der Hand, daß eine mentalistische Linguistik ihrem eigenen Verständnis nach nicht dualistisch sein kann, weil angenommen wird, daß es eine Realisierung der mentalen Prozesse geben muß, die unserem Verhalten kausal zugrundeliegen. Unklar ist jedoch, welchen Beitrag die hier beteiligten Wissenschaftsdisziplinen leisten: „Eine typische These positivistischer Wissenschaftstheorie besagt, daß alle wahren Theorien in den Einzelwissenschaften auf lange Sicht auf die Physik reduziert werden sollten." (Fodor, 1981c, S. 127; meine Übersetzung). Dieses Postulat hängt nach Fodor mit dem Wunsch nach Allgemeinheit der Wissenschaft zusammen und taucht immer dann auf, wenn die Einzelwissenschaften besonders erfolgreich sind. Alle Ereignisse, so besagt das Postulat, die unter die Gesetze der Einzelwissenschaften fallen, sind physikalische Ereignisse und fallen somit unter die Gesetze der Physik. Dieser verständliche Wunsch nach Allgemeinheit der Wissenschaften hat aber zu einiger Konfusion geführt; es muß nämlich geklärt werden, welche der dabei zur Disposition stehenden Vorstellungen über die Beziehung zwischen Physik und den Einzelwissenschaften (so der Chemie, Biologie, Psychologie, Linguistik) gemeint ist.

Fodor (1975; 1981c) will nun zeigen, daß das, was traditionellerweise unter ‚Einheit der Wissenschaften' verstanden wurde, eine viel stärkere und weniger plausible These ist als die These von der Allgemeinheit der Physik.

Nehmen wir z. B. an, daß folgende Formel ein Gesetz der Psychologie ausdrückt:

(1) $S_1 x \rightarrow S_2 y$

(1) soll ausdrücken, daß alle Ereignisse, die darin bestehen, daß x S_1 ist, zu Ereignissen führen, die darin bestehen, daß y S_2 ist. Einzelwissenschaften sind durch ihre typischen Prädikate definiert, S_1 und S_2 sind daher keine Prädikate der Physik.

Eine notwendige und hinreichende Bedingung dafür, daß (1) auf die Gesetze der Physik reduziert werden kann, besteht darin, daß (2) (i) und (ii) Gesetze sind:

(2) (i) $S_1 x \rightleftharpoons P_1 x$ = Brückengesetze
(ii) $S_2 y \rightleftharpoons P_2 y$
(iii) $P_1 x \rightarrow P_2 y$ = physikalisches Gesetz

und zweitens, daß bei einer solchen Reduktion von S auf die Physik alle Gesetze der Einzelwissenschaften so reduziert werden: Brückengesetze enthalten typischerweise Prädikate der reduzierten und reduzierenden Wissenschaft.

„$\rightleftharpoons$" ist transitiv, d. h. die Reduktion einer der Einzelwissenschaften geht vor sich über Brückengesetze, die ihre Prädikate mit Prädikaten intermediärer Theorien verbinden. So z. B. wird die Psychologie, mithin auch die Linguistik, auf die Physik reduziert über die Neurologie, Biochemie u. a.

Wenn „$\rightarrow$" „verursacht" bedeutet, dann benötigt man für Brückengesetze ein anderes Konnektiv, da „verursachen" ein wohl asymmetrisches Konnektiv ist, während Brückengesetze symmetrische Beziehungen ausdrücken.

Wenn (2) (i) keine Identität ausdrücken sollte ($\rightarrow$), dann würde es bloß bedeuten, daß ein S- und ein P-Prädikat kausal aufeinander bezogen sind, so daß sich S- und P-Prädikate auf dieselben Gegenstände beziehen, was mit einer Version des Dualismus kompatibel ist. Daher nehmen einige Wissenschaftler an, daß Brückengesetze wie (2) (i) und (ii) kontingente, also empirische Ereignisidentitäten ausdrücken, so daß (2) (i) gelesen werden müßte als ‚jedes Ereignis, welches darin besteht, daß x S_1 erfüllt, ist identisch mit einem Ereignis, das darin besteht, daß x P_1 erfüllt und umgekehrt.' D. h.: Jedes Ereignis, das unter irgendein wissenschaftliches Gesetz fällt, ist ein physikalisches Ereignis, so daß unter dieser Lesart die Allgemeinheit der Physik garantiert ist. Dies ist der sog. ,,token''-Physikalismus.

Der ,,token''-Physikalismus ist schwächer als der ,,type''-Physikalismus: Der ,,type''-Physikalismus impliziert nämlich, daß jede *Eigenschaft*, die in den Gesetzen einer jeden Wissenschaft erwähnt wird, eine physikalische Eigenschaft ist. Der ,,token''-Physikalismus ist auch schwächer als die These des Reduktionismus, der neben dem ,,token''-Physikalismus auch die These enthält, daß es natürliche Art-Prädikate (in einer ideal komplettierten Physik) gibt, die den natürlichen Art-Prädikaten in jeder (ideal vervollständigten) Einzelwissenschaft entsprechen.

Welcher Art ist nun die neurolinguistische Konzeption, daß bei Broca-Aphasie, also bei Läsionen im frontalen Bereich (Brocasche Stelle) die Klitiks ausfallen? Klitiks, so haben wir gesehen, sind unter der phonologischen Analyse (der repräsentationalen Analyse) eine natürliche Klasse (unter der Annahme einer ideal komplettierten Phonologie vielleicht ein natürliches-Arten-Prädikat).

1.6 Klitiks und Behaviorismus

Unter der modularen Konzeption unseres sprachlichen Kenntnissystems ist es kaum vorstellbar, daß Verhaltensdaten alleine uns eine Möglichkeit geben, das Verhalten der Broca-Aphasiker zu charakterisieren, denn auf der Verhaltensebene gibt es keine Klitiks, und zwar i.d.S., daß behavioral betrachtet, im Prinzip kein Element der Lautkette *phonetisch* als Klitik erkennbar sein muß. Es ist also nicht möglich, eine logische Beziehung zwischen Verhaltensprädikaten und mentalen Prädikaten herzustellen und letztere dann zu eliminieren, sondern es ist umgekehrt so, daß nur unter der Annahme mentaler Prädikate (Klitik ist ja so ein Prädikat) Verhalten als geregeltes Verhalten überhaupt erklärt werden kann.

1.7 Klitiks und Dualismus

Unter der einen Interpretation der Brückengesetze, aber insbesondere unter unserer anfangs gegebenen Skizzierung von Dualismus, soll es so sein, daß es mindestens ein Prädikat der Spezialwissenschaften gibt, dem kein Prädikat der Physik entspricht (oder daß mentale Prädikate sich auf eine andere Art von Substanz beziehen als behaviorale Prädikate). Unterstellt, Klitik sei ein solches Prädikat. Dann könnte ein Dualist meinen, Klitiks würden sich nicht auf physikalische Gegebenheiten beziehen. Dies wäre in verschiedenen Hinsichten für den Fortgang der Wissenschaften ziemlich problematisch; wenn wir sagen, daß der mentale Zustand, in dem sich der Organismus befindet und der etwa durch unser formales Vokabular so: [# ... #] ...] repräsentiert werden kann, kausal unserem Verhalten zugrundeliegt, so können wir nicht gleichzeitig Dualisten sein, weil Kausalität ein Ausdruck der Wissenschaften ist, der sich auf materielle Gegenstände bezieht. Mithin kann Klitik kein mentales Prädikat sein, das sich auf eine Substanz anderer, nicht physikalischer Qualität bezieht.

1.8 Klitiks und Reduktionismus

Unter der reduktionistischen Lesart der Brückengesetze und deren Transitivität müßte die Reduktion etwa wie folgt aussehen:

(3) $L_K x \rightleftharpoons N_K x \rightleftharpoons BC_K x \rightleftharpoons P_K x^2$

D. h. dem natürlichen Arten-Prädikat der Phonologie entspricht ein natürliches Arten-Prädikat der Neurophysiologie, welches per Brückengesetz auf ein Prädikat der Biochemie und schließlich auf eines der Physik reduziert werden kann.

Enç (1983) hat auf einen, von den Kritikern am Reduktionismus häufig unterschlagenen Aspekt, nämlich auf eine funktionale Auffassung von den reduzierten Wissenschaften, hingewiesen. Neurophysiologie, so argumentiert er, besteht zu einem nicht unerheblichen Teil aus einer funktionalen Analyse des Nervensystems. So redet man von Schmerzrezeptoren oder Kälte- bzw. Wärmerezeptoren.[3] Alle diese Typen haben identische Nervenendigungen, die sog. freien Nervenendigungen. Was den Typ bestimmt, hängt davon ab, wie die Information durch diese Endigungen transportiert wird, wohin sie transportiert wird, und wie sie verarbeitet wird. Z. B. wird der Verbrennungsschmerz von C-Fasern mit einer Geschwindigkeit von 0.5 bis 2 m pro Sekunde transportiert, und diese Fasern enden in der Formatio reticularis der Medulla oblongata, Pons und Mittelhirn sowie dem Thalamus. Wärmeempfinden andererseits wird von δ-Typ A-Fasern transportiert, und zwar mit einer Geschwindigkeit von 3 bis 10 m pro Sekunde, und diese Fasern enden in einer bestimmten posterioren Thalamuskerngruppe. D. h. bei der Beschreibung der physikalischen Struktur des Nervensystems verwendet die Neurophysiologie Prädikate wie ‚Schmerzsensoren‘ usw., wobei sie im wesentlichen dasselbe Material zugrundelegt wie die Psychologie: physikalische Inputs und Verhaltensoutputs. Trotz der Entdeckung, daß die physiochemische Struktur der Wärme-, Kälte- und Schmerzrezeptoren dieselbe ist, müssen diese neurophysiologischen Art-Prädikate somatischer Sensoren nicht verändert werden. Da psychologische und neurophysiologische Art-Prädikate auf diese Weise zusammenhängen, könnte es so sein, daß Gesetze und Verallgemeinerungen der Psychologie Konsequenzen

---

2 L: Linguistik
  N: Neurophysiologie
  BC: Biochemie
  P: Physik
3 Rezeptoren sind spezialisierte Nervenzellen, die auf bestimmte Veränderungen im Organismus oder der Umwelt antworten und diese Antworten dem Nervensystem mitteilen (vgl. Forssmann/Heym, 1975).

haben für die Neurophysiologie. Es könnte sich also herausstellen, daß Klitiks die Prädikate der Neurophysiologie beschränken, und nur unter der reduktionistischen Lesart der Brückengesetze kann für meine Vorstellungen die Linguistik Konsequenzen für die Neurophysiologie haben und umgekehrt. Nun bleibt jedoch immer noch die Frage, ob diese Beziehung auch gilt zwischen Neurophysiologie und Biochemie. Nach Enç's eigenen Überlegungen funktioniert dies nicht, da die erwähnten Prädikate der Neurophysiologie, funktional identifiziert und mit unterschiedlich schnell leitenden Fasern partiell assoziiert, offensichtlich biochemisch identisch sind, wir also nur ein Prädikat oder eine Liste von biochemischen Eigenschaften haben, also eine Disjunktion, die selber natürlich kein Art-Prädikat sein kann. Hier schon würde die Brücke abbrechen. Natürlich ist das ganze eine empirische Frage, und es könnte sich herausstellen, daß uns eine Brückenverbindung dennoch eines Tages gelingt. Trotzdem brauchen wir die These von der Allgemeinheit der Physik nicht aufzugeben.

1.9 Klitiks und „token"-Physikalismus

Wenn alle Ereignisse, von denen die Einzelwissenschaften sprechen, physikalische Ereignisse sind, jede Einzelwissenschaft aber durch ihre spezifischen Prädikate bestimmt wird, dann gilt für unser Problem: Klitiks sind Prädikate, die eine psychologische Eigenschaft des Organismus charakterisieren. Eine Instantiierung dieser Eigenschaft ist der mentale Zustand des Organismus, in dem er eine mentale Repräsentation z. B. der Präposition *on* berechnet ([$_{PP}$ # [on ...#]]). Diese Repräsentation charakterisiert sein Verhalten und ist ein physikalisches Ereignis i.d.S., daß das Gehirn sich in einem bestimmten physikalischen Zustand befindet, wobei es unerheblich ist, wie dieser Zustand aussieht, und daß er nicht mit einem physikalischen Arten-Prädikat beschrieben werden muß. Es kann sich sogar bei der Berechnung der Klitiks um eine ganze Klasse von physikalischen Zuständen handeln (s. die Computermetapher). Weil nun aber jedes psychologische Ereignis auch ein physikalisches Ereignis ist, kann man davon reden, daß mentale Repräsentationen unserem Verhalten kausal zugrundeliegen. Mit dem „token"-Physikalismus lassen sich daher die methodologischen Probleme von Dualismus, Behaviorismus und Reduktionismus umgehen, auch wenn sie, zumindest was letztere Position anbelangt, nicht gelöst werden.

2 Eine neue Grammatik: Die ‚Government-Bindung'-Theorie

2.1 „Platons Problem"

Ich denke, daß im Verlaufe der vergangenen Diskussion ein wenig deutlich geworden ist, wie neurolinguistische Theoriebildung auf genuin linguistische Überlegungen bezogen werden kann. Jedoch sollten unsere Anstrengungen auch in die andere Richtung gehen, nämlich in jene der Beschränkung grammatischer Theoriebildung durch neuropsychologische Evidenz. Damit liegt auf der Hand, daß nur solche Grammatiken zur Disposition stehen, die in der einen oder anderen Weise solche Fragen in ihr Kalkül mit einbeziehen. In neuerer Zeit ist dies neben der im folgenden skizzierten ‚Government-Binding'-Theorie vor allem die sog. ‚Lexical Functional Grammar' von Bresnan u. a. gewesen (vgl. Bresnan, 1978; 1982); neben deskriptiven Einwänden gegen die Standardtheorie der Transformationsgrammatik wurden von Anbeginn (s. Bresnan, 1978; Leuninger, 1979) auch psycholinguistische Gründe für die Überlegenheit eines stark repräsentational orientierten Grammatikkonzepts vorgetragen. Insbesondere wurde aus den Ergebnissen vergangener psycholinguistischer Experimente geschlossen, daß beim Sprachverarbeiten im wesentlichen nur Strukturen von Belang sind; weiterhin, daß grammatische Funktionen schnell aufgefunden werden müssen, damit Sätzen in der üblichen Sprachwahrnehmungssituation relativ direkt eine — möglicherweise noch seichte — semantische Interpretation zugeordnet werden kann. Daher muß eine Grammatik, die solche Phänomene in Rechnung stellt, also „realisierbar" sein will, ein reiches Lexikon zur Verfügung stellen, in dem ein Großteil der vorher mit Regeln erzeugten Satzstrukturen, gesondert kodiert wird, so werden z. B. Aktiv- und Passivformen von Verben gesondert „gespeichert". Diese braucht man dann nur noch abzulesen, und dies sei — so Bresnan (1978) — einfacher, als jedes Mal eine Beziehung zwischen Aktiv und Passiv per Regel herzustellen. Ich möchte hier nicht weiter auf dieses Modell eingehen; ich glaube aber, daß es vorderhand nicht so klar ist, ob es wirklich psycholinguistisch plausibler ist als die traditionelle Transformationsgrammatik, betrachtet man sich einmal das ungeheuer aufgeblähte Lexikon. Es nutzt auch nichts, eine grammatische Komponente, hier die transformationelle, drastisch zu reduzieren unter gleichzeitiger Inkaufnahme einer nahezu beliebig anwachsenden anderen grammatischen Komponente.

Daß es auch anders geht, belegt die neuere Entwicklung der Transformationsgrammatik.[4]

Wie ist es möglich, daß Kinder verschiedenster sozialer Herkunft und verschiedener individueller Fähigkeiten angesichts eines Sprachangebots, das ver-

---

4 Ich gehe hier auf die sog. ‚Government-Binding'-Theorie (Chomsky, 1981b) in einigen ihrer entscheidenden Aspekte ein. Für die Entwicklung bis dahin vgl. Leuninger (1979).

glichen mit der Reichhaltigkeit und Differenziertheit sprachlicher Strukturen im Prinzip mangelhaft sein muß, in so kurzer Zeit und mit der zu beobachtenden Leichtigkeit, ein derart komplexes Kenntnissystem entwickeln, wie es die Grammatik einer natürlichen Sprache ist? Dies hier angedeutete Problem, „Platons Problem", wie Chomsky (1986) es bezeichnet, ist dasjenige der praktisch unüberbrückbaren Kluft zwischen der Reichheit kognitiver Systeme und der Armut der Erfahrungsdaten: „Ein Großteil des Interesses an der Erforschung der Sprache liegt m. E. daran, daß sie eine Annäherung an Platons Problem in einer Domäne liefert, die relativ wohlbegrenzt und der empirischen Untersuchung zugänglich, gleichzeitig aber im menschlichen Leben und Denken fest verankert ist. Wenn wir etwas über die Prinzipien entdecken können, die bei der Konstruktion dieses besonderen kognitiven Systems beteiligt sind, nämlich über die Prinzipien des Sprachvermögens, können wir uns der Lösung zumindest eines speziellen und recht wichtigen Falles von Platons Problem annähern." (Chomsky, 1986, S. 2 f.; meine Übersetzung). Der Untersuchungsgegenstand der so verstandenen Linguistik ist daher die Universalgrammatik, welche mit ihren Prinzipien und offenen Parametern den Anfangszustand der Kenntnis der Grammatik darstellt. Im wesentlichen besteht das Lernproblem des Kindes darin, mithilfe der Prinzipien und durch die auslösende Rolle der Erfahrung die Werte der Parameter zu belegen, welche dann zusammen mit der Kenntnis der idiosynkratischen Form lexikalischer Einheiten die Kerngrammatik der jeweiligen natürlichen Sprache ausmachen. Leichtigkeit des Erwerbs wird hier also rekonstruiert mithilfe einer Art Reifung aus einer reichen angeborenen Struktur, so daß die prinzipiell defizitären Erfahrungsdaten nicht per se die Kenntnissysteme gestalten, sondern mit sukzessive größerem Erfolg vom Kind als Indikatoren für syntaktische Strukturen interpretiert werden können. Leichtigkeit des Erwerbs oder Lösbarkeit des Lernproblems muß damit durch eine Universalgrammatik zumindest teilweise expliziert werden können, die nur sehr wenige mit den Daten verträgliche Kerngrammatiken zuläßt (möglicherweise gar nur jeweils eine Grammatik). Dies hat natürlich eine in jedem Moment des Forschungsprozesses stattfindende Überprüfung der jeweiligen Komponenten („Module") der Grammatik zur Folge. Denn nur mit einer selbstverständlich empirisch zu rechtfertigenden Reduktion der Ausdruckskraft dieser Komponenten kommt man der Lösung von Platons Problem näher.

Darüber hinaus ist beim gegenwärtigen Erkenntnisstand die Annahme konzeptuell und empirisch begründet, daß dieses angeborene System ‚domänenspezifisch' ist, d. h. abgestimmt auf sprachliche Regularitäten und Phänomene. Eine Ableitung der Universalgrammatik aus allgemeinen kognitiven Prinzipien ist bislang nicht geleistet worden, eine Einbettung bzw. Erklärung des Grammatikerwerbs unter Zugrundelegung genereller, vielzweckorientierter Lernstrategien angesichts der Spezifität und Komplexität der „Lern"-aufgabe hoffnungslos unterdeterminiert. Man kann also mit guten Gründen davon ausgehen, daß die Universalgrammatik ein sprachspezifisches Modul ist, was möglicherweise mit anderen in ihrem Vokabular und ihrer empirischen Domäne ebenfalls spezifischen Kenntnissystemen zusammenspielt (vgl. Leuninger, 1983).

2.2 Regelsysteme

2.2.1 Phrasenstrukturregeln

In Teil I, Kap. 2.3.3 haben wir schon einen ersten Eindruck davon erhalten, wie seit Chomskys ‚Remarks on Nominalization' (1970) syntaktische Kategorien aufgefaßt werden, nämlich als Bündel von Merkmalen ($\pm$N und $\pm$V). Die hierarchische und die Komplementstruktur von syntaktischen Kategorien wird durch ein Schema festgelegt, nämlich

(4) $\quad x^i \to \ldots x^{i-1} \ldots$

„x" rangiert über alle mithilfe der Merkmale charakterisierten („projizierten") Kategorien, „..." über alle möglichen Ergänzungen, „x^{i-1}" ist das ‚Head' dieser Konstruktion, und die Superskripte drücken den Grad der syntaktischen Strukturiertheit aus. Schema (4) beschränkt die Phrasenstruktur aller Sprachen. Z. B. ist durch (4) ausgeschlossen, daß
1. das Head nicht merkmalsidentisch mit der Kategorie links vom Pfeil ist;
2. Expansionen wie

$$x^i \to \ldots \left\{ \begin{matrix} x^i \\ x^{i+1} \end{matrix} \right\} \ldots$$

in der Syntax vorkommen.
Da diese Beschränkung universell ist, braucht sie nicht gesondert in den Einzelgrammatiken erwähnt, mithin vom Kind nicht gelernt zu werden. Sie ist restriktiver als die althergebrachten Phrasenstrukturregeln, weil sie explizit 1 und 2 verbietet. Jedoch drückt sie nicht alle Aspekte von Phrasenstrukturregeln aus. Sie drückt nicht die tatsächliche Verknüpfung (Verkettung) von Elementen aus, die in Phrasenstrukturregeln festgelegt wurde: VP $\to$ V ˆ NP besagt ja, daß das Komplement rechts vom Head der VP steht, eine Situation, die z. B. typisch für das Englische ist. In welcher Position die Komplemente von Heads stehen, muß vom Kind durch ‚Parameterbelegung' festgelegt werden. D. h. die Universalgrammatik muß mindestens die parametrisierte Information bezüglich der Position (vor oder nach dem Head) von Komplementen enthalten.

Schema (4) impliziert weiterhin, daß es zu jeder beliebigen lexikalischen Kategorie Komplemente gibt, also z. B. V $-$ S; N $-$ S; NP $-$ N $-$ S; N $-$ PP

(5) (i) Walter behauptet, daß ... (V $-$ S)
    (ii) Die Behauptung, daß ... (N $-$ S)
    (iii) Walters Behauptung, daß ... (NP $-$ N $-$ S)[5]
    (iv) Die Behauptung von Walter, daß ... (N $-$ PP)

Diese verschiedenen Head-Komplement-Beziehungen brauchen also auch nicht mehr durch gesonderte Phrasenstrukturregeln angegeben werden, sondern folgen aus (4). Genaugenommen erzeugt Schema (4) jedoch folgende Formen:

---

[5] Genaugenommen folgt aus (4), daß die hierzugehörige Struktur [Spec, $\overline{\mathrm{N}}$] $\overline{\mathrm{N}}$ S ist. (Vgl. Chomsky, 1970).

(6) (i) wie (5) (i)
    (ii) wie (5) (ii)
    (iii) Walter Behauptung, daß ...
    (iv) Die Behauptung Walter, daß ...

Wir sagen, daß Schema (4) übergeneriert, also grammatisch nicht wohlgeformte Ketten zuläßt.

Wir müssen also schauen, ob nicht eine andere Teilkomponente uns die auch für unsere Fälle einschlägigen Mechanismen bereitstellt. In der Tat gibt es eine solche Vorrichtung, die Kasustheorie. Betrachten wir folgende Sätze:

(7) (i)   Hans verspricht [zu kommen]
    (ii)   Hans verspricht Erna [zu kommen]
    (iii) *Hans verspricht Erna [er zu kommen]
    (iv)   Hans verspricht Erna [Fritz zu grüßen]

(iii) ist abweichend, weil der Infinitivsatz eine Subjekt-NP enthält, die keinen Kasus hat. *Er* kann nicht Objekt zu *kommen* sein, weil dieses Verb intransitiv ist, im Gegensatz zu (iv). In (i), (ii) und (iv) haben wir in den Subjektpositionen der Infinitivsätze „leere" NP's, PRO, die keinen Kasus erhalten, aus Gründen, die ich noch erläutern werde. Wir wissen daher, daß phonetisch realisierte NP's Kasus haben müssen. Dies ist in ganz untechnischer Form der sog. Kasusfilter. Er schließt (7) (iii) aus, aber auch (6) (iii) und (iv).[6]

In (5) (iii) haben wir, analog zu (i), eine Subjekt-NP, nämlich *Walter*. Während in Sätzen normalerweise (s. aber Anm. 6) die Subjekt-NP's mit dem Nominativ markiert sind, erhalten in [NP — N]-Strukturen die Subjekt-NP's Genitiv, und in [N — NP]-Strukturen muß mithilfe eines idiosynkratischen Mechanismus ein *von* eingeführt werden, das — im Gegensatz zu normalen Präpositionen — bloß die Funktion hat, Kasus zuzuweisen. Mithilfe dieser Informationen aus der Kasustheorie sind wir nun in der Lage, Sätze wie (5) (iii) und (iv) zu erzeugen.

Wie aber ist garantiert, daß nicht solche Formen wie z. B.

(8) (i) *Käthe kommt Ulrike
    (ii) *Norbert zeigt
    (iii) *Hans überzeugt

erzeugt werden? Dies wurde früher ja auch in den Phrasenstrukturregeln über Subkategorisierung in Zusammenarbeit mit den jeweiligen Lexikoneinträgen ausgedrückt. Nunmehr aber haben wir das Phänomen der Übergeneralisierung, so daß Formen wie (8) entstehen können. Wir brauchen natürlich ohnehin ein Lexikon.

Dieses spezifiziert, daß *kommen* ein Agens auswählt, *zeigen* ein Agens und ein Patiens, und *überzeugen* ein Agens und ein Ziel, wobei das Ziel eine Proposition oder eine propositional zu deutende NP (*Hans überzeugt Erna*

---

6 Man könnte bezüglich der Analyse von (7) (iii) einwenden, daß es ja ohnehin keine Infinitive mit phonetisch realisierten Subjekt-NP's gibt; dieser Einwand wird aber durch folgende Fälle entkräftet:

   (i) I believe [him to be incompetent]
   (ii) Ich sah [ihn kommen]

von der Bedeutung seiner Pop-Gruppe) ist. Solche mit Verben verbundenen Informationen werden thematische Rollen (θ-Rollen) genannt (vgl. z. B. Chomsky, 1981b; 1986). Syntaktisch erzeugte Strukturen interagieren mit dem Lexikon über das sog. Projektionsprinzip. Dieses besagt, daß auf jeder relevanten syntaktischen Ebene die lexikalische Struktur syntaktisch repräsentiert werden muß. Syntaktische Ebenen sind, das muß hier nachgetragen werden, D-Struktur, S-Struktur und Logische Form. Für unsere obigen Fälle ist diese Ebenenunterscheidung trivial, aber wir sehen, daß in (8) (i) eine NP lexikalisiert ist, für die es im Lexikon keine entsprechenden s-Selektionen (θ-Rollen) gibt. In (8) (ii) und (iii) ist dagegen eine θ-Rolle syntaktisch nicht repräsentiert. Betrachten wir nun:

(9) (i) Hans scheint zu tanzen.
    (ii) Es scheint, daß Hans tanzt.
    (iii) Hans verspricht zu kommen.

Diese Fälle sind insofern etwas komplexer, weil sie nicht direkt das Zusammenspiel von Syntax und Projektionsprinzip zeigen. Intuitiv ist in bezug auf (9) (i) und (ii) aber klar, daß das Agens von *tanzen* in beiden Fällen *Hans* ist. Auch in (iii) ist in gewisser Weise *Hans* das Agens zu *kommen*, gleichzeitig aber nach Maßgabe des Lexikoneintrags für *versprechen* auch dessen Agens. Wenn das Projektionsprinzip gelten soll, dann muß jede syntaktische Repräsentation die entsprechenden lexikalischen Informationen strukturell enthalten. Damit werden die Möglichkeiten struktureller Repräsentationen weiter stark beschränkt, ohne daß dies in den Regeln zur Erzeugung solcher Strukturen einzeln notiert werden muß:

    D-Struktur für (8) (i) (ii):

(9') (i) $__$$_{NP}$ scheint [$_S$ Hans zu tanzen]
    (ii) [Es]$_{NP}$ scheint [$_S$ daß Hans tanzt]

Wir sehen, daß (i) die lexikalische Information direkt ausdrückt, *scheinen* s-selegiert nur eine Proposition (ist also ein sog. monadisches Prädikat), *kommen* nur ein Thema.

Aufgrund einer Transformationsregel, auf die wir noch zu sprechen kommen, wird in (i) *Hans* in die Subjektposition des Haupt(Matrix)-Satzes gebracht und auf die ursprüngliche Position mit gleicher Indizierung (Ko-Indizierung) bezogen:

(10) Hans$_i$ scheint [[$\_\_$]$_{NP_i}$ zu tanzen]

Auch hier ist das Projektionsprinzip erfüllt, weil die lexikalisch erforderliche Struktur syntaktisch durch [$\_\_$]$_{NP_i}$ ausgedrückt wird.

In (iii) schließt das Projektionsprinzip eine syntaktische Analyse wie (11) aus, weil *kommen* ein Thema verlangt und gemäß dem sog. θ-Kriterium (Eindeutigkeit der Beziehung zwischen θ-Rollen und NP's) zwei θ-Rollen nicht mit bloß einer NP verbunden sein dürfen:

(11) (i) Hans [$_{VP}$ verspricht [$_{\overline{V}}$ zu kommen]]

Sie muß vielmehr so aussehen:

(11) (ii) Hans verspricht [$_S$ [$\_\_$]$_{NP}$ zu kommen]

Die in (10) und (11) (ii) erwähnten kategorial spezifizierten „Lücken" (Spuren oder PRO) spielen eine den lautlich realisierten Nominalphrasen z. T. vergleichbare Rolle, auch wenn sie nicht immer phonetische Konsequenzen haben.[7]

Das Projektionsprinzip einschließlich Projektion der D-Struktur aus dem Lexikon (mit den Komplementstrukturen ausdrückenden Subkategorisierungen) ist m. E. eine modulare Version der von Emonds (1970) formulierten Strukturerhaltungshypothese, welche die Beziehung zwischen D-, S-Struktur und Logische Form i.d.S. regelt, daß die durch Transformationen abgeleiteten S-Strukturen so beschaffen sein müssen, daß sie auch von Phrasenstrukturregeln hätten erzeugt werden können.

Intuitiv ist nun auch klar, daß es leere Kategorien unterschiedlichen Typs gibt, nämlich diejenigen in (10) bzw. (11). Die leere Kategorie in (11) scheint mit der lexikalischen Information von *versprechen* zusammenzuhängen. Man nennt solche Verben auch Kontrollverben, Verben, die festlegen, welche der von ihnen s-selegierten Komplemente der Bezug für die Lücke im Infinitivsatz (PRO) sind, welche Antezedens sind; somit müssen z. B. *befehlen* und *versprechen* dahingehend unterschieden werden, daß *befehlen* Objektkontrolle, *versprechen* aber Subjektkontrolle festlegt. Möglicherweise aber braucht man aus markiertheitstheoretischen Gründen im Lexikon nur solche Verben zu spezifizieren, die Subjektkontrolle auslösen, eine Spekulation, die Chomsky (1980) anstellt und die durch gewisse neuro- und psycholinguistische Überlegungen gestützt wird.

Wenn wir nämlich die Markiertheitstheorie der Grammatik als eine Prognose über erwartete Strukturen, verteilt über beliebige Grammatiken natürlicher Sprachen, verstehen und wenn die Evidenz so beschaffen ist, daß Subjektkontrollverben nicht in allen Sprachen vorhanden sind, so könnten wir vermuten, daß die Universalgrammatik dem Kind zur Konstruktion des Lexikons bereits Objektkontrolle vorgibt, diese mithin vom Kind nicht gelernt werden muß. Wenn wir weiterhin einmal darüber spekulieren, daß die Markiertheitstheorie, versehen mit bestimmten Reifungsfaktoren, mit ihrer Bewertung bestimmter Fälle als unmarkierte Fälle auch eine Prognose über die Erwerbsabfolge und -art vorgibt, könnten wir erwarten, daß das Kind weni-

---

7 Es gibt jedoch auch in bezug auf solche Kategorien eine Evidenzklasse, die sog. „wanna"-Fälle (vgl. Lightfoot, 1976 und Leuninger, 1979). Dies, und auch die teilweise Vergleichbarkeit mit lautlich realisierten NP's, erkennt man sehr schön an folgenden Beispielen:

(i) a. You want to leave Bill – b. You wanna leave Bill
(ii) a. You want Bill to leave – b. *You wanna Bill leave
(iii) a. Who do you want to leave – b. Who do you wanna leave

Während (iii) zwei Bedeutungen hat (*who* als Objekt (wie (i)) bzw. Subjekt (wie (ii)) des Infinitivsatzes), kann die kontrahierte Form (want + to → wanna) nur die Objektlesart haben. Offenkundig darf also, wie (ii) ja belegt, zwischen *want* und *to* keine NP intervenieren. Diese intervenierende NP ist aber in der Subjektlesart nur dann „sichtbar", wenn wir eine entsprechende strukturelle Repräsentation haben, welche das Ergebnis einer Transformationsregel ist:

(iv) who$_i$ do you want [$_{\bar{S}}$ [—]$_i$ to leave]

Wir sehen also, daß solche Lücken (Spuren) auch für die phonetische Charakterisierung von Belang sein können, ein recht erstaunliches Ergebnis.

ger Aufwand und weniger Zeit benötigt, Objektkontrollverben zu erwerben und zu verarbeiten.[8]

Bereits 1969 hat C. Chomsky eine diesbezügliche Untersuchung durchgeführt, und zwar mit Kindern im Alter von fünf bis zehn Jahren. Sie testete dabei Subjekt- und Objektkontrollverben, aber auch Fälle mit wechselnder Kontrolle:

(12) (i) John told *Bill* to leave.
    (ii) *John* promised Bill to leave.
    (iii) John asked *Bill* to leave („bitten").
    (iv) *John* asked what to do („fragen").

Nur wenn die Markiertheitstheorie zwischen den beiden Werten „unmarkiert" und „markiert" auch Grade von Markiertheit annimmt (was man offenkundig für die Phonologie ohnehin braucht, vgl. Kean, 1981b), so lassen sich Zugänglichkeitshierarchien für den Erwerb aufstellen (vgl. Chomsky, 1981b). Solche Zugänglichkeitshierarchien sind m. E. der realistischste Teil der ‚Government-Binding'-Theorie, weil sie am ehesten dazu geeignet sind, eine Erklärung des differenzierten Verlaufs des Erwerbs von Kontrollverben zuzulassen. Dieser Erwerb geht nämlich in folgenden Stadien vor sich:

                        tell und *promise*
Stadium 1: Objektkontrolle in beiden Fällen;
Stadium 2: Zufällige Kontrolle in beiden Fällen;
Stadium 3: Korrekte Kontrolle bei Objektkontrollverben (*tell*); Unsicherheiten aber bei *promise*;
Stadium 4: Konsistente Beherrschung beider Kontrolltypen.

Kinder versuchen also, den unmarkierten (oder am wenigsten markierten) in der Zugänglichkeitshierarchie an erster Position stehenden Fall zuerst auszuprobieren.

In bezug auf *ask* ergab sich diese Abfolge: Zunächst werden alle Fälle von *ask* wie *tell* analysiert, dann verstehen die Kinder *ask* in manchen Kontexten als Fragen, in manchen als Auffordern; danach erwerben sie die korrekte Objektkontrollinterpretation, schließlich auch die weitere Subjektkontroll-Lesart. Dieses letztere Stadium erreichen sie jedoch erst nach o. e. Stadium 4.

Darüber hinaus scheint nicht nur die Unterscheidung zwischen Subjekt- und Objektkontrolle von Belang zu sein, sondern auch die genaue grammatische Funktion der Kontroll-NP. In einem Kontrollexperiment, was die in Frankfurt arbeitende Forschungsgruppe „Psycholinguistik und Aphasieforschung" mit aphasischen Patienten durchgeführt hat, zeigt sich
1. die mit den eben skizzierten Spracherwerbsdaten verträgliche Tendenz einer hohen Fehleranfälligkeit von Sätzen mit Subjektkontrollverben; aber auch
2. eine Asymmetrie zwischen Akkusativ- und Dativ-Kontroll-NP's, wobei letztere fehleranfälliger sind.[9]

---

8 Eine interessante Darstellung der Beziehung zwischen Markiertheitstheorie und Spracherwerb findet man bei White (1982).
9 Die Relationen wurden mittels eines Bilderzuordnungstests überprüft (vgl. für eine vorläufige Analyse der Leistungen von Wernicke-Aphasikern Leuninger, 1987c). Siehe auch Lonzi/Zanobio (1983) für ein vergleichbares Experiment mit italienischen Patienten.

Zweierlei scheint zumindest, auch wenn vieles noch Spekulation ist, klar zu sein: Die Kontrolltheorie hat die richtigen Eigenschaften nicht nur in bezug auf eine Verminderung der Regelkomplexität, sondern auch in bezug auf die Möglichkeit einer realistischen Deutung durch neuro- und psycholinguistische Evidenz, insbesondere erlaubt sie eine präzisere Charakterisierung von sprachlichen Störungen, und zwar eine über syntaktische Repräsentationen. Wir müssen nicht notwendigerweise davon ausgehen, daß es sich bei Störungen um irgendwie diffuse semantische Störungen handelt, sondern können qua Markiertheitstheorie prognostizieren, daß stärker markierte, also ausdrucksreichere lexikalische Einträge fehleranfälliger sind. Die Asymmetrie bei Objektkontrollfällen spricht ebenfalls dafür, daß die Sprachverarbeitung nicht allein aus der Bedeutung des jeweiligen Items folgt.

Zusammenfassend können wir also festhalten, daß die vormals in Phrasenstrukturregeln ausgedrückten Regularitäten und Beschränkungen jetzt „modularisiert" werden in $\overline{X}$-Theorie, Kasustheorie, Projektionsprinzip, d. i. durch die Universalgrammatik spezifizierte Komponenten, und den Parameter der Head-Komplement-Folge. Die Reduktion der Ausdruckskraft der Phrasenstrukturregeln führt nicht zu einer unerwünschten Aufblähung anderer Teiltheorien.

2.2.2 Transformationsregeln

Betrachten wir die folgenden Sätze:

(13) (i)   Hans scheint zu tanzen.
    (ii) Hans wird (von Maria) geliebt.
    (iii) Wen liebt Maria?

In der traditionellen Transformationsgrammatik wurden diese Sätze mithilfe unterschiedlicher Transformationen abgeleitet: (i) mit ‚Raising' der Subjekt-NP des Infinitivsatzes in die Subjektposition des Matrixsatzes, eine sog. obligatorische Regel, (ii) mit Passiv, die (neben der Passivmorphologie) die beiden NP's der entsprechenden Aktivsatzstruktur vertauscht, eine optionale Regel, und (iii) mit ‚wh-Voranstellung' des ‚wen' (bzw. der entsprechenden Indefinitform ‚irgendjemanden') in eine entsprechend markierte Satzanfangsposition, eine obligatorische Regel. Die folgenden Gründe sprechen neben anderen hier nicht erwähnten für eine im Gegensatz zu der traditionellen Analyse einheitliche Analyse:

1) In (13) (i) und (ii) wird eine (bzw. zwei NP's) bewegt, mit dem Effekt, daß die bewegte NP in der Position, in die sie bewegt wird, keine θ-Rolle erhält; diese Transformation ist nichts weiter als „Bewege NP".
2) Die Unterscheidung zwischen obligatorischen und optionalen Regeln kann aufgegeben werden; jede Regel ist optional; Übergenerierungen werden – wie wir schon anläßlich der Darstellung der $\overline{X}$-Theorie gesehen haben – durch unabhängig motivierte Prinzipien ausgeschlossen.
3) Der Unterschied zwischen „Bewege NP" und „Bewege w" kann zugunsten der Verallgemeinerung „Bewege α" (α = eine Kategorie i.S. der $\overline{X}$-Theorie) aufgegeben werden.
4) Die in der Formulierung von ‚wh-Fronting' implizite Richtung der Trans-

formation kann ebenfalls aufgegeben werden. Fehlableitungen können auch hier unabhängig ausgefiltert werden.

Die Beobachtungen 1)–4) sprechen dafür (ebenso wie z. B. das $\overline{\text{X}}$-Schema), daß Prinzipien und Regeln bzw. Repräsentationen konstruktionsunabhängig motiviert werden. Sie zeigen auch, wie man durch die Verringerung der Ausdruckskraft der transformationellen Komponente einer Lösung von „Platons Problem" näherkommen kann, denn das Kind braucht nicht mehr so viele Varianten im Spracherwerb dahingehend zu überprüfen, ob die eine oder andere der Transformationen zu seinen Daten paßt, sondern muß nur noch die Werte von α fixieren.

Wir haben im Zusammenhang mit der Diskussion von Kontrollverben schon eine Art leere Kategorien, PRO, kennengelernt. Die Eigenschaften der Lücken in (13) (i)–(iii) sind recht anderer Natur. Betrachten wir nur zunächst die jeweiligen D- und S-Strukturen:

(14) (i)   D-Struktur
       [$_S$ [$_{NP}$ e] [$_{VP}$ scheint [$_S$ [$_{NP}$Hans] zu tanzen]]
   (ii)   S-Struktur
       [$_S$ Hans$_i$ scheint [$_S$ [$_{NP_i}$ e] zu tanzen]]

(15) (i)   D-Struktur
       [$_S$ [$_{NP}$ e] [$_{VP}$ wird geliebt [$_{NP}$ Hans]]
   (ii)   S-Struktur
       [$_S$ [$_{NP_i}$ Hans] [$_{VP}$ wird geliebt [$_{NP_i}$ e]]

(16) (i)   D-Struktur
       [$_S$ [$_{COMP}$ e] [$_S$ Maria liebt [$_{NP}$ wen]]
   (ii)   S-Struktur
       [$_S$ [$_{COMP_i}$ wen] [$_S$ Maria liebt [$_{NP_i}$ e]][10]

Die Transformation „Bewege α" bewegt, unter der Beschränkung der Strukturerhaltungshypothese, eine Kategorie unter Zurücklassung einer leeren (*e*), aber kategorial spezifizierten Kategorie und unter Koindizierung der beiden Kategorien. In allen drei Fällen ist die bewegte Kategorie in einer Position, in der sie keine θ-Rolle erhalten kann (siehe unsere Betrachtungen über Lexikoneinträge), aber sie ist mit einer Position verbunden, in der nach Maßgabe des Lexikons (wie es die D-Strukturen direkt zeigen) eine θ-Rolle zugewiesen wird: *Hans* ist in (13) (i) Agens zu *tanzen*, nicht zu *scheinen*, in (ii) Patiens zu *lieben*, nicht Agens, und in (iii) ist *wen* nicht Agens, sondern Patiens zu *lieben*. Diese ursprüngliche θ-Position wird von einer Spur belegt, einer NP-Spur in (i) und

---

[10] Ich lasse hier, neben ganz außerordentlich vielen wichtigen technischen Details, sträflich auch die Ordnung der Items außer acht. Für das Deutsche ist das ja insofern komplizierter als für das Englische, weil wir, je nachdem, ob wir einen Haupt- oder Nebensatz haben, eine unterschiedliche Stellung des flektierten (Teils des) Verbs vorfinden.
Lenerz (1982) löst, wie ich schon angedeutet habe, dieses Problem z. B. so, daß die Complementizerposition so markiert ist, daß sie entweder einen phonetisch realisierten Complementizer oder das flektierte Verb enthalten kann. Genaugenommen sollte auch, wegen Fragen der Kasuszuweisung, in (15) (i) und (ii) *wird geliebt Hans* bzw. *wird geliebt e*$_i$ nicht als VP analysiert werden, da diese Formen aus +V, nicht aber aus V projiziert sind. Auch diese Feinheit ist für die hier gegebene Skizze nicht von Belang.

(ii), einer w-Spur in (iii). Diese, auf den ersten Blick identischen Spuren unterscheiden sich jedoch in einer entscheidenden Hinsicht, nämlich darin, daß die Spuren in (i) und (ii) keinen Kasus, die in (iii) jedoch Kasus hat i.S. eines abstrakten syntaktischen Kasusmerkmals.

Woran mag das liegen? Neben den Überlegungen im Zusammenhang mit der X̄-Theorie scheinen noch einige Präzisierungen angebracht zu sein, mit denen wir folgende Fragen beantworten können:
1) Unter welcher strukturellen Bedingung wird Kasus zugewiesen?
2) Welche Kategorien können Kasus zuweisen?

Zu 1) Kasus wird unter der Regentschaftsbeziehung zugewiesen. Diese besagt ungefähr, daß eine lexikalische Kategorie (N, V, A, P) eine andere Kategorie regiert, wenn beide in solchen Domänen wie NP, VP, PP, S̄ (= „maximale Projektionen") sind. Dies schließt z. B. aus, daß in (17) das Verb die PP regiert, denn nur das Verb und die NP befinden sich in derselben maximalen Projektion, während die PP sich in der maximalen Projektion NP befindet.

(17)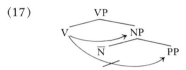

Zu 2) Aus 1) folgt, daß alle lexikalischen Kategorien Regenten sind; jedoch müssen nicht alle Kasuszuweiser sein. Im Englischen z. B. sind es nur Verben und Präpositionen, im Deutschen z. B. vielleicht auch Adjektive (einer solchen Sache *sicher* sein). Diese Präzisierungen reichen aus, um (16) zu charakterisieren. Die leere Kategorie wird vom Verb regiert, dieses weist Akkusativ zu, und wir sagen, daß das bewegte w-Wort in seiner S-Strukturposition, wo es ja keinen Kasus erhalten kann, den Kasus der Spur „erbt". Die Struktur passiert den Kasusfilter und wird nicht ausgeschlossen.[11]

Was die Ableitung von (14) anbelangt, so haben wir im wesentlichen schon alle Informationen: *Hans* kann in seiner D-Strukturposition keinen Kasus erhalten; diese Repräsentation würde daher vom Kasusfilter blockiert. Daraus folgt ganz automatisch, und ohne daß dies in der Transformation explizit formuliert werden muß, der verpflichtende Charakter von ‚Raising'.

---

11 Daß Kasus erst auf der S-Struktur zugewiesen wird, hat vielerlei Gründe, die wir für unseren Zusammenhang jedoch nicht weiter zu beachten brauchen. Ich möchte aber hier nochmals an die wanna-Konstruktionen erinnern:
 (i)   who do you want to leave Bill
 (ii) who do you want to leave
 (iii) who do you wanna leave
 (iv) *who do you wanna leave Bill.

Würde *who* seine Kasusmarkierung bei der Transformation mitnehmen, so könnten wir nicht erklären, warum PRO Kontraktion nicht verhindert, die Spur die Kontraktion jedoch blockiert. Beide Kategorien sind ja formal auf der S-Struktur sonst nicht unterscheidbar, beide sind [$_{NP}$ e]. Es ist aber gerade das Kasusmerkmal, welches für die Kontraktionsregel sichtbar ist und sie blockiert, wie in den Fällen, in denen wir phonetisch realisierte zwischen *want* und *to* intervenierende NP's vorfinden.

(15) jedoch stellt noch ein Problem dar. Es sieht doch so aus, daß die NP *Hans* von V regiert, Akkusativ von der mit ihr koindizierten Spur erhält, jedoch in der S-Strukturposition Nominativ erhalten muß. Wir hätten also einen sog. Kasuskonflikt. Betrachtet man jedoch solche Formen wie *wird geliebt* genauer, so scheint es, daß sie nicht ganz Verben sind, aber auch nicht ganz Adjektive, sondern sozusagen neutral gegenüber dieser Unterscheidung. Mit der Merkmalstheorie läßt sich dies ganz elegant lösen. Die syntaktischen Merkmale des Verbs sind [+V, −N], die des Adjektivs [+V, +N] (vgl. Kap. 2.3, Teil I). Ein Passivpartizip ist [+V], gehört also nicht zur Menge der Kasuszuweiser V, P (= [−N]). Die leere Kategorie erhält mithin keinen Kasus, und es entsteht kein Kasuskonflikt.

Subjekt-NP's, so habe ich gerade behauptet, erhalten generell Nominativ. Dies stimmt so jedoch nicht ganz; es sind Subjekt-NP's von zeitlich flektierten Sätzen, die Nominativ erhalten; Subjekt-NP's von Infinitivsätzen erhalten im unmarkierten Fall gar keinen Kasus. Dies erklärt auch, warum wir keine zeitlich flektierten Sätze mit leeren Subjekten haben können:

(18) (i) Hans ißt einen Apfel.
    (ii) Ich befehle Hans$_i$ [$_S$ PRO$_i$ einen Apfel zu essen]
    (iii) *PRO ißt einen Apfel.
    (iv) *Ich befehle Hans [er einen Apfel zu essen][12]

Wir sehen also, daß die relevanten Eigenschaften von Regeln und Repräsentationen aus dem Zusammenwirken der einzelnen Teilkomponenten oder Module der Grammatik folgen.

Für unsere anfängliche Frage der Realisierbarkeit hat eine solche Grammatikkonzeption eine interessante Antwort zu bieten: Wenn es richtig ist, daß bei der Sprachverarbeitung nur Strukturen berechnet werden, so ist die ‚Government-Binding'-Version ein guter Kandidat für eine realisierbare Grammatik: Auf allen bislang diskutierten Repräsentationsebenen werden die einschlägigen Informationen abgebildet. Sprachverarbeitung kann somit direkt auf die Grammatik bezogen werden.

J. D. Fodor (1979) stellt in diesem Zusammenhang recht aufschlußreiche Überlegungen anhand der Verarbeitung von sog. ‚Filler-Gap'-Sätzen an, also Sätzen, in denen Lücken (= leere NP's) mit einem Bezugswort verknüpft werden müssen wie

(19) This is the picture which the teacher showed —— to the children

Hier ist es für die Sprachverarbeitung relativ einfach, die Lücke mit *the picture* zu koindizieren, weil es sich um eine „zweifelsfreie" Lücke handelt, da *show* ein notwendig transitives Verb ist. D. h. in unserer grammatischen Terminolo-

---

[12] Auch hier sind viele wichtige Details nicht erwähnt, so die Fälle, in denen wir, wie z. B. im Spanischen, zeitlich flektierte Sätze ohne overtes Subjekt haben wie

    (i) —— come una manzana
          ißt einen Apfel

(Vgl. dazu Chomsky, 1981b; 1982 und Rüffer, 1987.)
Auch lasse ich hier die Frage außer acht, ob INFL (= zeitliche Flexion) Kasuszuweiser ist oder ob S mithin eine Projektion aus INFL ist.

gie: Das Projektionsprinzip bestimmt, daß syntaktisch eine NP nach *show* realisiert sein muß. Darüber hinaus zeigen Indizes in der S-Struktur die Beziehung zwischen *the picture, which* und [$_{NP}$ e]. Der Rezipient muß also keine Transformation (hier in umgekehrter Reihenfolge) anwenden, sondern kann die relevanten Beziehungen direkt aus den grammatischen Repräsentationen ableiten.

Bei der Charakterisierung von Sprachverarbeitungsprozessen stellt sich ja generell das Problem, wieviel an Informationen aus den Äußerungen „online", d. h. praktisch gleichzeitig mit dem eintreffenden Material wahrgenommen werden kann. Die wechselhafte Geschichte der Psycholinguistik seit Beginn der 60er Jahre weist eine ganze Palette unterschiedlicher Vermutungen dazu auf. Während in der ersten Euphorie der Psychologen angesichts der neu entstandenen Transformationsgrammatik Satzverarbeitung vor allem Berechnung der Transformationen bedeutete (vgl. hierzu Fodor u. a., 1974; Leuninger u. a., 1972), argumentierte Slobin (1966) für abkürzende semantische Heuristiken, die eine syntaktische Analyse überflüssig machen sollten; dies sollte für eine bestimmte Klasse von Sätzen gelten, solche nämlich, die semantische und/oder pragmatische Erwartungen der Hörer verbalisieren (z. B. braucht bei einem Passivsatz wie *The flowers are watered by the girl* zur Auffindung der thematischen Rollen nicht die Passivtransformation rückgängig gemacht zu werden; es ist für den Hörer sofort offenkundig, daß zwischen den OK-Wörtern dieses Satzes bloß eine durch das Verb spezifizierte Beziehung bestehen kann: *girl* = Agens, *flowers* = Patiens). Daß Transformationen rückgängig gemacht werden, ist *eine* Behauptung; daß syntaktische Komplexität eine Rolle spielt, eine andere; d. h. aus der vielfach belegten Tatsache, daß Transformationen bei der Satzverarbeitung keine Rolle spielen, folgt keineswegs, daß die syntaktische Struktur von Sätzen nicht berechnet wird. In eindrucksvoller Weise zeigen dies die Untersuchungen von Forster/Olbrei (1973): Sowohl bei Plausibilitäts- als auch bei Reversibilitätssatzpaaren ergab sich ein konstanter Beitrag der syntaktischen Komplexität, d. h. die Reaktionszeiten bei syntaktisch komplexen Sätzen (z. B. Passivsätzen) war immer größer als bei syntaktisch einfacheren Sätzen (z. B. Aktivsätzen). Dies ist für eine interaktionistische Konzeption der Satzverarbeitung, wie sie oben skizziert wurde, tatsächlich problematisch. Interaktionistisch meint, daß semantische und/oder pragmatische Erwartungen mit der Berechnung der formalen Struktur zusammenspielen. Oder anders ausgedrückt: Analysen auf höheren Ebenen beeinflussen Analysen auf niedrigeren Ebenen. Dazu ein Beispiel aus Tyler/Marslen-Wilson (1977):

In diesem Experiment wurden den Probanden phonetisch realisierte Folgen von Wörtern vorgegeben, und danach folgte ein visuell dargebotenes Wort, was sie so schnell wie möglich aussprechen sollten, z. B. (schriftlich gegebenes Wort ist in Großbuchstaben notiert):

(20) (i) If you walk too near the runway, landing planes ARE ...
    (ii) If you 've been trained as a pilot, landing planes ARE ...

Die dem ARE unmittelbar vorangehende Phrase *landing planes* ist ambig. Wenn die Testperson die falsche Interpretation wählt (hier *planes* als Objekt zu *landing*), dann sollte es länger dauern, ARE auszusprechen. Unter dieser Hypothese kann man somit bestimmen, ob die Bedeutung des *if*-Satzes die syntaktische Interpretation der ambigen Phrase beeinflußt. In der Tat benötigen die Testpersonen mehr Zeit für (ii) als für (i). Die für die Entscheidung zugunsten einer interaktiven Theorie kritische Frage ist hierbei, ob die Bedeutung des *if*-Satzes die Verarbeitung vor oder nach der Analyse von *landing planes* beeinflußt. Geschieht es davor, ist dies für die Gegenposition, die Autonomiethese der Sprachverarbeitung, gemäß welcher der Sprachprozessor unabhängig von semantischen und pragmatischen Erwartungen seine Berechnungen durchführt, äußerst problematisch: „Dies scheint jedoch nicht sehr wahrscheinlich zu sein. Man müßte nämlich behaupten, daß es in (ii) (meine Numerierung) irgendeine Eigenschaft des ersten Teilsatzes gibt, die den syntaktischen Prozessor so prädisponiert, *jede beliebige* Folgekonstruktion der Form V-ing N als verbal zu behandeln (...). Es fällt nicht nur schwer, sich solch eine Eigenschaft vorzustellen, sondern eine solche Prädisposition wäre darüber hinaus in vielen Fällen unangemessen. Z. B. ist es für (21) (meine Numerierung) recht vernünftig anzunehmen, daß eine nominale Interpretation genauso wahrscheinlich ist (d. h. N ist das Subjekt von V):

(21) If you've been trained as a pilot, approaching storms ...

Diese Betrachtungen legen die Vermutung nahe, daß der semantische Kontext erst *nach* der Verarbeitung der ambigen Phrase eine Rolle spielt." (Forster, 1979, S. 54; meine Übersetzung). D. h. eine genauere Analyse der angeblich für interaktive Sprachverarbeitungsmodelle kritischen experimentellen Ergebnisse läßt eher vermuten, daß Sprachverarbeitungssysteme autonom sind, oder — wie Fodor (1983) es in seiner provokanten und heutigen, vor allem durch die Erforschung künstlicher Intelligenz beeinflußten „kognitivistischen" Ansätzen diametral zuwiderlaufenden Arbeit „The Modularity of Mind" ausdrückt: Inputsysteme sind modulare Systeme. Sie sind hinsichtlich des Vokabulars und der eintreffenden Informationen abgeschlossen gegenüber höheren kognitiven Systemen. Dies ist natürlich eine empirische Frage: Aber tendenziell scheint es mir, als ob die ernsthaft an unserer Sprachfähigkeit interessierte Psycho- und Neurolinguistik den modularen Weg verfolgt, nicht zuletzt deshalb, weil die heutigen Grammatikkonzeptionen dabei sehr hilfreich sind.

Bezüglich der Aphasie müßten aus einer solchen radikal modular organisierten Grammatik auch selektive Störungen besser prognostizierbar sein als aus nicht modularisierten Grammatiken. Z. B. könnte man vermuten, daß leere Kategorien in der Broca-Aphasie nicht verarbeitet werden können. Dazu könnte man sich solche Tests vorstellen wie Beantwortung von Fragen, in denen ja die leere NP spezifiziert werden muß. Allerdings sprechen die in Kap. 2.1 (Teil II) erwähnten Experimente der Bostoner Schule nicht dagegen, daß kasusmarkierte leere Kategorien berechnet werden können. Übrigens muß ich hier nachtragen, daß es neben D- und S-Struktur die syntaktische Ebene der Logischen Form (LF) gibt. Auf ihr werden z. B. S-Strukturen mit bewegten w-Wörtern in Strukturen mit Operatoren und Variablen übersetzt; z. B.

(22) (i)   [$_{\bar{S}}$ [$_{COMP_i}$ wen] [$_S$ Maria liebt [$_{NP_i}$ e]]   (= (13) (iii))
        in
   (ii)   [$_{\bar{S}}$ [$_{COMP_x}$ wen] [$_S$ Maria liebt x]]

D. h. x ist in der Domäne von *wen*. Hier sieht man auch, daß COMP für die LF eine wichtige Funktion hat; COMP enthält neben dem *w*-Wort auch Merkmale z. B. +Wh, welche den Satz S (= die Proposition) als Fragesatz und das w-Element als Frageoperator markieren.[13]

Andererseits mögen die Schwierigkeiten von Broca-Aphasikern, Passivsätze zu berechnen (ihnen eine angemessene thematische Struktur zuzuweisen) damit zusammenhängen, daß nicht kasusmarkierte leere Kategorien nicht verarbeitet werden können, so daß fälschlicherweise die Subjekt-NP als Agens interpretiert wird, da sie nicht mit einer leeren Kategorie in Objektposition verknüpft werden kann.

Wenn jedoch in Kontrollexperimenten nachgewiesen werden kann, daß PRO berechnet wird — und dies ist eine leere Kategorie, die ebenfalls nicht kasusmarkiert ist —, dann muß man ingeniösere Erklärungen für die Schwierigkeiten der Broca-Aphasiker mit Passivsätzen finden, etwa jene von Kean, daß Klitiks nicht berechnet werden. Damit liegt ja auf der Hand, daß *Hans wird geliebt* als *Hans liebt* verstanden werden kann, weil die relevanten phonologischen Hinweise für die syntaktische Struktur fehlen.

Ich hoffe, mit dieser kleinen und vermutlich allzu oberflächlichen Skizzierung der ‚Government-Binding'-Theorie gezeigt zu haben, wie wichtig modulare Grammatiken für ein genaueres Verständnis sprachlicher Störungen sind.

---

13 Der Skopus des w-Operators ist die maximale Domäne, die er c-kommandiert, also die Domäne, in der sich die Variable befindet. Die LF gibt auch Auskunft über die Beziehung z. B. von Anaphern (*sich*) und Antezedens, über Pronomina und deren Relation zu Bezugswörtern und Quantoren. Hierzu verweise ich auf die einschlägige Literatur, insbesondere May (1977; 1985).

3 Die Charakterisierung des Agrammatismus: Alternativen zu Kean

3.1 Die „agrammatische Bedingung" und die ‚Government-Binding'-Theorie

In dem vorerwähnten Zusammenhang analysiert Grodzinsky (1984) agrammatische Äußerungen von hebräischen Patienten.

Einige Fakten des Hebräischen

Während es im Englischen Wörter unabhängig von Flexion gibt (*boy, walk*), gibt es Sprachen, in denen Wörter morphologisch, nicht aber phonologisch von der Flexion abhängen. Z. B. finden wir im Italienischen solche Paradigmata wie [*rosso, rossa, rossi, rosse*], also Adjektive, die immer Genus- und Numerusinformationen tragen. Der Stamm *ross-* kommt als unabhängiges Wort nicht vor, obwohl er sicherlich eine phonologisch zulässige Form des Italienischen ist. Sowohl morphologisch als auch phonologisch abhängig von der Flexion sind Items in den semitischen Sprachen. Die nicht-flektierten Formen kommen weder als unabhängige Wörter vor, noch sind sie phonologisch zulässige Ketten: Z. B. sind die hebräischen Wörter *simla, smalot* (*ein Kleid, Kleider*) durch die drei Konsonanten *SML* aufeinander bezogen, jedoch gibt es keine ausgliederbare Teilkette von Segmenten, die beide Formen teilen. Solche Phänomene sind für die semitischen Sprachen ganz typisch (vgl. z. B. McCarthy, 1980):

„Daraus folgt, daß das morphologische Inventar der semitischen Sprachen nicht wie in den indoeuropäischen Sprachen aus Stämmen, Suffixen und Präfixen besteht. Vielmehr enthält es Wurzeln (einige der Konsonanten, die aufeinander bezogene Items teilen), und die Flexionsmorphologie enthält Präfixe, Infixe (die vokalische Basis) und Suffixe. Die kanonische Form eines semitischen Wortes sieht somit ungefähr wie folgt aus: [Präfix − CVCVCV − Suffix]. Also gibt es ohne Flexion keine vokalische Basis (− _V_V_V −), und ohne vokalische Basis gibt es keine artikulierbare Kette, sondern bloß eine Konsonantenanhäufung. Darüber hinaus kann zwischen Flexions- und Derivationsmorphologie formal nicht unterschieden werden, weil die Wurzeln über Items verschiedener lexikalischer Kategorien rangieren (...)." (Grodzinsky, 1984, S. 102; meine Übersetzung).

Grodzinsky zeigt dieses Phänomen an folgendem Beispiel aus dem Hebräischen mit der Wurzel $K\,\check{S}\,R$:

(23)	Infinitiv	V-Präteritum	Adjektiv	Nomen
to tie	liKŠoR	KaŠaRti	KaŠuR	KeŠeR
to get tied	lehiKaŠeR	niKŠaRti		hiKaŠRut

Beide der eben angegebenen Eigentümlichkeiten lassen sich in (23) gut erkennen: Erstens die Abhängigkeit des Wortstatus von der Flexion und zweitens die Nichtunterscheidbarkeit von Flexions- und Derivationsmorphologie.

Agrammatismus im Hebräischen
Eine aus Keans Konzeption abgeleitete Hypothese bezüglich des Sprachverhaltens von hebräischen Agrammatikern würde deren völliges Verstummen prognostizieren, denn das tendenzielle Auslassen von Flexionsmorphologie würde zu unartikulierbaren Formen führen. Dies ist aber nicht der Fall, wie die folgenden Produktionen agrammatischer Patienten zeigen (Grodzinsky, 1984, S. 104):

(24) (i)   nas'u ba'ali / 'anaxnu nasanu
        fuhren mein Mann / wir fuhren
        (3. Plural)   (1. Pl., korrekt)
   (ii) šaloš milim ... lo ... šloša milim
        ve-' arba'a ne'elam
        drei (Fem.) Wörter (Fem.) ... nein ... drei (Mask.) Wörter (Mask.)
        und vier (Mask.) verschwindet (Mask. Sg.)

In allen Fällen werden Kongruenzregeln verletzt: In (i) stimmt die Kongruenz von Agenssubjekt und Verb nicht und in (ii) zwischen Nomen und dem es modifizierenden Adjektiv.[14]

Betrachtet man also die Sprachproduktion von Aphasikern in vom Englischen unterschiedenen Sprachen, so ergibt sich folgende, nach Grodzinsky nicht vollständig mithilfe der Keanschen Konzeption verträgliche Verteilung:
Agrammatische Patienten
— lassen freie grammatische Morpheme, wie Präpositionen, Artikel, Auxiliare usw. aus;
— wählen die morphologisch unmarkierte Form, wann immer die Wohlgeformtheit eines lexikalischen Items nicht von seiner Flexion abhängt;
— wählen beliebige Formen aus den Flexionssystemen ungeachtet der syntaktischen Beschränkungen in allen anderen Fällen aus (also immer dann, wenn die Wohlgeformtheit lexikalischer Items morphologisch oder phonologisch von deren Flektiertheit abhängt).

Eine solche Charakterisierung enthält zwei wichtige und für unseren Zusammenhang entscheidende Fragen, die einer weiteren Explikation bedürfen: Erstens muß geklärt werden, auf welcher linguistischen Repräsentationsebene die eben gegebene, mit universellem Geltungsanspruch vertretene, Partitionierung vorgenommen werden kann. (Dazu im folgenden Näheres). Zweitens muß die psycholinguistische Annahme entfaltet werden, gemäß der Agrammatiker, wenn die sprachlichen Gegebenheiten es erlauben, eine ‚default'-Prozedur anwenden, also den morphologisch unmarkierten Fall wählen, und ansonsten, wie Grodzinsky es formuliert, eine Art ‚unbewußtes Raten' anwenden, was zu einer Beliebigkeit der Auswahl aus den jeweilig zur Verfügung stehenden

---

14 Grodzinsky (1984) führt auch Beispiele aus dem Italienischen an, die ebenfalls belegen sollen, daß Flexionen nicht ausgelassen werden, sondern daß sich die Agrammatiker im Flexionssystem vertun:

   (i)   Capucetto rossa andava per ...
        capucetto rossa andava per il bosco.
        (Rot (Fem.) Käppchen ging durch ...
        Rot (Fem.) Käppchen ging durch den Wald)

morphologischen Paradigmata führt. Zu den Implikationen einer solchen Vermutung werde ich im Anschluß an den nächsten Abschnitt einige kritische Anmerkungen machen.

Linguistische Repräsentation und das Partitionierungsproblem
Natürliche Klassen, so haben wir gesehen, müssen die folgenden Eigenschaften haben:
— aus methodologischen und psycholinguistischen Gründen müssen sie auf einer Repräsentationsebene definiert werden;
— mithin müssen sie mit einem Vokabular charakterisiert werden, das zumindest in grammatischen Erklärungen systematisch verwendet wird.

Während Kean zu zeigen versuchte, daß die phonologische Ebene mit ihrem spezifischen Vokabular die relevante Partitionierung liefert, argumentiert Grodzinsky dafür, daß es eine bestimmte syntaktische Repräsentationsebene ist, die uns die erwünschte Ausgliederung erlaubt. Dabei schließen solche Repräsentationen auch Strukturen ein, in denen zwar jedes lexikalische Item in seiner angemessenen Position steht, der Satz dennoch in folgendem Sinne abweichend ist:
1) Alle freien Morpheme können fehlen, außer einigen semantisch vorhersagbaren Präpositionen (vgl. dazu auch 3.2.2).
2) Jede flektionale Konfiguration, auch eine solche, die auf fehlerhafte Kongruenz- oder Kasusmarkierung zurückzuführen ist, kann vorhanden sein.

Zu 1) Präpositionen können nach Grodzinsky (1984), S. 109 in fünf strukturellen Zusammenhängen erscheinen:
a)   Als Partikel:

(25) John ran up a large bill.

b)   Als Heads von Phrasen und subkategorisiert:
    für ein Verb, wobei das Verb Head von [PP, VP] ist:

(26) (i)   John hoped for the best. (Präposition ist semantisch leer)
    (ii)   John put the cookie on the table. (Präposition hat semantischen Gehalt)

c)   Als Heads von Präpositionalphrasen:

(27) (i)   A rose for Emily. (Präposition weist θ-Rolle zu)
    (ii)   The destruction of the city. (Präposition ist kein θ-Rollen-Zuweiser)

d)   Als Heads komplexer Präpositionalphrasen:

(28) The bug flew out of the window.

e)   Als Heads von Phrasen, die an S adjungiert sind:[15]

(29) John plays tennis on Sunday.

Agrammatische Daten scheinen die Vermutung nahezulegen, daß Präpositionen vom Typ (a) und (e) auch unter der fraglichen Störung erhalten sind.

---

15   D. h. als Heads von Phrasen, die optional vorhanden sind. Die strukturelle Beschreibung von (29) könnte z. B. wie folgt aussehen:

Zu 2) Dies und Beobachtung 2 müssen nun systematisch repräsentiert werden können; nach Grodzinsky kommen hierfür S-Strukturen in Frage, weil seiner Meinung nach diese Strukturen zwischen den fraglichen Kategorien unterscheiden:

Lexikalische Kategorien werden lexikalisch spezifiziert; der Rest außer den Präpositionen, wird nur durch Merkmale charakterisiert: So erhält der Satz

(30) The boy kissed the girl

folgende S-Struktur:

(31) [$_S$ [$_{NP}$ [$_{Det}$ +def] [$_N$ boy]] [$_{VP}$ [$_V$ kiss] [+tense]] [$_{NP}$ [$_{Det}$ +def] [$_N$ girl]]]

Nach Maßgabe von 1 und 2 sähe dann die (31) entsprechende agrammatische S-Struktur so aus:

(32) [$_S$ [$_{NP}$ [$_{Det}$ *] [$_N$ boy]] [$_{VP}$ [$_V$ kiss] [$_{INFL}$ *] [[$_{Det}$ *] [$_N$ girl]]]

(31) und (32) unterscheiden sich hinsichtlich der Spezifikation von Det und INFL: In (31) wird syntaktisch die morphophonologische Realisierung durch Merkmale festgelegt, während die „*" in (32) die mit der Beobachtung 2 kompatible Eigentümlichkeit agrammatischer Äußerungen signalisieren, daß nämlich die Werte für die fraglichen Kategorien beliebig aus den jeweiligen Paradigmata gewählt werden. Strukturen wie (32) gelten somit als ‚wohlgeformt' unter der agrammatischen Bedingung. Analoges gilt für hebräische agrammatische Äußerungen; so wird *'ani hifsakti* (ich hörte auf) folgende Struktur zugewiesen:

(32) [$_S$ [$_{NP}$ ['ani]] [$_{VP}$ [$_V$ f s k] [$_{INFL}$ *]]]

Morphophonematisch gibt es eine Vielzahl von Varianten von FSK so z. B. neben der korrekten Form *hifsakti* (Maskulinum und Femininum 1. Person

Fortsetzung Fußnote 15

(i)
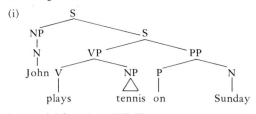

im Vergleich zu Satz (26) (i)

(ii)
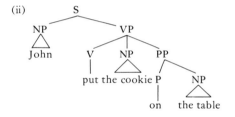

Singular) auch in derselben Äußerung *nifsakti* (Maskulinum und Femininum 1. Person Singular *Passiv*) und *hifsika* (Femininum *3. Person* Singular).[16]

Die erste Beobachtung bezüglich des unterschiedlichen Ausfalls von Präpositionen läßt nur eine Konfiguration mit Präpositionen (nämlich solche in Adjunkten) als „wohlgeformte" agrammatische S-Strukturen erwarten. Partikel wie in (25) werden als zu dem lexikalischen Eintrag zugehörig angesehen.[17]

Daraus leitet Grodzinsky die „Agrammatic Condition" ab, die wie folgt lautet:

(33) „(1) Wenn ein terminales Element auf der S-Struktur lexikalisch unspezifiziert ist, dann bleibt es auf dieser Ebene unspezifiziert.

(2) Jede Präposition auf der S-Struktur wird getilgt, es sei denn, sie ist das Head einer an S adjungierten Präpositionalphrase." (Grodzinsky, 1984, S. 112; meine Übersetzung)

(1) garantiert lexikalische Wohlgeformtheit,
(2) garantiert die Unterscheidung zwischen erhaltenen und gestörten Präpositionen.

Welche Vorteile soll diese Analyse gegenüber der uns bekannten Erklärung von Kean haben? Grodzinsky gibt darauf die folgenden Antworten:
— Im Gegensatz zur Kean'schen Konzeption werden hier Determiner, Präpositionen und Auxiliare nicht „künstlich" zusammengefaßt, sondern strukturell voneinander unterschieden (nämlich durch die kategoriale Etikettierung auf der S-Struktur).
— Die Beobachtung, daß die Verfügbarkeit von GK-Elementen funktional be-

---

16 Anders als in der traditionellen generativen Phonologie, wie sie in Chomsky/Halle (1968) formuliert ist, wird in einigen neueren phonologischen Ansätzen davon ausgegangen, daß die Morphologie eine eigenständige Komponente ist; vgl. z. B. McCarthy (1980).

17 Alternativ dazu kann man auch annehmen, daß *ran up* zwar lexikalisch und auf der D-Struktur als Verb und Präposition analysiert werden, so daß der von P regierten NP über P Kasus zugewiesen wird. Dies ist u. U. nötig, weil es im Englischen ja „Preposition Stranding" gibt. Diese Formen werden jedoch reanalysiert, damit Konstruktionen wie

(i) [To whom]$_i$ did he listen e$_i$
(ii) [Whom]$_i$ did he listen to e$_i$

nicht wegen eines Kasuskonflikts als abweichend gekennzeichnet werden.
In (ii) erbt der Complementizer den Kasus der von *to* regierten NP (sagen wir obliquen Kasus).

(iii) John was listened to

mit der S-Struktur

(iv) John$_i$ was listened to e$_i$

Würde nämlich e$_i$ von *to* regiert, erhielte diese Spur obliquen Kasus. e$_i$ ist aber über Koindizierung mit *John*$_i$ assoziiert, *John*$_i$ müßte daher, wie in (ii) den Kasus der Spur erben. *John*$_i$ erhält jedoch, da in Subjektposition, Nominativ. Wird jedoch andererseits in (iv) *listened to* als [$_{+V}$ listened to] reanalysiert, weist, wie erwartet, dieses neutralisierte Verb der von ihm regierten NP keinen Kasus zu, und alles verläuft wie gewünscht.

stimmt ist, wird grammatikbezogen präzisiert, nämlich hier durch Struktureigenschaften der Positionen von Präpositionen.
— Es gibt Elemente der S-Struktur, die nicht zur GK-Gruppe gehören, dennoch aber auf dieser Ebene lexikalisch unspezifiziert bleiben, nämlich leere Kategorien (Spuren und PRO). Z. B. prognostiziert Teil 1 der agrammatischen Bedingung die Schwierigkeit von Broca-Aphasikern mit der Verarbeitung von Passivsätzen:

(34) [$_S$ [$_{NP}$ John] [$_{Aux}$ *] [$_{VP}$ [kill] [$_{NP}$ *]] [$_{PP}$ by Bill]]

Im Vergleich die S-Strukturen des Satzes für aphasisch nicht gestörte Sprecher:

(35) [$_S$ [$_{NP_i}$ John] [$_{Aux}$ was] [$_{VP}$ [killed] [[$_{NP_i}$ e]] [$_{PP}$ by Bill]]

(34) kann deswegen nicht oder nur zufällig als Passivsatz verarbeitet werden, weil *John* nicht mit e koindiziert werden kann, da [$_{NP}$ e] lexikalisch unspezifiziert bleibt. Folglich stehen auch beide NP's als Agens zur Disposition.

Psycholinguistische Annahmen
Grodzinskys repräsentationale grammatische Charakterisierung des Agrammatismus impliziert für eine Prozeßtheorie das folgende: Der Prozessor muß in der Lage sein, Repräsentationen, welche die agrammatische Strukturbedingung erfüllen, zu verarbeiten; dabei legt die agrammatische Bedingung die obere Grenze dessen fest, was von Broca-Aphasikern strukturell verarbeitet werden kann.

Die unterstellte „default procedure" soll erklären, daß es unter der agrammatischen Bedingung einen syntaktischen Zugang mindestens zu einem Teil der GK-Items gibt. Damit ist eine solche Hypothese spezifischer und genauer als jene, die etwa für den Agrammatismus heuristische Strategien annehmen:

Wenn die linguistische Charakterisierung des Agrammatismus uns Einblicke in die menschliche Sprachfähigkeit ermöglichen soll, so muß sie natürlich eine universell gültige Partitionierung der erhaltenen bzw. gestörten Items liefern. D. h. eine Einbeziehung anderer als der bereits analysierten Sprachen ist für die Überprüfung der Gültigkeit des infragestehenden Erklärungsansatzes unabdingbar. Diese Einstellung gegenüber der Neurolinguistik hat Kean mit ihrer phonologischen Charakterisierung des Agrammatismus vorgegeben; sie ist auch der Maßstab für Grodzinskys Modell. Offenbar ist Keans Konzeption aufgrund z. B. der Eigentümlichkeiten des Hebräischen nicht universalistisch genug; insbesondere scheint unklar zu sein, wie man mit dem phonologischen Modell aus Chomsky/Halle (1968) die Fakten aus dem Hebräischen erklären kann (wo sind die relevanten Grenzen, was sind phonologische Wörter u. ä.). Andererseits aber irrt Grodzinsky mit seiner Behauptung, daß nach Kean die hebräischen Broca-Aphasiker verstummen müßten, denn der die grammatische Reduktion steuernde Prozeß von ‚lexical construal' schließt ja aus, daß phonologisch-lexikalisch nicht zulässige Formen produziert werden. Die ‚Default'-Prozedur ist ja gar nichts anderes als ‚Lexical construal'.

Ob es Grodzinsky gelungen ist, eine syntaktisch natürliche Klasse zu isolieren, wage ich zu bezweifeln. Die Kategorien Det, INFL usw. sind doch recht unterschiedlicher Natur. In der Det-Position können z. B. volle Nominalphrasen stehen (so in *John's house*), INFL, so wie es hier repräsentiert wird, ist ja vornehmlich eine syntaktische Kodierung morphologischer Informationen; leere Kategorien, das haben wir bereits im vorangegangenen Kapitel gesehen, sind funktional voneinander unterschieden, so daß man so leicht, wie Grodzinsky es tut, keine allgemeinen Schlüsse ziehen kann. Mir scheint Grodzinskys Ansatz gegenwärtig noch eher deskriptiv orientiert zu sein. Viele durch eine solche Charakterisierung aufgeworfenen Fragen müßten erst noch experimentell getestet werden.

3.2 Morphologische Überlegungen

3.2.1 Präpositionen und Keans Konzept

Kean (1982) argumentiert für ihre phonologische Charakterisierung des Agrammatismus u. a. damit, daß syntaktisch betrachtet, Präpositionen so vielfältig sind, daß sie unter einer solchen Beschreibung keine kohärente Menge bilden. Betrachten wir folgende Fälle:

(36)   The man is standing *on* the table.
(37)   We count *on* Fred to win.
(38) (i)   John looked *up* Mary's address.
     (ii) John looked Mary's address *up*.
(39) (i)   the city's destruction (*by* the Huns).
     (ii) the destruction *of* the city (*by* the Huns).

Der Reihenfolge nach haben wir hier Beispiele für praktisch frei substituierbare wahre lexikalische Formative (36), durch Verben subkategorisierte Präpositionen (37), Verb-Partikel-Konstruktionen (38) und solche Präpositionen, die qua grammatische Formative thematische Relationen markieren (39) (i) und Kasus zuweisen (39) (ii).[18]

    Hinsichtlich ihrer syntaktischen Funktion und ihres kategorialen Status sind sich diese Items also gar nicht gleich, obwohl sie tendenziell im Agrammatismus ausgelassen werden. Auf einer tieferen Ebene der Beschreibung, so Kean, wäre es mithin empirisch unangemessen zu behaupten, daß die Kategorie ‚Präposition' betroffen ist.

3.2.2 Präpositionen und Friedericis Konzept

Friederici (1982) testete in einem Experiment, in dem Sätze vervollständigt und beurteilt werden sollten, Präpositionen unterschiedlichen Typs (die uns nun schon genügend bekannt sind): Präpositionen, die lexikalisch substituierbar sind und semantischen Gehalt haben:

(40) Peter steht *auf* dem Stuhl.

Präpositionen, die vom vorangehenden Verb subkategorisiert werden:

---

18   Eigentlich ist *up* in (38) keine Präposition.

(41) Peter hofft *auf* den Sommer.

Präpositionen, die Partikel der jeweiligen Verben und ohne semantischen Gehalt sind:

(42) Peter ruft den Schüler *auf*.

Friederici formuliert folgende Hypothese:

„... Broca-Aphasiker haben große Schwierigkeiten, solche GK-Items zu produzieren, die hauptsächliche syntaktische Informationen tragen; sie produzieren hingegen leichter jene Items, die semantische Informationen tragen." (Friederici, 1982, S. 252; meine Übersetzung)

Aus Bradleys Unterscheidung zwischen GK- und OK-Wörtern ließe sich somit eine solche Unterscheidung nicht konstruieren, da, wie die obigen Beispiele belegen, die GK-Wörter nach Maßgabe ihrer funktionalen Rolle in der Verarbeitung voneinander unterschieden sind.

Das mit 24 Aphasikern (12 Broca- und 12 Wernicke-Aphasikern) durchgeführte Experiment ergab für die beiden Aufgaben folgende Resultate; Tabelle (43) zeigt die korrekten Antworten[19]:

(43)

	Satzvervollständigung (Produktion)		Akzeptabilitätsurteile (Perzeption)	
	Semantisch-lexikalische Präposition	Syntaktisch-obligatorische Präposition	Semantisch-lexikalische Präposition	Syntaktisch-obligatorische Präposition
Broca	69,4 %	36,3 %	92,28 %	91,08 %
Wernicke	51,79 %	63,1 %	77,38 %	85,72 %

Bezüglich des uns hier interessierenden Sprachverhaltens von Broca-Aphasikern deutet Friederici die in (43) aufgelisteten Ergebnisse ungefähr so: Die zweifache Dissoziation zwischen Produktion und Akzeptabilitätsurteilen spiegelt die unterschiedliche Weise wider, in welcher die Präpositionen je nach Aufgabe berechnet werden. Und nun weiter wörtlich:

„In der Produktion scheitern in der Tendenz Broca-Aphasiker dann, wenn richtiges Berechnen von strukturellen Prozessen abhängt; dies legt daher nahe, daß es bei der Produktion auf syntaktische Prozesse wesentlich ankommt. Im Gegensatz dazu scheinen Agrammatiker in der Lage zu sein, dieselben Items, ungeachtet ihrer funktionalen Rolle, hinsichtlich ihrer Akzeptabilität zu beurteilen und zwar deswegen, weil sie sich offenbar über bestimmte lexikalische Abhängigkeiten bewußt sind, ohne daß sie notwendigerweise die mit ihnen verbundenen strukturellen Informationen berechnen. Wenn man die Meinung teilt, daß Broca-Aphasiker auch eine agrammatische Perzeption haben, dann indizieren diese Resultate, daß Akzeptabilitätsurteile bezüglich der Präpositionen nicht besonders von syntaktischem Verarbeiten abhängig ist." (Friederici, 1982, S. 257; meine Übersetzung)

So recht überzeugend kann ich diese Argumentation nicht finden; warum sollte es ein Auseinanderfallen bezüglich des lexikalischen Wissens von Broca-Aphasi-

---

19 Beurteilt werden sollten Sätze, in denen korrekte Präpositionen ersetzt wurden durch nicht zugelassene Präpositionen wie z. B.

(i) *Peter steht *durch* den Stuhl
(ii) *Peter hofft *über* den Sommer

kern geben. D. h. warum sollten sie sich nur in Beurteilungstests über lexikalische Abhängigkeiten bewußt sein? Die von Friederici in Anspruch genommene Supramodalität von Störungssymptomen wendet sich m. E. gegen ihre eigene Betrachtung.

3.2.3 Präpositionen und Lapointes Konzept

Präpositionen sind auch in anderer Hinsicht ein Problem für die Charakterisierung des Agrammatismus. Wir haben ja im Zusammenhang mit Keans Analyse erfahren, daß zwei- und mehrsilbige Präpositionen von Broca-Aphasikern nicht ausgelassen werden. Kean nimmt dafür eine Konvention an, gemäß der die Wortgrenzsymbole wie bei den anderen lexikalischen Kategorien nicht getilgt werden, eine zugestandenermaßen recht problematische Lösung. Auch mit Grodzinskys Vorschlag bekommt man dieses Phänomen nicht in den Griff, ja, er erwähnt es noch nicht einmal. Unter Zugrundelegung der Konzeption von Goodglass könnte man vermuten, daß zwei- und mehrsilbige Präpositionen ähnlich wie die silbische Pluralendung [Iz] perzeptuell prominenter sind, mithin eher verarbeitet werden. Eine solche Charakterisierung mag zwar auf den ersten Blick recht plausibel erscheinen, ist aber formal nicht explizierbar und paßt zu keiner einigermaßen angemessenen psycholinguistischen Theorie.

Darüber hinaus — und dieser Einwand wiegt m. E. am schwersten — hilft uns derlei nicht, eine natürliche Klasse auszusondern, wie wir in Kap. 2.2, Teil II schon gesehen haben.

Es gibt nun eine Hypothese zum Agrammatismus, die vielleicht die gewünschten methodologischen und empirischen Eigenschaften hat, nämlich das Modell von Lapointe (1983). Ohne hier auf sämtliche Details eingehen zu wollen, will ich doch einige eher skizzenhafte Bemerkungen dazu machen. Lapointe nimmt eine „unified morphological theory" (UMT) für morphologische Regularitäten an; insbesondere werden in UMT flektionale und derivationale Morpheme von derselben morphologischen Subkomponente generiert, was offenbar auch recht gut zu den hebräischen Daten, die wir eben kennengelernt haben, paßt.

Betrachten wir dazu folgendes von Lapointe diskutierte Beispiel:

(44)
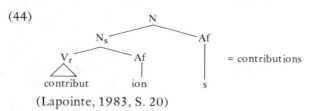

(Lapointe, 1983, S. 20)

Eine solche Repräsentation illustriert die in UMT gemachten Annahmen:
1) Morphologische Strukturen können aus drei Ebenen von Konstituenten bestehen: x für Wörter, x_s für Stämme, x_r für ‚roots' (Wurzeln), Af für Affixe.
2) Die solche Repräsentationen erzeugenden Regeln werden durch universelle Prinzipien beschränkt, als da sind:

Keine Konstituente der x_r-Ebene kann eine Konstituente der x_s- oder x-Ebene dominieren, und keine Konstituente der x_s-Ebene kann eine Konstituente der x-Ebene dominieren.

3) Nichtproduktive Affigierungsprozesse betreffen nur x_r-Kategorien und solche Affixe, die Schwesterkonstituenten zu x_r sind. In (44) schließt dies das von N_s dominierte Material ein (mit dem idiosynkratischen Wechsel von [t] zu [š]). Die x_s-Konstituente ist der minimale Stamm in (44). Produktive Affigierung andererseits bezieht sich auf Af-Knoten außerhalb der minimalen Stämme; in (44) das Pluralmorphem. Die traditionelle Grenzsymbolunterscheidung zwischen +- und #-Grenzen spiegelt sich in einer solchen Konzeption wider: +-Grenzen erscheinen innerhalb des minimalen Stamms, #-Grenzen außerhalb des minimalen Stamms. Damit hätte man zumindest eine äquivalente strukturelle Notation für Keans phonologische Beschreibung, gemäß der solche Symbole ignoriert werden, die durch eine Wortgrenze von der Basis abgetrennt sind (*definite#ness* vs. ob+*ject*). „Wenn diese Generalisierung mehr als Affixe betrifft, dann sollte eine angemessene Alternative zur Charakterisierung der (unter Agrammatismus; meine Ergänzung) betroffenen Elemente nicht schwer fallen." (Lapointe, 1983, S. 21; meine Übersetzung).

Für unseren Testfall, jenen der Präpositionen, folgt aus der UMT nach Lapointe eine systematischere Erklärung der Asymmetrie zwischen einsilbigen und zwei- bzw. mehrsilbigen Präpositionen. Mehrsilbige Präpositionen (bei Lapointe $Prep_1$) schöpfen den vollständigen Bereich von Konstituentenebenen aus, wiewohl sie aufgrund universeller Bedingungen nie an produktiven morphologischen Prozessen teilhaben. Daher ist $Prep_{1s}$ immer direkt von $Prep_1$ dominiert. $Prep_{1s}$ selbst kann auf der Wurzelebene strukturiert sein.[20]

(45) (i) und (ii) illustrieren die Struktur mehrsilbiger Präpositionen:

(45) (i) $Prep_1$
          |
          $Prep_{1s}$
          |
          $Prep_{1r}$
          |
          under

(ii) $Prep_1$
     |
     $Prep_{1s}$
     ╱   ╲
    Af $Prep_{1r}$
    | |
    be   yond

$Prep_2$ dagegen haben keine interne Struktur:

(46) $Prep_2$
        |
        to   (Lapointe, 1983, S. 22)

Mit einer solchen morphologischen Analyse kann man nun prognostizieren, daß jene Elemente, die in minimalen Stämmen enthalten sind, von Agrammatikern verarbeitet werden. Dies ist eine reine *repräsentationale* Charakterisierung, die daher offenkundig nicht dem Kean'schen Einwand unterliegt. Kean hatte ja gegen eine morphologische Betrachtung der unter Aphasie gestörten Präpositionen als solchen, die von produktiven morphologischen Regeln nicht erfaßt werden, u.a. folgendes vorgebracht: Es handle sich um grammatiktheoretisch und psycholinguistisch nicht motivierte derivationale Beschränkungen; weiter, es handle sich um Charakterisierungen, die von unterschied-

---

20 Dies soll einstmals produktive Prozesse abbilden, die heute jedoch ‚eingefroren' sind.

lichen Komponenten der Grammatik geleistet werden, und zwar unter einer an der Standardtheorie orientierten grammatischen Aufgabenverteilung: Derivationsmorphologie findet im Lexikon statt, während die Flexionsmorphologie von der Anpassungskomponente (vgl. 2.2, Teil II) behandelt wird.

Beide Einwände können durch Lapointes Ansatz, wie wir gesehen haben, ausgeräumt werden.

Wie man die beiden Alternativen bewerten sollte, ist mir gegenwärtig nicht klar. Zumindest stellt Lapointes Modell eine plausible morphologische Alternative dar, die nicht den methodologischen Einwänden gegen traditionelle morphologische Analysen unterliegt.

Andererseits aber sprechen für die Kean'sche Sonderregelung für mehrsilbige Präpositionen gewisse ‚Liaison'-Phänomene im Französischen. Vergleichen wir die folgenden von Selkirk (1981) analysierten Beispiele[21]

(47) (i) On le considère très ͡ incommode.
 (ii) Elle est plus ͡ âgée que lui.
 (iii) Je trouve leur histoire extrêmement / amusante.

Très (sehr), *plus* (mehr) u. a. Wörter sind GK-Wörter, *extrêmement* z. B. ist ein OK-Wort. Liaison scheint also bei GK-Wörtern stattzufinden. Diese Generalisierung ist allerdings zu stark:

(48) Elles sont assez / inquiètes pour réagir de cette façon.

Assez (genug) ist ebenfalls ein GK-Wort, Liaison findet jedoch nicht statt, und zwar deswegen, weil es sich um ein zweisilbiges GK-Wort handelt.

Während Liaison in (47) (i) und (ii) wegen der bereits erwähnten universellen Konvention der Tilgung von ‚#'-Symbolen möglich ist, müssen die #-Symbole um die mehrsilbigen GK-Wörter erhalten bleiben bzw. über eine Anpassungsregel wieder eingeführt werden. Dies ist also unabhängige Evidenz für die Kean'sche Analyse der mehrsilbigen Präpositionen. Wenn diese Präpositionen u. a. GK-Wörter also ein Testfall für die Gültigkeit einer phonologischen Charakterisierung des Agrammatismus sein sollen, so scheint die Kean' sche Analyse dem Ansatz von Lapointe nicht unterlegen, wenn wir universalistisch argumentieren wollen. Dieser kurze Einblick in neuere Ansätze zur Charakterisierung des Agrammatismus hat — so hoffe ich — einerseits deutlich gemacht, wie komplex und theoriegeleitet eine fruchtbare Auseinandersetzung mit der Keanschen Hypothese sein müßte, andererseits aber auch, wie richtungsweisend und erkenntnisleitend die Kean'schen Überlegungen sind.

3.3 *Agrammatismus und θ-Theorie*

Welche Vorteile eine modulare Grammatik bei der Charakterisierung selektiver Defizite haben kann, habe ich im vorangegangenen zu zeigen versucht. Zum Abschluß meiner Ausführungen möchte ich dies anhand der θ-Theorie nochmals zusammenfassend erörtern.

---

21 „͡" bedeutet, daß der (ja sonst stumme) unmittelbar vorangehende Konsonant ausgesprochen wird (= Liaison), „/" bedeuten, daß keine Liaison stattfindet.
Ich beziehe mich hier nur auf das Phänomen der ‚basic'-Liaison; sie gilt allerdings über die von Selkirk diskutierten stilistischen Varianten hinweg.

3.3.1 Klitiks

Modular ist eine Grammatik, so haben wir bereits festgestellt, wenn sie aus einer Menge von Teiltheorien besteht, deren Aufgaben im Prinzip unabhängig voneinander sind. Erst das Zusammenspiel aller Teiltheorien führt zur Strukturbeschreibung eines Satzes. Einige der Teiltheorien habe ich ohne Anspruch auf auch nur annähernde Vollständigkeit schon skizziert, gelegentlich auch die θ-Theorie erwähnt. Die θ-Theorie legt im Zusammenspiel mit dem Lexikon und der Phrasenstruktur die Verteilung von θ-Rollen in Sätzen fest (vgl. FASY, 1987). Sie erklärt die Grammatikalitätsverteilung der Formen in (49):

(49) (i) Käthe ißt einen Knochen
    (ii) Käthe ißt
    (iii) Käthe trifft Snoopy in der Disco
    (iv) *Käthe trifft in der Disco
    (v) *Käthe trifft   ungefähr wie folgt:

Verben sind mit obligatorischen bzw. optionalen θ-Rollen verbunden; erstere *müssen*, letztere *können* phrasenstrukturell realisiert sein. In (49) (i) ist die θ-Rolle THEMA syntaktisch realisiert (als NP *einen Knochen*), in (ii) nicht; (ii) ist dennoch wohlgeformt, weil mit *essen* die θ-Rolle THEMA nur optional verbunden ist, im Gegensatz zu *treffen*, was die Abweichung von (iv) und (v) erklärt, (iv) zeigt auch, daß, mit *treffen* im Lexikon keine θ-Rolle ORT verbunden ist (solche freien Ergänzungen nennt man Adjunkte). Das heißt natürlich nicht, daß eine solche θ-Rolle nie phrasenstrukturell realisiert sein muß:

(50) (i) Käthe wohnt in Frankfurt.
    (ii) *Käthe wohnt.

Unter Zugrundelegung θ-theoretischer Annahmen läßt sich nach Rizzi (1984) eine gewisse Variabilität bei der agrammatischen Verarbeitung von Klitiks erklären. Neben der generellen Schwierigkeit, die Broca-Aphasiker mit dieser Klasse von Elementen haben, gibt es nämlich auch eine gewisse graduelle Schwierigkeit innerhalb der Klassen. So konnten Zurif/Caramazza (1976) zeigen, daß Broca-Aphasiker bei Aufgaben, in denen Konstituentenzusammengehörigkeit getestet wurde, z. B. mit *to* größere Probleme hatten, wenn es ein Infinitivmarker war, als wenn es eine Präposition war (*I tried to leave* im Vergleich zu *I gave the book to John*); θ-theoretisch unterscheiden sich die beiden Elemente darin, daß der Infinitivmarker keine θ-Rolle zuweist, während die Präposition mit der θ-Struktur von Sätzen zusammenhängt. Die nach Rizzi zu überprüfende allgemeine Hypothese ließe sich dann wie folgt formulieren:

Broca-Aphasiker haben größere Schwierigkeiten bei der Verarbeitung von Klitiks, die keine θ-Rollen zuweisen.[22]

---

22 Solche Unterschiede lassen sich natürlich nicht nur im Englischen beobachten:
    (i)   Udo verspricht der Mutter zu putzen.
    (ii)   Jens fährt den Freund zu Konrad.
    (iii) Boris trainiert um zu gewinnen.
    (iv) Claudia läuft um den Platz.

Weiter haben Zurif/Caramazza (1976) beobachtet, daß Broca-Aphasiker größere Probleme haben mit bestimmten Artikeln als mit Possessivpronomen (*the book* im Vergleich zu *my book*). Erstere erhalten keine θ-Rolle, letztere erhalten eine θ-Rolle. Hieraus könnte man daher die folgende θ-theoretisch begründete Prognose ableiten:

Broca-Aphasiker haben größere Schwierigkeiten bei der Verarbeitung von Klitiks, die keine θ-Rollen erhalten.

Sollten sich die beiden Prognosen erfüllen, so würde dies eine weitere Bestätigung für modulare Modelle des Sprachvermögens darstellen.

3.3.2 Intuitionen

Ob bei Patienten verschiedener Aphasietypen eine die θ-Theorie betreffende Syntaxstörung vorliegt, haben wir experimentell zu überprüfen versucht (vgl. Arbeitsgruppe „Psycholinguistik und Aphasieforschung", 1987)[23]. Dazu sollte die Grammatikalität von Sätzen beurteilt werden. Es wurden zwei Gruppen von einfachen Deklarativsätzen, nämlich erstens 20 Satzpaare mit (obligatorisch) transitiven Verben, wie z. B. *finden*, und zweitens 20 Satzpaare mit intransitiven Verben, wie z. B. *stolpern*, verwendet. Beide Typen von Sätzen wurden randomisiert sowohl transitiv als auch mit intransitiv verwendeten Verben vorgelegt, so daß also die Hälfte der Testsätze verträglich und die andere Hälfte unverträglich mit den θ-Bedingungen war. Vor der eigentlichen Untersuchung wurde an 4 Sätzen die Aufgabenstellung erklärt.

Mögliche Probleme für einen solchen Test ergeben sich durch die Existenz von lexikalischen Prozessen, die die θ-Struktur von Verben und damit die Ausgangsbedingungen für die Ableitung von D-Strukturen verändern. Beispiele hierfür sind Detransitivierung, Passivierung und Ergativierung:

(51) (i) DETRANSITIVIERUNG
 [AG, TH] → TH [AG, TH]
 (a) Hans singt ein Lied.
 (b) Hans singt.
 (ii) PASSIVIERUNG
 [AG, TH] → AG [AG, TH]
 (a) Hans singt ein Lied.
 (b) Ein Lied wird gesungen.
 (iii) ERGATIVIERUNG
 [AG, TH] → [TH]
 (a) Hans zerbricht das Glas.
 (b) Das Glas zerbricht.

Durch die Detransitivierung und Passivierung wird in zweistelligen θ-Strukturen der Form [AG, TH] (AG = AGENS, TH = THEMA) die THEMA- bzw. AGENS-Rolle (existentiell) gebunden und kann auf Grund dessen syntaktisch unrealisiert bleiben (wird aber ‚mitverstanden'). Ergativierung absorbiert die

---

23 Die folgenden Ausführungen sind in Zusammenarbeit mit J. Keller und N. Rüffer entstanden.

AGENS-Rolle und führt zu thematisch einstelligen Verben (vgl. hierzu Wunderlich, 1985).

Der Test liefert nur dann brauchbare Ergebnisse, wenn ausgeschlossen ist, daß θ-Struktur-Varianten der verwendeten transitiven bzw. intransitiven Verben verarbeitet werden. Die Möglichkeit der Verarbeitung von Varianten mit anderer θ-Struktur ist auch bei phonologisch distinkten Verben gegeben. Wenn die von Kean (1977) für die Broca-Aphasie vorgeschlagene phonologische Analyse zutrifft, dann muß ausgeschlossen sein, daß statt der Test-Verben Varianten mit distinkter θ-Struktur verarbeitet werden, die sich von diesen nur in phonologischen Klitiks unterscheiden.

Daher wurden nur Testverben verwendet, zu denen keine θ-Struktur-Varianten im Deutschen existieren, oder nur solche, die sich nicht nur in Klitiks vom verwendeten Verb phonologisch unterscheiden. Die Gruppe der intransitiven Verben ist hier relativ unproblematisch, weil im Deutschen – abgesehen von stark beschränkten Fällen wie *Hans seufzt einen Seufzer* – keine morphologische Argumenterweiterung von intransitiven Verben existiert. Bei den transitiven Verben wurden – unter der Voraussetzung, daß dies die Möglichkeiten der morphologischen Argumentreduktion im Deutschen erschöpft – nur solche transitiven Verben verwendet, von denen mit einiger Sicherheit gesagt werden kann, daß sie im Standard-Deutschen weder detransitivierbar noch ergativierbar sind (z. B. *haben: Hans hat Hunger; *Hans hat; *Der Hunger hat*), und bei denen Passivierung entweder ausgeschlossen (**Der Hunger wird gehabt*) oder phonologisch nicht nur durch Klitiks markiert ist (starke Verben, wie z. B. *sieht/gesehen*).

Kontrollgruppe

Experimentelles Setting
Die Kontrollgruppe bestand aus 20 Personen, deren Durchschnittsalter dem der Testgruppe entsprach. Damit sollte vermieden werden, daß allein aufgrund des Testmaterials bestimmte Verben oder die Produktivität bestimmter grammatischer Prozesse als variable Faktoren berücksichtigt werden mußten.

Ergebnisse und Diskussion

Intransitive Verben
Von den 20 Verben forderte eines ein THEMA-Subjekt (*kommen*), zwei Verben erlaubten sowohl eine THEMA- als auch eine AGENS-Lesart (*rutschen, gleiten*), alle anderen nur eine AGENS-Interpretation der Subjekt-NP:

(52) Intransitive Verben

N = 800	Urteil grammatisch	ungrammatisch
a	389	11
b	0	400

(a = wohlgeformter Satz, b = abweichender Satz)

Keine der befragten Personen beurteilte die Variante mit Komplement als grammatisch. Demgegenüber wurde in 11 Fällen die Variante ohne Komplement als ungrammatisch beurteilt. Da hiervon in 9 Urteilen das Verb *gleiten* betroffen war, könnte eine Erklärung darin liegen, daß die Gebrauchshäufigkeit (vgl. (53) (i)) das Urteil stärker beeinflußte als die Selektionsbeschränkungen des Verbs, nach denen auch (53) (ii) zulässig ist:

(53) (i) Das Boot (THEMA) gleitet.
    (ii) Irene   (AGENS) gleitet.

Verben mit Komplement
Von 20 Satzpaaren mit transitiven Verben enthielten 14 Satzpaare Verben, die im Standarddeutschen ein Akkusativ-Objekt fordern, 3 Satzpaare Verben, die ein Dativ-Objekt fordern, und 3 Satzpaare Verben, die für ein Präpositionalobjekt subkategorisiert sind.

Verben mit Akkusativ-Objekt
Von 4 Verben (bzw. der VP), nämlich *kleiden, wundern, freuen, ekeln*, wird im nicht-reflexiven Gebrauch die THEMA-Rolle in der Subjekt- und die ZIEL-Rolle in der Objekt-Position zugewiesen. In einem Fall wird die ZIEL-Rolle in der Subjekt-Position und die THEMA-Rolle am Objekt gefordert (*kriegen* im Sinne von *bekommen*). Die anderen 9 Verben zeigen eine AGENS/THEMA-Verteilung hinsichtlich der θ-Zuweisung:

(54) Akkusativ-Objekt
N = 560

	Urteil	
	grammatisch	ungrammatisch
a	257	23
b	83	197

Wie Tabelle (54) zeigt, wurde überraschenderweise in 83 Urteilen die intransitive Variante als grammatisch eingeschätzt, obwohl nur 23 mal die transitive Variante als ungrammatisch beurteilt wurde. D. h. für einige Verben (9 Verben) wurde sowohl die transitive als auch die intransitive Verwendung akzeptiert. Dieses Ergebnis könnte darauf hinweisen, daß die lexikalischen Regeln (51), nämlich Detransitivierung (für Verben wie *heben*) und Ergativierung (für Verben wie *kleiden*) im Deutschen produktiv sind.

Eine Erklärung der 23 Urteile, bei denen die transitive Variante als ungrammatisch bezeichnet wurde, scheint demgegenüber auf einen Mangel im Testmaterial hinzuweisen, 17 der 23 Urteile fielen nämlich auf Verben, die in der Umgangssprache meist reflexiv verwendet werden (*sich ekeln, sich wundern, sich freuen*). Wir gehen daher davon aus, daß sich hier die Gebrauchshäufigkeit wiederum als ausschlaggebender Faktor auf die Beurteilung auswirkte. Daß dieselben Verben im intransitiven Gebrauch akzeptiert wurden, läßt sich auf die Detransitivierungsregel (*treten, schelten*) bzw. Ergativierungsregel (*ekeln, freuen, wundern*) zurückführen.

Verben mit Dativ-Objekt
Die Ergebnisse der Satzpaare mit den Verben *helfen, ähneln, gleichen* sind in Tabelle (55) aufgeführt:

(55) Dativ-Objekt
N = 120

	Urteil	
	grammatisch	ungrammatisch
a	56	4
b	19	41

Auch bei Verben mit Dativ-Objekt zeigt sich, daß deren intransitive Verwendung fünfmal häufiger akzeptiert wird, als die nach der Standardnorm korrekte transitive Variante abgelehnt wird. Wir führen dieses Ergebnis auf die Detransitivierung zurück.

Die vier Urteile, in denen die transitive Variante abgelehnt wurde, sind eventuell auf pragmatische Plausibilitätsfaktoren zurückführbar, da Sätze wie *Rita ähnelt Georg* schon aufgrund des unterschiedlichen Genus der Referenzpersonen unwahrscheinlich sind.

Verben mit Präpositionalobjekt

Aus Tabelle (56) ergibt sich, daß der intransitive Gebrauch der Verben *wohnen, blättern, sorgen (für)* in 24 Urteilen akzeptiert wurde, so daß auch dieses Ergebnis als Evidenz für die Produktivität einer Detransitivierungsregel im Deutschen interpretiert werden kann:

(56)

PP-Objekt N = 120	Urteil	
	grammatisch	ungrammatisch
a	60	0
b	24	36

Testergebnisse

Experimentelles Setting

Der Test soll mit jeweils 20 Patienten der drei relevanten Aphasiegruppen (Wernicke, Broca, Globale) durchgeführt werden. Gegenwärtig liegen nur für die Wernicke-Aphasiker die vollständigen Ergebnisse vor, so daß hier nur eine vorläufige Einschätzung gegeben werden kann.

Im Gegensatz zu der Kontrollgruppe wurden den Patienten die Stimulussätze visuell präsentiert und gleichzeitig vorgelesen.

Ergebnisse und Diskussion

Intransitive Verben

Die Leistungen der Wernicke-Patienten für die intransitiven Verben werden in (57) dargestellt[24]:

(57)

Intransitive Verben N = 800	Urteil	
	grammatisch	ungrammatisch
a	313	87
b	176	224

Der Vergleich von (57) mit (52) zeigt deutlich, daß die Aphasiker drastisch mehr Fehler bei intransitiven Verben machen als Gesunde, sowohl bei der korrekten a-Version (*Max weint*), die als ungrammatisch beurteilt wurde, als auch bei der inkorrekten b-Version (*Egon weint Käthe*), die als grammatisch beurteilt wurde.

---

24 Die syndromspezifische Diagnose erfolgte nach dem AAT. Für die Durchführung der Untersuchung möchte ich mich ganz herzlich bei U. Kling-Lünser, C. Neubert und M. Zeh-Hau bedanken, für seine freundliche Unterstützung unserer Forschungen bei dem Chefarzt des Otto-Fricke-Krankenhauses, Bad Schwalbach, Herrn Dr. Schneider.

Verben mit Komplement
Aber auch bei den Verben mit Komplementen ergibt sich ein Kontrast, auch wenn dieser nicht ganz so deutlich ausfällt:

(58) Akkusativ-Objekt
N = 560

	Urteil	
	grammatisch	ungrammatisch
a	198	82
b	157	123

(59) Dativ-Objekt
N = 120

	Urteil	
	grammatisch	ungrammatisch
a	45	15
b	38	22

(60) PP-Objekt
N = 120

	Urteil	
	grammatisch	ungrammatisch
a	51	9
b	36	24

Für die Einschätzung der mit Verben verbundenen θ-Struktur im mentalen Lexikon sind nun insbesondere die jeweiligen „falschen" b-Formen von Interesse. Hier machen — bis auf V-PP's — die aphasischen Probanden ca. doppelt so viele Fehler wie gesunde Sprecher. Wie bei Gesunden zeigt sich auch bei Wernicke-Aphasikern, daß die Detransitivierungs- und die Ergativierungsregel produktive lexikalische Regeln sind. Die große Anzahl der Fehlleistungen erfordert jedoch eine zusätzliche Interpretation.

Man könnte vermuten, daß aphasisch gestörte Sprecher diese Regeln übergeneralisieren. Diese Vermutung ist u. E. aus folgenden Gründen nicht ganz unplausibel:
1) Generell sind bei Wernicke-Aphasikern sog. sprachliche Überschußleistungen zu beobachten (vgl. Huber u.a., 1975; Hess, 1983; Pick, 1909, nennt dieses Phänomen „Enthemmung"). So werden z. B. Simplicia zu Komposita oder Syntagmen (z. B. *Stickschraube zum Essen* für *Gabel*).
2) Manchmal kam es vor, daß die Patienten die Sätze spontan reproduzierten. Dabei konnten die Untersucher gelegentlich beobachten, daß die Sätze mit intransitiven Verben in ihrer falschen „transitiven" Version (*Eva blinzelt Sabine*) formal komplettiert wurden (*Eva blinzelt Sabine zu*). Ebenso könnten die b-Versionen der transitiven Sätze formal komplettiert worden sein.
3) Dies kann u. E. nicht auf eine rein testorientierte Strategie zurückgeführt werden, etwa in dem Sinne, daß abweichende Sätze tendenziell immer korrigiert werden. Denn dann hätten wohl viel mehr abweichende Sätze als wohlgeformt beurteilt werden müssen. Darüber hinaus wäre ein solches Argument unkritisch für die Analyse des Sprachverhaltens der Probanden, weil Strategien ja nur dann angewendet werden müssen, wenn die Sprachkenntnis nicht mehr/nicht mehr vollständig zur Verfügung steht. Zumindest gilt diese Überlegung für off-line-Sprachverarbeitungssituationen wie bei der hier vorliegenden Beurteilungsaufgabe. Für on-line-Situationen unter starken echtzeitlichen Beschränkungen mag das anders sein.

4) Die Annahme, daß Wernicke-Patienten lexikalische Regeln übergeneralisieren, ist nicht mit den Schwierigkeiten behaftet, wie es etwa die Annahme ist, daß Transformationsregeln psychologisch real sind. Zum einen kann in off-line-Situationen auf Regeln zurückgegriffen werden, zum anderen wird das subjektive Lexikon ja ständig erweitert, so daß diese Regeln auch nach abgeschlossenem Syntaxerwerb noch zur Verfügung stehen müssen. Man könnte auch, wenn diese Überlegungen nicht hinreichen, die Regeln repräsentational verstehen, und zwar i.d.S., daß dem entsprechenden Stimulus nach Maßgabe der bereits vorhandenen Struktur des Lexikons eine Interpretation wie (51) (i)/(iii) zugeordnet wird. Diese mental konstruierte Interpretation wird als korrekt bewertet, weil aufgrund der syndromspezifischen Überschußreaktionen der Reiz in Übereinstimmung mit dem θ-Kriterium formal komplettiert wird.

Das Sprachverhalten der Probanden muß also nicht auf ein Defizit des θ-Moduls zurückgeführt werden, sondern kann mit einem genuin lexikalischen Defizit zusammenhängen, demzufolge sprachliche Ausdrücke mit ihren Besonderheiten nicht mehr vollständig zur Verfügung stehen.

Es wäre auch denkbar, daß beim Beurteilen der Sätze interne semantische Paraphasien vorkommen; dies können wir jedoch nicht überprüfen. Wir machen daher die minimale Annahme zur Charakterisierung der Ergebnisse: Es handelt sich um ein lexikalisches Defizit.

So spekulativ diese Interpretation auch sein mag und so sehr sie der Korrektur durch die Ergebnisse der anderen Aphasiegruppen bedarf, so scheint sie doch in der Hinsicht plausibel, daß sie mit einem minimalen Beschreibungsaufwand verbunden ist. Dieses Beschreibungsvokabular entstammt einerseits aus den syndromspezifischen Charakteristika, wo zu erwarten steht, daß bei Hinzunahme der Ergebnisse der anderen Syndromgruppen dieser Aspekt variieren wird. Andererseits stammt es aus der Struktur einiger weniger grammatischer Module: Lexikon und θ-Theorie, die ja eng miteinander zusammenhängen.

Literatur

Aachener Aphasietest (AAT) (1983), Hrsg. von Huber u. a., Göttingen
Anderson, S. R./Kiparsky, P. (Hrsg.) (1973), Festschrift für Morris Halle. New York
Arbib, M. A., u. a. (Hrsg.) (1982), Neural models of language processes. New York
Arbeitsgruppe „Psycholinguistik und Aphasieforschung" (1987), θ-Theorie. Evidenz aus der Aphasie. FLF 3, S. 35—46
Aronoff, M. (1976), Word formation in generative grammar. Cambr. (Mass.)
Bailey, C.-J./Schuy, R. (Hrsg.) (1973), New ways of analyzing variation in English. Washington
Bay, E. (1949), Über die sog. motorische Aphasie. Der Nervenarzt 40, S. 481—490
Bay, E. (1957a), Die corticale Dysarthrie und ihre Beziehung zur sog. motorischen Aphasie. Dtsch. Zeitschr. f. Nervenheilkunde 176, S. 353 ff.
Bay, E. (1957b), Untersuchungen zum Aphasieproblem. Der Nervenarzt 28, S. 450 ff.
Bay, E. (1957c), Über die Beziehungen der sog. amnestischen und sensorischen Aphasie. Dtsch. Zeitschr. f. Nervenheilkunde 177
Bayer, J. (1983—1984), COMP in Bavarian syntax. The Linguistic Review 3, S. 209—274
Bayer, J./Bleser, R. de (1988), Lexikalische Morphologie und Tiefendyslexie: Eine Fallbesprechung. In: Günther (1988)
Belletti, A., u. a. (Hrsg.) (1981), Theory of markedness in generative grammar. Proceedings of the 1979 GLOW Conference. Pisa
Benson, D. F. (1967), Fluency in aphasia: Correlation with radioactive scan localization. Cortex 3, S. 372—394
Bever, T. G./Chiarello, R. J. (1974), Cerebral dominance in musicians and non-musicians. Science 185, S. 137—139
Bierwisch, M. (1970), Fehler-Linguistik. LI 1, S. 397—414
Bierwisch, M. (1971), Regeln für die Intonation deutscher Sätze. Studia Grammatica. Berlin, S. 99—201
Bierwisch, M. (1972), Schriftstruktur und Phonologie. Probleme und Ergebnisse der Psychologie 43, S. 21—44
Bierwisch, M. (Hrsg.) (1979), Psychologische Effekte sprachlicher Strukturkomponenten. Berlin
Bierwisch, M./Weigl, I. (1978), Syntactic transformations: Evidence from aphasia. Ms.
Bleser, R. de/Bayer, J. (1985—86), German word formation and aphasia. The Linguistic Review 5, S. 1—40
Blumstein, S. (1973), A phonological investigation of aphasic speech. Den Haag
Bower, G. (Hrsg.) (1975), The psychology of learning and motivation. New York
Bradley, D. (1983), Computational distinctions of vocabulary type. IULC
Bradshaw, J. L./Nettleton, N. C. (1981), The nature of hemispheric specialization in man. BBS 4, S. 51—91
Brain, R. Lord (1965), Speech disorders. Aphasia, apraxia and agnosia. London
Bresnan, J. W. (1978), A realistic transformational grammar. In: Halle u. a. (1978), S. 1—59
Bresnan, J. W. (Hrsg.) (1982), The mental representation of grammatical relations. Cambr. (Mass.)
Brown, R. (1973), A first language. Cambr. (Mass.)
Butterworth, B. (Hrsg.) (1980), Language production. Vol. I: Speech and talk. London
Caplan, D. (Hrsg.) (1980), Biological studies of mental processes. Cambr. (Mass.)
Caplan, D. u. a. (Hrsg.) (1984), Biological perspectives on language. Cambr. (Mass.)

Carterette, E. (Hrsg.) (1966), Brain function, Vol. 3. Los Angeles
Chomsky, C. (1969), The acquisition of syntax in children from 5 to 10. Cambr. (Mass.)
Chomsky, N. (1957), Syntactic structures. Den Haag. Dtsch: Strukturen der Syntax. Den Haag (1973)
Chomsky, N. (1965), Aspects of the theory of syntax. Cambr. (Mass.). Dtsch: Aspekte der Syntax-Theorie (1969). Frankfurt
Chomsky, N. (1970), Remarks on nominalizations. In: Jacobs/Rosenbaum (1970), S. 184–222
Chomsky, N. (1973), Conditions on transformations. In: Anderson/Kiparsky (1973), S. 232–286
Chomsky, N. (1977), On *wh*-movement. In: Culicover u. a. (1977), S. 71–132
Chomsky, N. (1980), On binding. LI 11, S. 1–46
Chomsky, N. (1981a), Regeln und Repräsentationen. Frankfurt (Original: Rules and representations. New York (1980))
Chomsky, N. (1981b), Lectures on government and binding. Dordrecht
Chomsky, N. (1982), Some concepts and consequences of the theory of government and binding. Cambr. (Mass.)
Chomsky, N. (1986), Knowledge of language: Its nature, origin, and use. New York
Chomsky, N./Halle, M. (1968), The sound pattern of English. Cambr. (Mass.)
Collins, A. M./Quillian, M. R. (1969), Retrieval time from semantic memory. In: JVbLVB 8, S. 240–248
Collins, A. M./Quillian, M. R. (1972), How to make a language user. In: Tulving/Donaldson (1972)
Coltheart, M., u. a. (1980), Deep dyslexia. London
Cooper, W. E./Walker, E. C. T. (Hrsg.) (1979), Sentence processing: Psycholinguistic studies presented to Merrill Garrett. Hillsdale, N. J.
Critchley, M. (1970), Aphasiology and other aspects of language. London
Culicover, P. W. u. a. (Hrsg.) (1977), Formal Syntax. New York
Davidson, D./Harman, G. (Hrsg.) (1972), Semantics of natural language. Dordrecht
Davis, L., u. a. (1978), Repetition in the transcortical aphasias. Brain and Language 6, S. 226–238
Dell, G. S./Reich, P. A. (1981), Stages in sentence processing: An analysis of speech error data. JVbLVbB 20, S. 611–629
Emonds, J. E. (1970), Root and structure preserving transformations. Cambr. (Mass.)
Enç, B. (1983), In defense of the identity theory. The Journal of Philosophy 80, S. 279–298
Engel, D. (1977), Testexperimente mit Aphatikern. Tübingen
Evers-Petry, D. (1985), Sprachwissen und Sprachverhalten bei aphasischen Störungen. Zur Theorie und Empirie der Deblockierungsexperimente. Eine Fallstudie. Diss. Frankfurt
Fanselow, G. (1985), Zur Stellung der Wortbildung im System der menschlichen Sprachfähigkeit. LB 96, S. 91–126
FASY (1987), Einführung in die Government-Binding-Theorie. Sonderheft FLF 1. Frankfurt
Felix, S./Wode, H. (Hrsg.) (1983), Language development at the crossroads. Tübingen
Ferner, H./Staubesand, J. (Hrsg.) (1973), Atlas der Anatomie des Menschen. München
Flores d'Arcais, G. B./Levelt, W. J. M. (Hrsg.) (1970), Advances in psycholinguistics. Amsterdam
Fodor, J. A. (1968), Psychological explanation: An introduction to the philosophy of psychology. New York
Fodor, J. A. (1975), The language of thought. New York
Fodor, J. A. (1981a), Representations. Brighton
Fodor, J. A. (1981b), The present status of the innateness controversy. In: Fodor (1981a), S. 257–316

Fodor, J. A. (1981c), Special sciences. In: Fodor (1981a), S. 127—145
Fodor, J. A. (1983), The modularity of mind. Cambr. (Mass.)
Fodor, J. A./Garrett, M. F. (1966), Some reflections on competence and performance. In: Lyons/Wales (1966), S. 135—179
Fodor, J. A., u. a. (1974), The psychology of language: An introduction to psycholinguistics and generative grammar. New York
Fodor, J. A., u. a. (1980), Against definitions. Cognition 8, S. 263—367
Fodor, J. D. (1977), Semantics: Theories of meaning in generative grammar. Sussex
Fodor, J. D. (1979), Superstrategy. In: Cooper/Walker (1979), S. 249—279
Fodor, J. D., u. a. (1975), The psychological unreality of semantic representations. LI, S. 515—532
Forssmann, W. G./Heym, C. (1975), Grundriß der Neuroanatomie. Berlin
Forster, K. I. (1979), Levels of processing and the structure of the language processor. In: Cooper/Walker (1979), S. 27—85
Forster, K. I./Olbrei, I. (1973), Semantic heuristics and syntactic analysis. Cognition 2—3, S. 319—348
Frege, G. (1892), Über Sinn und Bedeutung. Zeitschrift für Philosophie und Kritik 100, S. 25—50
Friederici, A. D. (1982), Syntactic and semantic processes in aphasic deficits: The availability of prepositions. Brain and Language 15, S. 249—258
Gall, F. J./Spurzheimer, J. G. (1810), Die Anatomie und Physiologie des Nervensystems. Wien
Garrett, M. F. (1975), The analysis of sentence production. In: Bower (1975), S. 133—177
Garrett, M. F. (1976), Syntactic processes in sentence production. In: Wales/Walker (1976), S. 231—256
Garrett, M. F. (1980), Levels of processing in sentence production. In: Butterworth (1980), S. 177—220
Garrett, M. F. (1984), The organization of processing structure for language production: Applications to aphasic speech. In: Caplan u. a. (1984), S. 172—193
Geschwind, N. (1966a), Discussion to paper by Wepmann, J. M./Jones, L. V. In: Carterette (1966), S. 156—171
Geschwind, N. (1966b), Carl Wernicke, the Breslau School, and the history of aphasia. In: Carterette (1966), S. 1—16
Geschwind, N., u. a. (1968), Isolation of the speech area. Neuropsychologia 6, S. 327—340
Goldstein, K. (1948), Language and language disturbances. New York
Goodglass, H. (1973), Studies on the grammar of aphasics. In: Goodglass/Blumstein (1973), S. 183—215
Goodglass, H./Berko, J. (1960), Aphasia and inflectional morphology in English. J. Speech Hear. Res. 3, S. 257—267
Goodglass, H./Blumstein, S. (Hrsg.) (1973), Psycholinguistics and aphasia. Baltimore
Goodglass, H./Hunt, J. (1958), Grammatical complexity and aphasic speech. Word 14, S. 197—207
Goodglass, H., u. a. (1966), Specific semantic word categories in aphasia. In: Goodglass/Blumstein (1973), S. 250—266
Grodzinsky, Y. (1984), The syntactic characterization of agrammatism. Cognition 16, S. 99—120
Grossman, M. (1978), The game of the name: An examination of linguistic reference after brain damage. In: Brain and Language 6, S. 112—119
Günther, H. (1988), Experimentelle Untersuchungen zur Flexionsmorphologie. Hamburg
Gunderson, K./Maxwell, G. (Hrsg.) (1975), Minnesota studies in the philosophy of science. Minneapolis
Halle, M., u. a. (Hrsg.) (1978), Linguistic theory and psychological complexity. Cambr. (Mass.)

Hartje, W. (1982), Funktionelle Spezialisierung der Großhirnhemisphären. In: Poeck (1982a), S. 31—50

Heeschen, C./Reischies, F. (1981), Zur Lateralisierung von Sprache. Argumente gegen eine Überbewertung der rechten Hemisphäre. In: Schnelle (1981), S. 41—58

Hess, P.-R. (1983), Zur Beziehung zwischen Neuropsychologie und Linguistik. Die Störung der Spontansprache bei „Fluent Aphasics". Magisterarbeit Frankfurt

Heuser, A. (1987), Neurolinguistische Aspekte der transkortikalen Aphasien — Die Fragwürdigkeit eines Symptoms. Magisterarbeit Frankfurt

Höhle, T. N. (1982), Über Komposition und Derivation: Zur Konstituentenstruktur von Wortbildungsprodukten im Deutschen. Zeitschrift für Sprachwissenschaft 1, S. 76—112

Hornstein, N./Lightfoot, D. (Hrsg.) (1981), Explanation in linguistics. London

Howes, D. (1964), Application of the word-frequency concept to aphasia. In: de Reuck u. a. (1964)

Howes, D./Geschwind, N. (1964), The brain and disorders of communication. Quantitative studies of aphasic language. R. Publ. Ass. Nerv. Ment. Dis. 42, S. 229—244

Huber, W. (1981), Semantic confusions in aphasia. In: Rieger (1981), S. 423—445

Huber, W., u. a. (1975), Die Wernicke-Aphasie. Journal of Neurology 210, S. 77—97

Huber, W., u. a. (1982), Aphasie. In: Poeck (1982a), S. 66—106

Jackson, H. (1932), Selected writings, London

Jacobs, R. A./Rosenbaum, P. S. (Hrsg.) (1970), Readings in English transformational grammar. Waltham

Jakobson, R. (1981), Gehirn und Sprache. Gehirnhälften und Sprachstrukturen in wechselseitiger Beleuchtung. In: Schnelle (1981), S. 18—40

Johns, D. F./Darley, F. L. (1970), Phonemic variability in apraxia of speech. J. Speech Hear. Res. 13, S. 556 ff.

Katz, J. J. (1964), Mentalism in linguistics. Language 40, S. 124—137

Katz, J. J. (1972), Semantic theory. New York

Katz, J. J. (1977), The real status of semantic representations. LI 8, S. 559—584

Katz, J. J. (1981), Language and other abstract objects. Oxford

Katz, J. J./Fodor, J. A. (1963), The structure of a semantic theory. Language 39, S. 170—210

Katz, J. J./Postal, P. M. (1964), An integrated theory of linguistic descriptions. Cambr. (Mass.)

Kaye, J./Loewenstamm, J. (1981), Syllable structure and markedness theory. In: Belletti u. a. (1981), S. 287—316

Kean, M.-L. (1977), The linguistic interpretation of aphasic syndromes: Agrammatism in Broca's aphasia, an example. Cognition 5, S. 9—46

Kean, M.-L. (1978), The linguistic interpretation of aphasic syndromes. In: Walker (1978), S. 67—138

Kean, M.-L. (1979), Agrammatism: A phonological deficit? Cognition 7, S. 69—83

Kean, M.-L. (1980), Grammatical representations and the description of language processing. In: Caplan (1980), S. 239—268

Kean, M.-L. (1981a), Explanation in neurolinguistics. In: Hornstein/Lightfoot (1981), S. 174—208

Kean, M.-L. (1981b), On a theory of markedness: Some general considerations and a case in point. In: Belletti u. a. (1981), S. 559—604

Kean, M.-L. (1982), Three perspectives for the analysis of aphasic syndromes. In: Arbib u. a. (1982), S. 173—201

Kean, M.-L. (Hrsg.) (1985), Agrammatism. Orlando

Kerschensteiner, M./Poeck, K. (1974), Bewegungsanalyse bei buccofacialer Apraxie. Der Nervenarzt 45, S. 9—15

Kerschensteiner, M., u. a. (1972), The fluency non-fluency dimension in the classification of aphasic speech. Cortex 8, S. 233—247

Kerschensteiner, M., u.a. (1978), Die Broca-Aphasie. Journal of Neurology 217, S. 223–242

Kertesz, A. (1979), Aphasia and associated disorders. Taxonomy, localization, and recovery. Orlando

Klein, M. (1982), Zur Theorie der phonologischen Markiertheit. Methodologische und empirische Probleme. Dissertation Frankfurt

Kleist, K. (1934), Kriegsverletzungen des Gehirns in ihrer Bedeutung für die Hirnlokalisation und Hirnpathologie. In: Handbuch der ärztlichen Erfahrungen im Weltkriege 1914–1918. Hrsg. von K. Bonhoeffer, Bd. 4, Leipzig

Kloeke, W. U. S. van Lessen (1982), Deutsche Phonologie und Morphologie. Merkmale und Markiertheit. Tübingen

Klosek, J. (1979), Two unargued linguistic assumptions in Kean's „phonological" interpretation of agrammatism. Cognition 7, S. 61–82

Kolk, H. J. (1978), The linguistic interpretation of Broca's aphasia. A reply to M.-L. Kean. Cognition 6, S. 353–361

Kripke, S. A. (1972), Naming and necessity. In: Davidson/Harman (1972), S. 253–355

Labov, W. (1973), The boundaries of words and their meanings. In: Bailey/Schuy (1973)

Langen, E. G. de (1983), Wortkategorielle Aspekte und Fehlerspezifik der Tiefenalexie auf Wort- und Satzebene. München

Lapointe, S. G. (1983), Some issues in the linguistic description of agrammatism. Cognition 14, S. 1–39

Lenerz, J. (1982), Syntaktischer Wandel und Grammatiktheorie – eine Untersuchung an Beispielen aus der Sprachgeschichte des Deutschen. Habilitationsschrift. Münster

Lenneberg, E. H. (1972), Biologische Grundlagen der Sprache. (Original: Biological foundations of language. New York (1967)

Leuninger, H. (1979), Reflexionen über die Universalgrammatik. Frankfurt

Leuninger, H. (1982), Eine psycholinguistische Interpretation gestörten Sprechens. PzL 26, S. 3–22

Leuninger, H. (1983), Markedness, modularity, and functional explanations. In: Felix/Wode (1983), S. 31–48

Leuninger, H. (1986a), Mentales Lexikon, Basiskonzepte, Wahrnehmungsalternativen. Neuro- und psycholinguistische Überlegungen. LB 103, S. 224–251

Leuninger, H. (1986b), Modularität und Autonomie von Sprachverarbeitungssystemen. FLF 1, S. 22–39

Leuninger, H. (1987a), Referentielle Strategien und die Struktur des mentalen Lexikons. FLF 2, S. 14–29

Leuninger, H. (1987b), Das ist wirklich ein dickes Stück: Überlegungen zu einem Sprachproduktionsmodell. LB Sonderheft 1, Grammatik und Kognition. Psycholinguistische Untersuchungen, S. 24–40

Leuninger, H. (1987c), Kontrolltheorie – Evidenz aus der Aphasie, FLF 2, S. 40–47

Leuninger, H., u. a. (1972), Psycholinguistik. Ein Forschungsbericht. Frankfurt

Lichtheim, L. (1885), Über Aphasie. Deutsches Archiv für klinische Medicin 36, S. 204–268

Lightfoot, D. (1976), Trace theory and twice moved NP's. LI 7, S. 559–582

Lonzi, L./Zanobio, M. E. (1983), Syntactic component in language responsible cognitive structure: Neurological evidence. Brain and Language 18, S. 177–191

Lyons, J. (1963), Structural semantics. Oxford

Lyons, J. (1968), Introduction to theoretical linguistics. Oxford

Lyons, J. (1977), Semantics. London

Marie, P. (1906), La revision de la question de l'aphasie de 1861 à 1866; essai de critique historique sur la génèse de la doctrine de Broca. Semaine Médicale 25, S. 565 ff.

Marshall, J. C./Newcombe, F. (1966), Syntactic and semantic errors in paralexia. Neuropsychologia 4, S. 169–176

Marshall, M., u. a. (1970), The microstructure of word-finding difficulties in a dysphasic subject. In: Flores d'Arcais/Levelt (1970), S. 416—426
May, R. (1977), The grammar of quantification. IULC
May, R. (1985), Logical form. Its structure and derivation. Cambr. (Mass.)
McCarthy, J. (1980), A prosodic theory of nonconcatenative phonology. LI 12, S. 373—418
Meringer, R./Mayer, C. (1895), Versprechen und Verlesen. Eine psychologisch-linguistische Studie. Stuttgart. Nachdruck Amsterdam (1978)
Miller, G. (1978), Semantic relations among words. In: Halle u. a. (1978)
Orgass, B. (1982), Allgemeine und Klinische Neuropsychologie. In: Poeck (1982a), S. 1—7
Peuser, G. (1977), Sprache und Gehirn. Bibliographie. München
Peuser, G. (1978), Aphasie. Eine Einführung in die Patholinguistik. München
Pick, A. (1909), Über das Sprachverständnis. Leipzig
Pick, A. (1913), Die agrammatischen Sprachstörungen. Studien zur psychologischen Grundlegung der Aphasielehre. Monographien aus dem Gesamtgebiete der Neurologie und Psychiatrie. Berlin
Poeck, K. (1981), Was verstehen wir unter aphasischen Syndromen? In: Schnelle (1981), S. 97—109
Poeck, K. (Hrsg.) (1982a), Klinische Neuropsychologie. Stuttgart
Poeck, K. (1982b), Apraxie. In: Poeck (1982a), S. 107—121
Poeck, K., u. a. (1974), Die amnestische Aphasie. Journal of Neurology, 207, S. 1—17
Popper, K./Eccles, J. (1977), The self and its brain. New York
Putnam, H. (1970), Is semantics possible? Metaphilosophy 1, S. 187—201
Putnam, H. (1975), The meaning of meaning. In: Gunderson/Maxwell (1975), S. 131—193
Quillian, M. R. (1967), Word concepts: a theory and simulation of some basic semantic capabilities. Behavioral Science 12, S. 410—430
Quillian, M. R. (1969), The teachable language comprehender. Communications of the ACM 12, S. 459—476
Reuck, A. V. S. de, u. a. (Hrsg.) (1964), Disorders of language. London
Rieger, B. B. (Hrsg.) (1981), Empirical semantics. Bochum
Rizzi, L. (1985), Two notes on the linguistic interpretation of Broca's aphasia. In: Kean (1985), S. 153—165
Rosch, E. (1975), Cognitive reference points. Cognitive Psychology 7, S. 532—547
Rosch, E., u. a. (1976), Basic objects in natural categories. Cognitive Psychology 8, S. 382—439
Rüffer, N. (1987), Konfigurationalität. Zur Repräsentation von grammatischen Funktionen in natürlichen Sprachen. Tübingen
Sankoff, G./Laberge, S. (1973), On the acquisition of native speakers by a language. kivung 6, S. 32—47
Schmidt, R. F. (Hrsg.) (1977), Grundriß der Neurophysiologie. Berlin
Schnelle, H. (Hrsg.) (1981), Sprache und Gehirn. Frankfurt
Selkirk, E. O. (1981), The phrase phonology of English and French. IULC
Sies, L. F. (Hrsg.) (1974), Aphasia theory and therapy. An introduction to the study of aphasia. Baltimore
Slobin, D. I. (1966), Grammatical transformations and sentence comprehension in childhood and adulthood. JVbLVbB 5, S. 219—227
Slobin, D. I. (1983), Universal and particular in the acquisition of language. In: Wanner/Gleitman (1983), S. 128—172
Smith, E., u. a. (1974), Structure and processes in semantic memory. A featural model for semantic decisions. Psychological Review 8, S. 214—241
Sperry, R. W. (1964), The great cerebral commissure. Scientific American 210, S. 42—52
Sperry, R. W. (1970), Perception in the absence of the neocortical commissures. Perception and its disorders. Res. Publ. A.R.N.M.D. 48, S. 123—138

Spreen, O. (1973), Psycholinguistics and aphasia: The contribution of Arnold Pick. In: Goodglass/Blumstein (1973), S. 141—170
Stachowiak, F.-J. (1979), Zur semantischen Struktur des subjektiven Lexikons. München
Stachowiak, F.-J. (1982), Haben Wortbedeutungen eine gesonderte mentale Repräsentation gegenüber dem Weltwissen? — Neurolinguistische Überlegungen. LB 79, S. 12—29
Stachowiak, F. J., u. a. (1977), Die globale Aphasie. Journal of Neurology 214, S. 75—87
Sturm, W./Hartje, W. (1982), Methoden der Neuropsychologie. In: Poeck (1982a), S. 8—30
Taft, M./Forster, K. I. (1975), Lexical storage and retrieval of prefixed words. JVbLVbB 14, S. 638—647
Thorwald, J. (1962), Macht und Geheimnis der frühen Ärzte. Klagenfurt
Tulving, E./Donaldson, W. (Hrsg.) (1972), Organization and memory. New York
Tyler, L. K./Marslen-Wilson, W. D. (1977), The on-line effects of semantic context on syntactic processing. JVbLVbB 16, S. 683—692
Vogels, P. (1978), Aphasische Fehlbenennungen und Wortassoziationen bei Gesunden. Diss. RWTH Aachen
Wales, R. J./Walker, E. (Hrsg.) (1976), New approaches to language mechanisms. Amsterdam
Walker, E. (Hrsg.) (1978), Explorations in the biology of language. Hassocks
Wanner, E./Gleitman, L. R. (Hrsg.) (1983), Language acquisition. The state of the art. Cambridge
Weigl, E. (1961), The phenomenon of temporary deblocking in aphasia. ZPSK 14, S. 337—363
Weigl, E. (1969), Beiträge zur neuropsychologischen Grundlagenforschung. Probleme und Ergebnisse der Psychologie 28/29, S. 87—102
Weigl, E./Bierwisch, M. (1970), Neuropsychology and linguistics. FoL 6, S. 1—18
Wender, K. F., u. a. (1980), Modelle des menschlichen Gedächtnisses. Stuttgart
Wernicke, C. (1874), Der aphasische Symtomenkomplex. Eine psychologische Studie auf anatomischer Basis. Breslau
Wernicke, C. (1874), Der aphasische Symptomenkomplex. Eine psychologische Studie auf anatomischer Basis. Breslau
Wettler, M. (1980), Sprache, Gedächtnis, Verstehen. Berlin
Whitaker, H. A. (1971), On the representation of language in the human brain. Edmonton
Whitaker, H./Whitaker, H. A. (Hrsg.) (1976—1979), Studies in neurolinguistics. Vols. 1—4. New York
White, L. (1982), Grammatical theory and language acquisition. Dordrecht
Wunderlich, D. (1985), Über die Argumente des Verbs. LB 97, S. 183—227
Wurzel, W. U./Böttcher, R. (1979), Konsonantencluster: Phonologische Komplexität und aphasische Störungen. In: Bierwisch (1979), S. 401—445
Zurif, E. B./Caramazza, A. (1976), Psycholinguistic structures in aphasia: Studies in syntax and semantics. In: Whitaker/Whitaker (1976), Vol. 1

Abkürzungen

BBS   The Behavioral and Brain Sciences
FLF   Frankfurter Linguistische Forschungen
FoL   Foundations of Language
IULC   Indiana University Linguistics Club
LB   Linguistische Berichte
LI   Linguistic Inquiry
JVbLVbB Journal of Verbal Learning and Verbal Behavior
PzL   Papiere zur Linguistik
ZPSK   Zeitschrift für Phonetik, Sprache und Kommunikation

Personenregister

Aronoff, M. 129, 129 Anm. 11

Bastian, H. 42
Bay, E. 21, 24 ff., 97
Bayer, J. 68, 103, 153
Benson, D. F. 27 Anm. 5
Berger, H. 7 Anm. 1
Berko, J. 123
Bever, T. G. 7
Bierwisch, M. 9, 22, 24, 93 Anm. 29, 107 f., 114 ff., 122 Anm. 7
Bleser, R. de 68, 103
Blumstein, S. 35 ff.
Böttcher, R. 37 f., 108
Bradley, D. 135 ff., 140 Anm. 19, 155, 185
Bradshaw, J. L. 6, 11, 94
Brain, R. 99
Bresnan, J. W. 11, 87, 164
Broadbent, M. 6
Broca, P.-P. 21 f., 42
Brown, R. 78
Butterworth, B. 148

Caramazza, A. 189 f.
Chiarello, R. J. 7
Chomsky, C. 170 f.
Chomsky, N. 11, 30, 35 f., 51, 54, 94, 108, 108 Anm. 3, 109 f., 119 Anm. 6, 128 Anm. 10, 130 f., 159, 164 Anm. 4, 165, 166 Anm. 5, 168 ff., 174 Anm. 12, 182 Anm. 16
Collins, A. M. 87
Coltheart, M. 68
Critchley, M. 19

Darley, F. L. 21, 25
Davis, L. 103
Dell, G. S. 148
Descartes, R. 159

Eccles, J. 3 f., 11
Emonds, J. E. 169
Enç, B. 162 f.
Engel, D. 43, 58
Evers-Petry, D. 107 Anm. 2, 114

Fanselow, G. 95, 153 Anm. 22
Ferner, H. 2, 15
Fodor, J. A. 11, 42 Anm. 9, 79, 83 ff., 112, 159 f., 159 Anm. 1, 175 f.
Fodor, J. D. 83, 110 Anm. 5, 174
Forssmann, W. G. 162 Anm. 3
Forster, K. I. 142, 145, 175 f.
Frege, G. 59, 68 f., 81
Friederici, A. D. 184 ff.

Gall, F. J. 42, 42 Anm. 9
Garrett, M. F. 28, 93 Anm. 29, 112, 134 Anm. 14, 146 ff.
Geschwind, N. 26 f., 27 Anm. 5, 41 f., 103
Gleitman, L. R. 33, 138
Goldstein, K. 102
Goodglass, H. 30, 67, 123 f., 133, 135, 154 f., 186
Grodzinsky, Y. 178 ff., 179 Anm. 14
Grossman, M. 77

Halle, M. 35 f., 129 Anm. 10, 182 Anm. 16
Hartje, W. 3 ff., 17
Head, H. 22
Heeschen, C. 8, 10 f.
Hess, P.-R. 50, 53, 56, 194
Heuser, A. 102 Anm. 32, 103
Heym, C. 162 Anm. 3
Höhle, T. N. 153 Anm. 22
Howes, D. 26 f., 27 Anm. 5
Huber, W. 19, 21, 41 ff., 47 ff., 50, 53, 55 ff., 64, 67, 88, 102, 194
Hunt, J. 123

Jackson, H. 42, 89, 107
Jakobson, R. 10
Johns, D. F. 21, 25

Katz, J. J. 60, 64, 69, 79 ff., 81 f. Anm. 22, 86, 100 Anm. 31
Kaye, J. 45
Kean, M.-L. 1, 122 Anm. 8, 123, 125 ff., 133 Anm. 13, 134 Anm. 14, 149 ff., 153 Anm. 22, 170, 177 ff., 186 f., 191
Keller, J. 190 Anm. 23

203

Kerschensteiner, M. 19, 21 f., 25, 27 Anm. 5, 28, 30 f., 33, 37, 155
Kertesz, A. 16 Anm. 2, 105
Klein, M. 36, 36 Anm. 8, 91
Kleist, K. 47 f.
Kloeke, W. U. S. van Lessen 35, 91
Klosek, J. 133 Anm. 13, 149 ff., 156 f.
Kolk, H. H. J. 133 Anm. 13, 149, 156 f.
Kreindler, A. 108
Kripke, S. A. 68

Laberge, S. 33
Labov, W. 77
Langen, E. G. de 68
Lapointe, S. G. 154, 186 ff.
Leischner, A. 27
Lenerz, J. 172 Anm. 10
Lenneberg, E. H. 77, 120
Lichtheim, L. 102
Lightfoot, D. 169 Anm. 7
Loewenstamm, J. 45
Lonzi, L. 170 Anm. 9
Lyons, J. 60 f., 64

McCarthy, J. 178, 182 Anm. 16
Marie, P. P. 21
Marshall, J. 67
Marshall, M. 67 f.
Marslen-Wilson, W. D. 175
May, R. 177 Anm. 13
Mayer, C. 107 Anm. 1
Meringer, R. 107 Anm. 1
Miller, G. A. 84

Nettleton, N. C. 6, 11, 94
Newcombe, F. 67

Olbrei, J. 175
Orgass, B. 17, 57

Peuser, G. 14, 17, 24, 27, 47
Pick, A. 28, 55, 107, 107 Anm. 1, 194
Poeck, K. 14, 17, 19, 20 f., 25, 25 Anm. 4, 41, 58 f., 88, 96 ff.
Popper, K. 3 f., 11
Postal, P. M. 60, 79, 100 Anm. 31
Putnam, H. 82, 84

Quillian, M. R. 86 f.

Reich, P. A. 148
Reischies, F. 8, 10 f.
Renzi, E. de 97
Rizzi, L. 189
Rosch, E. 72, 77 f., 87
Rüffer, N. 174 Anm. 12, 190 Anm. 23

Sankoff, G. 33
Saussure, F. de 43
Schlosser, H. D. 136 Anm. 16
Schmidt, R. F. 7 Anm. 1, 12 f., 22 Anm. 3
Schmidt (aus Geschwind) 42
Schnelle, H. 5, 7 Anm. 1, 15 f.
Searle, J. R. 68
Selkirk, E. O. 154, 188, 188 Anm. 21
Sies, L. F. 2, 19, 22, 42
Slobin, D. I. 138 f.
Smith, E. 19, 86
Sperry, R. W. 11
Spreen, O. 28
Spurzheimer, J. G. 42, 42 Anm. 9
Stachowiak, F.-J. 19, 57, 59, 64 ff., 70 Anm. 14, 74, 77, 88 ff., 89 Anm. 27, 101
Staubesand, J. 2, 15
Sturm, W. 3 ff.

Taft, M. 142, 145
Thorwald, J. 19
Tyler, L. K. 175

Vogels, P. 65

Wanner, E. 33, 138
Weigl, E. 107 f., 107 Anm. 2, 112 ff., 118 ff.
Weigl, I. 22, 114 ff., 122 Anm. 7
Wender, K. F. 86 f.
Weniger, D. 19
Wernicke, C. 16, 41 f., 99, 102
Wettler, M. 87 Anm. 26
Whitaker, H. A. 121
White, L. 170 Anm. 8
Wunderlich, D. 191
Wurzel, W. U. 37 f., 108

Zanobio, M. E. 170 Anm. 9
Zurif, E. B. 189 f.

Sachregister

Ableitungskomplexität 111
Agnosie 57
Agrammatismus 21, 25, 27 ff., 47 f., 123 ff., 158, 178 ff.
Akkomodation 29, 134 Anm. 14, 148
Akzent 8 ff., 11, 33, 128 f., 128 Anm. 10, 132 f., 136, 138, 150 ff.
  Wort- 8, 128 f.
  Phrasen- 9, 128 f.
Amnestische Aphasie 20, 58, 92, 97 ff.
analytisch 6 ff., 11, 62 f., 80, 82
Anpassung (phonologische) 126, 148, 151, 188
anteriore Areale 4, 42, 42 Anm. 9
Antonymie 60 ff., 119
Aphasietests 16 Anm. 2
Apraxie 24 ff., 25 f. Anm. 4, 58 f., 99
  buccofaciale 26, 98 f.
  Gesichts- 26 Anm. 4
  Gliedmaßen- 26 Anm. 4, 58 f.
  ideatorische 25 f. Anm. 4
  ideomotorische 26, 25 f. Anm. 4
Arteria cerebri media 14 ff., 59, 89
Automatismus 66, 88 f., 102

Basiskonzept 72, 76 ff., 87
Behaviorismus 159, 161, 163
Benennen 13 f., 56 f., 59, 65 f., 91 ff., 98 ff., 102 ff., 113 f., 119
  − im Kontext 59, 71 ff.
berechnender Aspekt von Sprache 10 f., 94 f.
Bewege α 171 ff.
  NP 52, 171 ff.
  w- 110, 118, 119 Anm. 6, 171 ff.
Broca-Aphasie 15, 20 ff., 43, 46 ff., 50, 58, 70, 77, 89, 91 f., 105, 115 ff., 122, 123 ff., 158, 161 ff., 176 f., 183, 185

closed class (s. GK)
COMP (complementizer) 54, 110, 110 Anm. 4, 155, 172 Anm. 10, 176 f., 182 Anm. 17
Conduite d'approche 26 Anm. 4, 58, 73, 75 f.
Corpus callosum 4 ff., 11 f., 42 Anm. 10
Cortex 1 ff., 24

Deblockierung 107 ff.
  Ketten- 113 f., 116, 119
Dekomposition 80 ff.
Dichotisches Hören 6 ff.
Dualismus 11 f., 159 ff., 163
Dysarthrie 21, 24 f., 88 f.

EEG (Elektroencephalographie) 7, 7 Anm. 1
Eigenname 68 ff.
Ersatzstrategie 66, 97 f., 100 f., 116

Flexion 28, 33, 123 f., 125, 127 ff., 133 Anm. 13, 134, 138 f., 148 f., 153, 156, 174 Anm. 12, 178 ff., 179 Anm. 14
fluent (flüssig) 27 Anm. 5, 41, 43, 58, 97, 123
Formativgrenzsymbol 127 ff.
Funktionswort 21, 28, 47, 55, 125, 147, 154, 156
Furche 2 ff.

Gesichtsfeldabhängigkeit 5 f., 12 ff.
GK (geschlossene Klasse) 95, 135 ff., 182 f., 185, 188
Globale Aphasie 16, 20, 22, 26 Anm. 4, 27, 70, 88 ff., 105, 193 f.
Government-Binding-Theorie 11, 108 Anm. 3, 153 Anm. 21, 164 ff., 164 Anm. 4, 178 ff.
Großhirnrinde 1 ff.
Gyrus, Gyri 2 ff., 21 f.
  temporalis 16

Häufigkeit (Frequenz) 72, 137, 139 ff.
Head 129, 148 f., 151, 153, 153 Anm. 21, 166, 171, 180, 180 f. Anm. 15, 182
Hemisphärektomie 17, 94
Hinzufügung 21, 29, 35 f.
holistisch (gestaltmäßig) 6 ff., 11, 14, 95
Hyperonymie 62
Hyponym 71 ff.
Hyponymie 60 ff.

INFL 153 Anm. 21, 155, 174 Anm. 2, 181, 183 f.
Inhaltswort 28 ff., 34, 55, 134 Anm. 14
Intonation 6 ff., 24, 43, 47, 90, 94 f., 123 f.

Input-System 87, 176
Irrtumsspanne 38, 47, 147 ff.

Jargon
  phonematischer 40 f., 43
  semantischer 39 f.

Kasus 95, 121 f., 129, 139, 167, 171, 172 Anm. 10, 173, 173 Anm. 11, 174 Anm. 12, 180, 182 Anm. 17, 184
  -filter 167, 173, 177
Klitiks 9, 135 f., 138 f., 146 ff., 161 ff., 177, 189 f., 191
Klitisierung 9, 126, 139
Kohyponym 66, 72 ff., 86 f., 101
Kontamination (Verschmelzung) 54 f., 62 f., 93 Anm. 29, 131
Kontraktion 9, 126 f., 169 Anm. 7, 173 Anm. 11
Kontrolle 169 ff., 177

Lappen 2 f.
Lateralisierung 3 ff.
Lesen 119, 125
  Laut- 13 f., 23, 38, 43 ff., 67, 103, 113 f., 116
  Leise- 23, 38, 115
Leitungsaphasie (conduction aphasia) 102, 105
lexical construal 129, 132 ff., 149, 156 f., 183
Lexical Functional Grammar 11, 164
Lexikon 36, 61 f., 66 f., 69, 74, 81, 81 Anm. 20, 83, 92 f., 93 Anm. 29, 99 ff., 103, 129, 133, 136, 139 ff., 148, 150, 153, 156, 164, 167 ff., 172, 188 f.
  mentales (inneres) 59, 64, 65 Anm. 13, 66 f., 71, 79 ff., 86 f., 131, 194 f.
  uniformes 31 Anm. 6, 87
  Zugriff auf 59, 64, 69, 71, 100, 122 Anm. 8, 132, 136 f., 141 f., 145
lobus
  frontalis 2 f., 21
  occipitalis 2 f.
  parietalis 2 f.
  temporalis 2 f.
Logische Form (LF) 8, 11, 94 f., 168 f., 176 f., 177 Anm. 13

Markiertheit 45 ff., 91, 169 ff., 170 Anm. 8
Merkmale 181
  distinktive phonologische 35 f., 51
  syntaktische 51 f., 100, 166, 174

Modularität, modular 1, 11, 42, 87, 156 ff., 161, 169, 171, 176 f., 188 ff.
Modul, grammatisches 165, 174, 195
motorische Aphasie 24, 27, 43, 88, 114
Musik 6 ff.

Nachsprechen 23, 38, 43 ff., 56, 91, 98, 102 ff., 113 ff.
natürliche Klasse 125, 128 f., 135, 152, 158, 161, 180, 183, 186
Neologismus 41, 50, 88, 90
neologistisch 88
Netzwerk 86 f., 87 Anm. 26
non-fluent (nicht-flüssig) 24, 26 f., 27 Anm. 5, 43, 58

Oberbegriff 60, 65 f., 72 ff., 86 f., 92, 100, 119
OK (offene Klasse; open-class) 135 ff., 175, 185, 188

Paragrammatismus 41, 47
Paraphasie 27 Anm. 5, 42, 48, 50, 90 f.
  klassifikatorische 57, 65 f., 74 ff., 101
  phonematische 21, 25 f., 34 ff., 40, 43 ff., 55, 88, 93, 97
  semantische 21, 39, 49, 54 f., 59 ff., 88, 92 f., 97, 100, 195
  situativ-referentielle 56 f., 64 f., 74 ff., 101
Parsing 136 f., 139
Passiv 30 f., 31 Anm. 6, 52, 80 Anm. 19, 87, 111, 114 f., 164, 171 ff., 177, 182 f.
Perseveration 26 Anm. 4, 27 Anm. 5, 35, 38, 90 ff., 98 f.
phonologische Komponente der Grammatik 10 f., 108, 126, 151, 156
phonologisches Wort 128 f., 132 f., 135, 137 ff., 146 ff., 183
Physikalismus 159 ff., 163
Pidgin 33, 33 Anm. 7
Planum temporale 4
posteriore Areale 4
Präposition 33, 117, 121 f., 124, 127 ff., 137, 149, 151 ff., 153 Anm. 22, 167, 173, 179 ff., 182 Anm. 17, 184 Anm. 18, 185 Anm. 19
Prä-Satz-Position 53 f.
PRO 167, 169, 172, 173 Anm. 11, 177, 183
Projektionsprinzip 168 f., 171, 175
Prototypie 76 ff., 92 f.
Prozessor 91, 131 f., 141, 156 f., 176, 183

Quantor 80 Anm. 19, 137, 137 Anm. 17, 177 Anm. 13

Reduktionismus 160 ff.
Reifung 37, 85, 165, 169
Reizdomäne 6 ff., 11
   exzentrische 11
Rolandische Furche 2, 42

Saliency 124, 155
Scheitellappen 2 f.
Schläfenlappen 2 f.
Schläfenwindung 16
Schreiben 13 f., 25 f., 93 f., 102, 125
   nach Diktat 23, 114, 116
   Ab- 23, 114 f., 122, 122 Anm. 7
   Spontan- 23, 25, 43
semantische Marker (Merkmale) 60, 76, 79 ff., 86 f., 100
Sensorische Aphasie 43 f., 88
Silbe 22, 37 f., 43 ff., 65 Anm. 13, 66, 89, 91, 123, 137 f., 142
Split Brain 11 ff., 17
Spontansprache 20 f., 23, 25 ff., 43, 50, 56, 78 f., 88 ff., 97 f., 100, 102 f.
Sprach
   -anstrengung (Sprech-) 21, 27 Anm. 5, 124
   -erwerb 17 f., 36 f., 78 f., 94 ff., 111, 138 f., 145, 165, 169 ff., 170 Anm. 8, 172
   -fähigkeit 1, 94 f., 131 f., 135, 157, 176, 183
   -kenntnis (Kompetenz) 17 f., 22, 83, 90, 108 f., 112, 120 ff., 122 Anm. 7, 122 Anm. 8, 130, 158, 161, 165, 195
   -produktion (-planung) 21, 26, 28, 34, 41, 47, 55, 63, 88 f., 93 Anm. 29, 94, 96 ff., 132, 145 ff., 179, 185
   -produktionsebene 28 f., 34, 148 f.
   funktionale 28, 148 f.
   positionale 28, 148 f.
   -verarbeitung 11, 24 f., 37 f., 63 f., 66, 83, 87, 94, 109, 122 Anm. 7, 146, 154, 156, 164, 171, 174 ff., 183, 185, 189
   -verarbeitungsfunktion 22 ff., 35, 38, 44, 108, 119, 122 Anm. 7
   -verarbeitungsmodalität 4 ff., 22 ff., 98, 112 ff., 122 Anm. 8, 145

Spur 119 Anm. 6, 168 f., 169 Anm. 7, 172 f., 173 Anm. 11, 182 Anm. 17, 183
Stereotypie 27 Anm. 5, 89
Stranding 134 f., 134 Anm. 14, 147 ff., 157, 182 Anm. 17
Substitution (Ersetzung) 21, 26 Anm. 4, 29, 35 f., 43 ff., 62, 65 Anm. 13, 86, 91, 122, 131, 133, 146 ff.
Sulcus, Sulci 2
   centralis 2
   lateralis 2
   parietooccipitalis 2
Sylvische Furche 2, 4, 42
Synonymie 60 ff., 80

thematische Rolle (θ-Rolle) 30 ff., 31 Anm. 6, 52, 95, 168, 171 f., 175, 180, 189 f.
Theta
   -Kriterium 168, 195
   -Theorie 119 Anm. 6, 188 ff.
Tiefendyslexie 68
Transkortikale Aphasie 102 ff.
Transformation 109 ff., 110 Anm. 5, 117 ff., 151 Anm. 20, 168 f., 169 Anm. 7, 171 f., 173 Anm. 11, 175, 195

Vereinfachung 35 ff., 43 ff., 91
Verschmelzung (s. Kontamination)
Versprecher 1, 17, 29, 59, 61 f., 65 Anm. 13, 86 f., 130 f., 138, 145 ff., 156 f.
Verstehen 21, 38, 41, 58, 67, 87 f., 94 ff., 102 f., 107 f., 114, 119, 125, 141
Vertauschung 29, 104, 146 ff.
Visual Half Field (VHF) 5 f.

Wernicke-Aphasie 15 f., 20, 36, 38 ff., 91 f., 97 f., 101, 105, 185, 193 ff.
wild paraphasic misnaming 56
Windung 2 f., 21 f.
   Schläfen- (Temporal-) 42
Wortfindung 66
   -sstörung 27, 50, 67, 97, 100 f.
Wortgrenz(e) 126, 155 f.
   -morphem 127 ff., 132
   -symbol 127 ff., 150 ff., 186 f.

XBar-Theorie 166 ff., 171 ff.

Aus unserem Programm Linguistik

Arnim von Stechow und
Wolfgang Sternefeld
Bausteine syntaktischen Wissens
Ein Lehrbuch der modernen generativen Grammatik.
1988. VIII, 496 S. 15,5x22,6 cm. Kart.

Die sogenannte „Rektions- und Bindungstheorie" Chomskys ist die gemeinsame Sprache der generativ arbeitenden Syntaktiker unserer Tage. Die beiden Autoren legen hier eine umfassende Einführung in die Grundlagen und den neuesten Stand dieser Theorie vor. Das Buch wurde als verläßliches Lehr- und Nachschlagewerk konzipiert; es liefert ein geschlossenes Lehrgebäude, das in zahlreichen Lehrveranstaltungen erprobt und laufend verbessert wurde. Aufbau und Darstellung zeichnen sich durch Kohärenz und Verständlichkeit aus. Neben den klassischen Beispielsprachen (Englisch, Holländisch und der romanischen Sprache) spielt auch das Deutsche eine wichtige Rolle für die Anwendung der Theorie.

Gerhard Helbig
Geschichte der neueren Sprachwissenschaft
8. Aufl. 1989. 393 S. 12,5 x 19 cm. (WV-studium, Bd. 48.) Pb.

Dieser Band bietet nicht nur für Studierende, sondern auch für Deutsch- und Fremdsprachenlehrer einen unentbehrlichen Überblick über die moderne Linguistik und ihre Theoriegeschichte. Ihre unterschiedlichen, oft gegensätzlichen und sich doch vielfach überschneidenden Richtungen werden eingehend und faßlich charakterisiert, sorgfältig verglichen und überlegt gewertet.

Edgar Rothacker und
Günter Saile
Ich weiß nicht, was soll es bedeuten
Grundfragen der Semantik
Mit Illustrationen von Dieter Gross. 1986. 229 S. 14,8 x 21 cm. Kart.

Das Buch ist eine Einführung in zentrale Probleme der Sprachanalyse. Die Autoren thematisieren die modernen linguistischen Ansätze (wie sie gegenwärtig unter dem Einfluß der Informatik entwickelt werden), behandeln die Grundfragen der strukturellen und logischen Semantik und untersuchen die Abhängigkeit sprachlicher Äußerungen von raumzeitlichen, sozio-kulturellen und solchen Faktoren, die die psychische Verarbeitung von Information betreffen.

WESTDEUTSCHER VERLAG

Aus dem Programm Psycholinguistik

Josef Bayer (Hrsg.)
Grammatik und Kognition
Psycholinguistische Untersuchungen.
1987. IV, 192 S. 15,5 x 22,6 cm. (Linguistische Berichte, Sonderheft 1.) Kart.

Dieses erste Sonderheft der Zeitschrift „Linguistische Berichte" faßt psycholinguistische Arbeiten zu zentralen Fragen von „Grammatik und Kognition" vor allem aus der Sicht der aktuellen theoretischen Linguistik zusammen. Neben rein theoretischen Beiträgen zur semantischen Repräsentation finden sich in dem Band Beiträge zum Spracherwerb, zur Sprachpathologie und zum syntaktischen/morphologischen Verarbeiten.

Gerd Kegel u.a. (Hrsg.)
Sprechwissenschaft und Psycholinguistik 2
Beiträge aus Forschung und Praxis.
1988. 356 S. 15,5 x 22,6 cm. Kart.

Das Buch vermittelt Psychologen, Linguisten, Pädagogen, Medizinern und Logopäden eine Übersicht zum aktuellen Forschungsstand des Bereiches Sprechwissenschaft und Psycholinguistik. Das Hauptinteresse dieses Bereiches liegt in der Erforschung von Sprachprozessen. Im Zentrum dieses Bandes stehen die verbalen und nonverbalen Aspekte menschlicher Interaktion sowie die Beziehung zwischen Sprache und psychischen Prozessen. Ein weiterer praxisorientierter Schwerpunkt ist die Sprachpathologie.

Gerd Kegel
Sprache und Sprechen des Kindes
3., neubearb. u. erw. Aufl. 1987. 234 S. 12,5 x 19 cm. (WV studium, Bd. 59.) Pb.

Das Buch bietet einen historisch geordneten Einblick in die Verfahren und Ergebnisse der interdisziplinären Kindersprachforschung. Es richtet sich an Psychologen, Linguisten, Pädagogen, Soziologen, Mediziner und Logopäden, die sich kritisch mit den kaum überschaubaren Arbeiten zu Sprachentwicklung vertraut machen wollen. Unabhängig von Disziplinen hat es die Kindersprachforschung mit zwei Interessentengruppen zu tun. Zum einen mit Wissenschaftlern, die hier ihre Theorien bestätigen möchten, und zum anderen mit Praktikern, die sich für ihre tägliche Arbeit mit Kindern konkrete Hinweise versprechen. Den Wissenschaftlern soll die Vielfalt theoretischer Ansätze und damit die Relativität einzelner Theorien verdeutlicht werden. Den Praktikern mag neben vielen verwendbaren Erkenntnissen klar werden, daß verantwortliche Arbeit nicht auf dem unkritischen Gebrauch der jeweils modernsten Theorie basieren darf.

WESTDEUTSCHER VERLAG

Neurolinguistik

Der erste Teil des Buches handelt v̶ bungen von Sprachstörungen und kenntnistheoretischen und empiri̶ Teil zeigt, daß einige dieser Probleme präzisiert und z.T. gelöst werden können aufgrund der paradigmatischen Ansätze, die in der Neurolinguistik erkenntnisleitend sind. Schließlich wird im dritten Teil auf der Basis heute gültiger sprachtheoretischer Auffassungen über das Sprachsystem und sprachliche Verarbeitungsprozesse und Entwicklungen eine perspektivische Synthese vorgestellt.

Dr. *Helen Leuninger* ist Professorin für Linguistik an der Universität Frankfurt.

ISBN 3-531-11866-8